创新创业教育"十三五"规划教材

创新创业教育实训教程

主 编 张 雷
副主编 梁冬松 韦国才

江苏大学出版社
JIANGSU UNIVERSITY PRESS
镇 江

内 容 提 要

本书是立足于培养大学生创新创业素质的一本教材，以"实践为主，理论够用"为原则，紧紧围绕"如何创新、创业"编排内容。全书共 8 个模块，分别为"创新创业不神秘""创新能力如何练""创业素质可培养""寻找机会费思量""思而后行有讲究""创业资源巧整合""走好创业第一步""驶入创业快车道"，旨在全面培养学生的创新意识和创业能力。

本书既可作为创新创业教育课程的教材，也可作为立志创新创业的各界人士的自学参考书。

图书在版编目（Ｃ Ｉ Ｐ）数据

创新创业教育实训教程 / 张雷主编. -- 镇江 ： 江苏大学出版社，2018.5（2019.7 重印）
ISBN 978-7-5684-0845-5

Ⅰ．①创… Ⅱ．①张… Ⅲ．①大学生－创业－高等学校－教材 Ⅳ．①G647.38

中国版本图书馆 CIP 数据核字(2018)第 099886 号

创新创业教育实训教程
Chuangxin Chuangye Jiaoyu Shixun Jiaocheng

主　　编 / 张　雷
责任编辑 / 权　研　吴小娟
出版发行 / 江苏大学出版社
地　　址 / 江苏省镇江市梦溪园巷 30 号（邮编：212003）
电　　话 / 0511-84446464（传真）
网　　址 / http://press.ujs.edu.cn
排　　版 / 北京金企鹅文化发展有限公司
印　　刷 / 三河市祥达印刷包装有限公司
开　　本 / 787 mm×1092 mm　1/16
印　　张 / 16
字　　数 / 370 千字
版　　次 / 2018 年 5 月第 1 版　2019 年 7 月第 2 次印刷
书　　号 / ISBN 978-7-5684-0845-5
定　　价 / 39.80 元

如有印装质量问题请与本社营销部联系（电话：0511-84440882）

习近平总书记在给第三届中国"互联网＋"大学生创新创业大赛"青年红色筑梦之旅"的大学生回信中提出："青年是祖国的未来、民族的希望，也是我们党的未来和希望。""祖国的青年一代有理想、有追求、有担当，实现中华民族伟大复兴就有源源不断的青春力量。希望你们扎根中国大地了解国情民情，在创新创业中增长智慧才干，在艰苦奋斗中锤炼意志品质，在亿万人民为实现中国梦而进行的伟大奋斗中实现人生价值，用青春书写无愧于时代、无愧于历史的华彩篇章。"发展是第一要务，人才是第一资源，创新是第一动力。新时代大学生要践行总书记的要求，紧扣时代发展主题，在"大众创业、万众创新"的磅礴潮流中勇挑历史重担，为实现中华民族伟大复兴的中国梦而努力奋斗。

如何增强大学生的创新创业意识，提升大学生的创新创业能力，对于整个社会创新创业氛围的营造和大学生个人竞争力的提高都具有重要的意义。本书针对当前大学生创业教育与研究发展的问题，以及当代大学生创业过程中遇到的实际问题，提供了全方位的创业指导。全书共 8 个模块，分别为"创新创业不神秘""创新能力如何练""创业素质可培养""寻找机会费思量""思而后行有讲究""创业资源巧整合""走好创业第一步""驶入创业快车道"，旨在全面培养学生的创新意识和创业能力。

具体来讲，本书具有以下特点：

1. 体系完备，体例丰富

本书在系统阐释大学生创新创业相关知识的基础上，注重学生的实训、实操技能培养，通过情景模拟、案例讨论、游戏活动等环节进行强化训练；同时，配以案例、知识链接、能力训练、拓展延伸等，增强学生对知识点的掌握和理解，期望学生的创新创业的认知水平和实训水平有所提高。

❖ **自我思考**：在每个模块开篇位置安排了"自我思考"，采用"设问"的方式，引出本模块要介绍的内容，以使学生能尽快地进入课堂学习状态。

❖ **开篇故事**：每个模块均以典型案例入手，激发学生的学习兴趣。

❖ **教学目标**：列出本节的重要知识点和学生应掌握的操作技能，便于学生有目的地学习。

❖ **创业问题**：引出本节要介绍的重点内容，旨在使学生带着问题在文中寻找解决的答案。

❖ **知识链接**：重点讲解相关的理论知识。同时，在知识讲解中穿插了"案例阅读""课堂互动"等栏目，并配以相关图片，增强趣味性，便于学生学习和理解。

❖ **创业案例及分析**：每节内容讲解完后，编排了典型案例，并对案例进行了分析，以强化学生对知识点的理解。

❖ **探索活动**：根据所讲解的内容安排了探索活动，让学生在活动中感悟和体会，帮助学生巩固所学知识，培养学生的创业技能。

❖ **能力训练**：包括知识训练、技能训练、小组讨论、游戏教学等活动。

❖ **拓展延伸**：在立足课本的基础上，创设各种课外活动，以鼓励学生拓展自己的创业知识和技能。

❖ **创业实践**：每个模块后均增加了综合性创业实践，为学生提供了真实的创业体验，以使学生在体验中提升创新创业能力。

❖ **知识小结**：每个模块后均设置知识小结，对相关知识进行归纳总结，使学生加深对知识的理解。

2. 配备微课，扫码即学

本书紧跟时代步伐，配置了二维码，只需拿起智能手机"扫一扫"，就能即刻看到与课本内容相关的"微课"，使学生获得全方位的学习体验。

当然，大学生创新创业教育是一项系统工程，还需要与学生的专业学习、课外实践及创新创业类竞赛等环节有机衔接，本书只是在知识点上"点"到为止，真正的创新创业征程还需要师生的共同努力，还需要校内外资源的协同发力。

本书由张雷担任主编，梁冬松、韦国才担任副主编。由于编写时间仓促，编者水平有限，书中疏漏和不当之处敬请指正。本书编写过程中参阅了专家学者的专著、网络资源等，在此一并表示感谢。

编　者

2019 年 6 月

目录
MULU

模块一　创新创业不神秘

　　"大众创业、万众创新"已不是一个陌生的话题。很多人都想创业，都渴望成功，但创业不是一件容易的事，也非一朝一夕就能成功，创业是一个系统、复杂的工程。创新是一家企业乃至一个民族的安身立命之源，是决定创业成功与否的关键因素，没有创新的创业是无源之水。下面让我们一起认知创新和创业吧。

模块二 创新能力如何练

如果你想成功，你应该去开辟一条新路，而不是总是墨守成规地沿着老路走。创新是每个人都具备的一种潜在能力，这种潜在能力是可以被挖掘的，只要掌握一定的创新方法和技能，再加以培养、强化、实践，就能被挖掘出来。

模块三　创业素质可培养

创业是极具挑战性的社会活动，是对创业者自身智慧、能力、气魄、胆识的全方位考验。一个人要想获得创业成功，必须具备基本的创业素质。但创业素质也不是与生俱来的，而是需要有意识地培养、强化、实践，才能逐渐具备。下面就让我们来了解一下吧。

模块四　寻找机会费思量

当一个新生事物出现，只有 5% 的人知道时赶紧做，这就是机会，做早就是先机；当有 50% 的人知道时，你做个消费者就行了；当超过 50% 的人知道时，你看都不用去看了。

然而，如何寻找机会、把握机会，则需要掌握一定的技巧。下面就让我们来学习一下吧。

模块五　思而后行有讲究

创业需要有激情，但光有激情还不够。很多人受到成功故事的激励，热血沸腾，往往不考虑自己的能力，不管市场时机，更不管多少人失败，毅然地为了创业而创业。激情万丈、不顾一切，甚至借贷创业，这是不理智的。创业需要理性思维，需充分思考、分析，然后做出决策。下面让我们一起来了解创业前应做的准备工作吧。

模块六　创业资源巧整合

创业的过程就是创业者建立、整合和拓展资源的过程。一位创业者结合自身创业经历提出了这样的观点：缺少资金、设备、雇员等资源，实际上是一个巨大的优势。因为这会迫使创业者把有限的资源集中于销售，进而为企业带来现金。为了确保公司持续发展，创业者在每个阶段都要问自己：怎样才能用有限的资源获得更多的价值创造？让我们在这一模块中为你解答吧。

模块七　走好创业第一步

很多人经过认真思考和充分准备后，开始了创业之路。但是，万事开头难，他们不知道如何筹措资金、如何注册公司、如何进行公司制度建设、如何保证公司持久发展。下面让我们来了解创办公司的一些注意事项吧。

模块八 驶入创业快车道

创办公司后，如何使公司快速走上正轨是每个创业者都关心的一个问题。社会责任、诚信理念、文化建设是企业发展的软实力，能增强企业的凝聚力；科技发展、创新经营是企业可持续发展的硬实力。软硬结合、内外兼修方能乘风破浪、一往直前。下面，我们一起探讨一下如何让创业驶入快车道吧。

创新创业不神秘

自我思考 >>>

"大众创业，万众创新"已经成为社会经济发展的新态势，大学生则是实施创新驱动发展战略和推进大众创业、万众创新的生力军。作为大学生，既要认真扎实学习，掌握更多知识，也要投身创新创业，提高实践能力。

但创业从来不是一件容易的事情，创新也并非信手拈来。开展创新创业教育就是让我们的大学生能顺应时代发展，培养创新精神和创业素质，同时树立正确的社会价值观，找到自己人生出彩的舞台。

请同学们思考，自己认为创新难吗？是否已做好创业的准备？

可食用口香糖

茶余饭后，嚼个口香糖使口味清新，已成为不少人的习惯。不过，嚼口香糖最麻烦的是处理口香糖残渣。有没有想过试一试可吞食的口香糖？

西南大学的贾雯旭和他的团队一起撰写的研究报告《纯天然蜂蜡保健口香糖的研发》，获得了第八届"挑战杯"中国大学生创业计划大赛全国银奖，而且还申请了发明专利。这种口香糖呈方块状；放入口中，有一种淡淡的薄荷味及蜂胶香味，口味与市面上的口香糖差不多。刚吃到嘴里时是散的，嚼了一两分钟便聚合在一起；越嚼越少，10多分钟就可把它吞下去。贾雯旭介绍，与市面上的口香糖相比，这种口香糖同样具有清新口气、有嚼劲等作用，此外还有增强免疫、消毒杀菌的功能。不足之处在于其嚼劲、黏性要差一些，不能吹泡泡。

据了解，他们已研发出针对儿童、中青年、老年三种不同人群的可吞食口香糖。目前主要开发的是针对中青年的，口味主要是薄荷味。为什么这种口香糖能吞食？贾雯旭称，主要是由于他们改变了常见口香糖的基本原料。常见口香糖的主要原料为碳酸钙、橡胶、滑石粉等，具有较强黏性，不容易消化分解，一般不可吞食。他们的口香糖的主要成分是蜂胶、蜂蜡、小麦谷朊粉和木糖醇四种。其中小麦谷朊粉类似于面块，有较强嚼劲，蜂胶是常见保健品。由于原材料是纯天然的，可以放心吞到肚子里。

每一个创业者都应该找出最适合自己的创业项目，不能人云亦云。创业者在选择创业项目时，只有结合自身实际和市场需求，才能获得更多的成功机会。

来源：华龙网-重庆晚报（重庆）

第一节 你的创意值千金 ➡

教 学 目 标

知识目标

➤ 明白创意的概念及其重要性。
➤ 掌握创意产生的方法。

能力目标

➤ 能打破常规的思维模式，提出有创意的点子，感受到创意的快乐。

➤ 能记录实时产生的新创意。

教 学 工 具

➤ 包括：多媒体电脑、PPT 教学课件、手机（学生自带，用于扫描二维码看视频或图片等教学资源）、草稿纸（用于能力训练和拓展延伸）。

教 学 方 法

➤ 包括：行动导向法、情景式探索活动法、游戏活动法。

问题导入

创意在创业的过程中起着重要的作用，创业是目的，创意是手段，一个好的创意有助于创业的成功。在进行本节的学习之前，请同学们先回答以下问题：

（1）创意是什么？

（2）如何才能产生创意？生活中你有过好的创意没有？你是否及时将它记录了下来？

（3）假设你要开一个微店，选择哪些与众不同的产品和营销方式，才能让你的微店在激烈的市场竞争中脱颖而出？

知识链接

一、创意的概念

创意是创造意识或创新意识的简称，是指对现实存在事物的理解及认知所衍生出的一种新的抽象思维和行为潜能。简单来讲，创意就是破旧立新的创造，是具有新颖性和创造性的想法，不同于寻常的解决方法。

创，创新、创作、创造等，它将促进社会经济发展；意，意识、观念、智慧、思维等，它是人类最大的财富。大脑是打开意识的金钥匙；创意起源于人类的创造力、技能和才华，创意来源于社会又指导着社会发展。人类自身也是创意、创新的产物。类人猿首先想到了造石器，然后才动手把石器造出来，而石器一旦造出来类人猿就变成了人。人类是在创意、创新中诞生的，也要在创意、创新中发展。

二、创意的重要性

好的创意是创业成功的前提条件，是一家企业的核心价值。在产品、价格、品牌、营销同质化现象日趋严重的时代，企业要想从众多竞争对手中脱颖而出，就需要有源源不断的创意，不断提升客户的价值体验，最终赢得客户，获得创业成功。未来的时代属于创意的时代，要想成功就要敢做第一个"吃螃蟹"的人。下面我们来欣赏两幅创意图片（见图1-1、图1-2），感受一下创意的神奇和魅力。

图 1-1　创意设计·太阳能水滴　　　图 1-2　创意设计·和花草一起长大的花瓶

图1-1是一个雨滴造型的设备，只要放太阳底下一晒，就能"凭空"生产出水来。该创意由设计师 Ap Verheggen 设计，目的是解决某些地区的缺水问题。图1-2是一款具有复杂折纸结构的花盆，由英国伦敦皇家艺术学院毕业生 Begum 和 Bike Ayaskan 受东方折纸手工艺的启发而设计。该花盆随着植物的长大而展开，免去了人们需要手动更换花盆的麻烦。

三、创意的产生

创意绝不是空穴来风，创意来源于生活，是在对生活进行长期的观察、思考后产生的创造性的新思考，有时也可能是"灵光一现"。从事创意工作的人要具备三个基本条件：一是要有一定的知识积累；二是要善于观察思考和归纳总结；三是要具有创造性思维。

一般来说，创意的产生需要遵循以下五个步骤：

（1）收集原始资料、数据，包括待解决问题的全部资料、数据和平时积累的一般性知识。

（2）认真研究分析资料、数据，找出这些资料、数据之间的内在联系并开始产生不完整的构思。

（3）深思熟虑，让知识、信息和经验在你的脑海里融会贯通。不要急于求成，要有一个创造的过程。

（4）实际产生创意，有可能是突然出现的，也可能是经过再思考后慢慢形成的。

（5）听取不同意见，完善创意方案以使其能够实际应用。

有时，在生活中我们偶尔会因某些事物的触动而"灵光一闪"，产生一些有创意的想法，这时应及时将想法记录下来，否则很快就会忘记。

名人名言

今天起，强迫自己每天想一个创意，你将不难发现到处都有赚钱的机会。

——藤田田

小知识

让创意泉涌而出的五个好办法

1. 多和朋友们一起聊天，思想的碰撞容易产生智慧的火花。

2. 想一想如果将两个不一样的东西组合在一起会产生什么呢？（很多年前，有人将铅笔和橡皮组合在一起制成橡皮头的铅笔，并申请了专利，赚了一大笔钱。）

3. 经常做"如果……就会……"的思考游戏。（例如，如果汽车能在天上飞的话，如果苹果是彩色的话。）

4. 博览群书，而且题材不可以局限于自己喜爱的故事书，而应该是各种题材的图书。读书多的人想象力和创造力都会变得丰富。

5. 每当有好的想法就写下来，防止遗忘。不时提醒自己，努力去实践好的想法。

创业案例及分析

快递单上印广告——"90后"创业者吸引千万投资

18岁的刘某齐耳短发，谈话间还带着拘谨和腼腆。刘某的公司位于成都某居民楼内，正是因为她的点子，才有了这家公司。刘某因家里生活困难，2015年6月，她在课余时间找了一份发传单的工作。期间，刘某发现，很多人为了尽快发完传单，会将几张传单发给同一个人，发不完的传单便丢进垃圾桶。

"如何能让一份传单被多人阅读呢？"刘某想到了快递单，如今网络购物的人那么多，如果将广告印在快递单上，至少能保证送件员和收件人可以阅读。而且，广告投放商也可以查询到投放广告单的有效数量。

当晚，刘某便将该点子与同学李雪交流。次日，她们又召集了两名女同学，大家一致同意创业。之后，4名女生又找了些同学，组成了10余人的"创业队伍"。他们分成两组，一组人联系快递公司，以免费提供快递单作为条件，换取快递单的广告位；另一组人则去寻找愿意在快递单上做广告的客户。

但是，半个月过去，除了有几家快递公司愿意合作外，团队仍没找到愿意投放广告的商家。刘某说，当时一些同学已经放弃，她也开始怀疑自己的创业模式。

当时，她正在约见一家网上售卖零食的电商。连续一周，她每天都会打两个电话给这家

公司的前台，但对方均以"相关领导不在"婉拒了刘某。于是，她便将"快递单广告"宣传资料放在信封内，乔装成快递员让该公司前台转交给相关领导。

等待一周后，该公司领导终于与她联系。见面了解后，该公司用 8 000 元买下了快递单上的两个广告位。首笔订单不仅解决了团队的创业资金，而且给团队带来了巨大的精神鼓励。

如今，这个年轻团队中出现了一个年长的面孔，他是一名投资人，名叫李军。"我打算投入 1 000 万元到这个项目。"李军说，2016 年 2 月，100 万元先期投资已到位。

李军表示，他非常看好"快递单广告"行业，刘某提供了很好的创业点子，虽然这群学生的社会经验欠缺，但可塑性很强，又有创业激情，他愿意与他们合作。

刘某和她的团队创业两个月后，已有 11 家快递公司加入，50 多个商家投放广告，营业收入一共 95 万元。某快递公司分部经理表示，该分部平均每天同城快递有 2 000 多份，每张快递单成本 3 毛，使用该团队免费提供的快递单，每天能节约 600 多元成本；而投放广告的某网络店家表示，网购人群以年轻白领居多，正是他们所需要的客户群，目前广告投放效果不错，每天能增加 30～40 个订单。

来源：电子商务研究中心

【案例分析】

从以上案例可以看出，有时候创业并不需要太多社会阅历，不需要庞大的资金，不需要有职场老手指导。一些成功的创业者靠的是一个新点子，靠的是能力，靠的是抓住了致富机会。

探索活动

微商运营金点子活动

活动目的：

培养学生的创意思维。

活动背景：

随着以微博、微信为代表的移动互联网的兴起，微商作为一个新名词诞生了。有很多在职人员、全职妈妈、在校学生都在做微商，其中不乏成功人士。然而，由于微商加入的门槛太低，很难保证每个微商都会规范经营，最终造成市场鱼龙混杂，大量"三无"产品充斥市场。消费者对微商的信任程度正在逐渐降低。

模拟情景：

小丽希望利用课余时间进行创业。经过仔细考虑，她觉得虽然消费者对微商的信任度正逐渐降低，但如果有好的创意和点子，在微信平台上开店并非不能赚钱；而且做微商成本低，时间自由，正好适合她这样的学生进行创业。

金点子：

请大家为小丽的创业项目出谋划策（可分组进行），包括：

（1）经营什么有创意的产品，使其从众多微商经营的产品中脱颖而出？

（2）如何进行创意营销，将经营的产品推广出去？

（3）除微信平台外，还有哪些网上平台适合小丽在其上进行创业？

活动检测：

活动结束后，教师可根据表1-1进行评分。

表1-1　探索活动评价表

评分标准	满分	实际得分	备注
金点子的可实施性	25		
产品创意	25		
营销创意	25		
其他	25		
总分	100		

能力训练

请大家做以下几道题，进行创意思维能力的训练。

1. 写出关于空铁罐的各种可能的用途，越多越好。具体做法是：在一张纸的中间写上你的主要想法，然后拉出线，写出其他想法（每个想法拉出一条线）。

活动结束后，教师可根据表1-2进行评分。

表1-2　能力训练评价表

评分标准	满分	实际得分
流畅性（想出大量点子的能力，即总共想出多少个点子）	30	
灵活性（想出多少个不同类型的点子，如当容器、当玩具、当通信器材等这样不同的类型）	25	
原创性（如果总是想到空铁罐的典型用途，就得不到这个分数）	25	
衍生性（如果你的点子是需要把空铁罐熔化、磨成粉末、涂上油漆或与另一个罐子组合起来，才能得到这个分数）	20	
总分	100	

2．连线。用首尾相连的、不超过四条的直线将下图中的九个点连接起来。

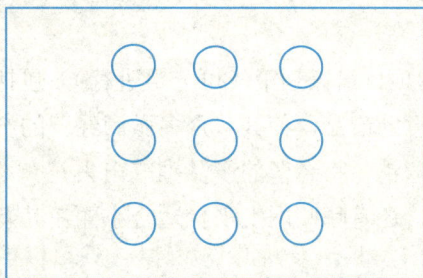

评分标准：使用的直线越少，得分越高。

3．请试着用手机的原理/现象来改造汽车。例如，手机能随身带——发明一种能放在裤兜的汽车。你可以找到一样东西来改造你的产品或服务，相信会有很多意想不到的收获。

评分标准：想到的点子越多，越是异想天开，得分越高。

拓展延伸

在《设计中的设计》一书中，国际平面设计大师原研哉提到：设计不是一种技能，而是捕捉事物本质的感觉能力和洞察能力。对于一名设计师来说，基本功必不可少，而赋予作品灵魂的，往往还是那独一无二的灵感和创意。能够及时抓住创意并进行转化，是每一名设计师都必须考虑的事情。设计不同于机械化的制作工程，没有固定模式可循。一个好的创意，一个令人称奇的作品，往往来源于我们日常的生活，发生在不经意之间。例如，悉尼歌剧院在设计施工中采用的"球形解决方案"，或许真是设计者乔·乌松在吃橙子时候想到的。

灵感和创意这种事，并非在家埋头苦想就能完成。追寻灵感的时刻，为了激发自己的创意细胞，我们总会去接触更多事物和作品。常常在半路中，就有了令人心神一动的好点子，一个好的设计师，一定会随身带着纸笔记录下来，或是把想法留在手机备忘录。

在互联网时代，笔记本电脑成为工作学习的必需品。那么，如何使用笔记本电脑实现随时记录的功能呢？联想集团的设计师们设计的 YOGA 6 Pro 翻转笔记本便可在灵感涌现的瞬间进行即兴创作。联想的 YOGA 6 Pro 外置高精度蓝牙手写笔，具有纸质般的流畅手写体验，让作品能够随着自己的思路准确呈现。值得一提的是，外置高精度蓝牙手写笔的压感灵敏度十分得力，对于简单的手绘稿，不必外接手绘板，就能随时随地进行创作。另外，联想研发了"乐笔记"软件，配合手写笔延展出更多功能。在笔记本休眠状态下，点亮屏幕，用蓝牙笔轻触任意位置，都能够一键进入乐笔记软件，不让创意因等待而消失。笔记内容能够保存为 PNG 图片格式，自动同步到联想云盘，实时更新，轻松分享。还包括一键录音、笔记管理等功能，做到随时记录，捕捉创作灵感。

想一想：

同学们通过思考联想集团 YOGA 6 Pro 笔记本电脑的创意设计，设想未来笔记本电脑还可以在功能上实现什么创意设计？

第二节 创新其实很简单 ➡

教 学 目 标

知识目标

➤ 认识创新。
➤ 掌握创新的概念与方法。

能力目标

➤ 具有创新意识，能根据自身的特点开发自己的潜能。

教 学 工 具

➤ 包括：多媒体电脑、PPT 教学课件、手机（学生自带，用于扫描二维码看视频或图片等教学资源）、草稿纸（用于能力训练和拓展延伸）。

教 学 方 法

➤ 包括：行动导向法、知识讲授法、情景式探索活动法。

问题导入

创业是一个从无到有的过程。很多时候，我们要做的事，别人可能已经做了或者也准备做，在这样的竞争中，企业或个人要想获得生存，就需要创新。在进行下面的学习之前，请同学们先回答以下几个问题：

（1）创新是什么？如何培养自己的创新能力？在生活中你有

创新

苟日新，
日日新，
又日新。
——《大学》

过创新行为吗？

（2）在生活中你是否发现某些日常用品有需要改进的方面？如何改进？

知识链接

一、创新的概念

创新（innovation）一词及其概念是由美籍奥地利经济学家约瑟夫·阿罗斯·熊彼特在其 1912 年《经济发展理论》一书中首先提出来的。他将创新定义为"生产要素和生产条件的一种从未有过的新的组合"。而我国商务印书馆 2005 年出版的《现代汉语词典》一书对创新的解释是：创新是指"抛开旧的，创造新的"。

扫一扫

什么叫创新

创新是以新思维、新发明和新描述为特征的一种概念化过程。创新有三层含义：第一，更新。第二，创造新的东西。第三，改变。换句话讲，并不是说只有重大的发明创造才是创新，实际上，对各种产品、工作方法、商业模式、服务模式的改进等都属于创新。

二、创新的意义

创新是人类特有的认识能力和实践能力，是人类主观能动性的高级表现，是推动民族进步和社会发展的不竭动力。一个民族要想走在时代前列，就一刻也不能没有创新思维，一刻也不能停止各种创新。

案例阅读

有三个庙，离河边都比较远。怎么解决吃水问题呢？

第一个庙，和尚挑水山高路长，一天挑一缸就累了。怎么办？于是三个和尚开动脑筋，集思广益，找出了一个接力挑水的办法，第一个和尚从河边挑到半路停下来休息，第二个和尚继续挑，又转给第三个和尚挑到缸里。然后空桶回来再接着挑，大家劳逸结合，都不觉得累，水很快就挑满了。这叫"机制创新"。

第二个庙，老和尚把三个徒弟叫来，说我们立个新庙规，引入竞争机制。你们三个都去挑水，谁挑得多，晚上吃饭加一道菜，挑得少，没菜吃。三个和尚拼命去挑，一会儿水就挑满了。这叫"管理创新"。

第三个庙，三个和尚又聊开了：天天挑水太累，咱们想想别的办法吧。山上有竹子，竹子中心是空的，他们把竹子砍下来连在一起，然后买了一个辘轳，第一个和尚在山下把水摇上去，第二个和尚在山上专管倒水，第三个和尚先休息。三个人轮流换班，一会儿水就灌满了。这叫"技术创新"。

来源：百度文库

困扰千年的"三个和尚没水喝"的难题，通过创新得到了根本解决，可见创新能力无论对于个人、组织还是一个民族都有着极其重要的意义。如果一个人不具备创新能力，他的创业将很难成功；如果一个企业不具备创新能力，它将无法在竞争激烈的市场中生存；如果一个民族没有了创新人才，便只能是一个落后的民族。

三、创新的类型

1. 产品创新

产品创新就是研究开发和生产出能更好地满足顾客需要的产品，使其性能更好，外观更美，使用更便捷、更安全，总费用更低，更符合环境保护的要求。

产品创新可在 3 个层面上实现：

（1）开发出具有新功能的产品。例如，3D 打印行业中翘楚 3D Systems 发布的 Cube 3D 打印机（见图 1-3）具有打印平台自动找平功能，且打印支撑结构更容易去除。该产品可同时使用 PLA 和 ABS 两种材料打印，并最多支持两种颜色。采用了全新彩色触摸屏，具有直观的用户界面，打印时拥有漂亮的 LED 高亮显示，堪称 3D Systems 的杀手级产品。

图 1-3 Cube 3D 打印机

（2）产品结构方面的改进。例如，使产品轻、巧、小、薄，携带和使用方便，节省材料、降低能耗。电子记事本、摄像机、手提电脑、超薄洗衣机等就是典型的例子。

（3）外观方面的改进。例如，服装款式及色彩的改变都可以使顾客需求得到新的满足，从而增加销售收入。又如，苹果电脑一度依靠推出彩壳流线型 PC 机，而显著提高了市场占有率。

2. 技术创新

技术创新是指采用新的生产方法或新的原料生产产品，以达到保证质量、降低成本、保护环境或使生产过程更加安全和省力的效果。

技术创新可在 4 个层面上实现：

（1）工艺路线的革新，这是生产方式思路的改变。例如，用精密铸造、精密锻造、粉末冶金代替金属切削生产复杂的机械零件，可大大缩短生产周期，降低成本。

（2）材料替代和重组。例如，前几年，美国农产品过剩，农场主负债累累，政府补贴农业的财政负担沉重。堪萨斯、卡罗来纳等农业州的农民，与大学合作，从环保角度，以农产品做原料生产工业产品，比如用玉米生产一次性水杯、餐具和包装盒，从玉米中提取燃烧用的乙醇，从大豆中提取润滑油替代石油产品等，受到市场欢迎，政府决定给予减税和强制推行等支持。

（3）工艺装备的革新。例如，用电脑绣花机代替手工绣花；用数控机床代替手动操作机床等。

（4）操作方法的革新。例如，用更省力、更高效的操作方法，代替过去的一些传统的、不适应现代技术进步的操作方法。

3. 制度创新

制度创新是从社会经济角度来分析企业系统中各成员间正式关系的调整和变革。制度是组织运行方式的原则规定。企业制度主要包括产权制度、经营制度和管理制度三个方面的内容。

产权制度、经营制度、管理制度这三者之间的关系是错综复杂的（实践中相邻的两种制度之间的划分甚至很难界定）。一般来说，一定的产权制度决定了相应的经营制度。但是，在产权制度不变的情况下，企业具体的经营方式可以不断进行调整。

同样，在经营制度不变时，具体的管理规则和方法也可以不断改进。而当管理制度的改进发展到一定程度时，则会要求经营制度做出相应的调整。经营制度的不断调整，则必然会引起产权制度的革命。因此，反过来，管理制度的变化会反作用于经营制度，经营制度的变化会反作用于产权制度。

制度创新的方向是不断调整和优化企业所有者、经营者、劳动者三者之间的关系，使各个方面的权力和利益得到充分的体现，使组织中各种成员的作用得到充分的发挥。

4. 职能创新

职能创新就是在计划、组织、控制、协调等管理职能方面采用新的更有效的方法和手段。

（1）计划的创新。许多企业在计划工作中运用运筹学取得显著成效。例如，某企业从 2012 年开始在购电、电网运行和用电方面采用目标规划，使企业每年节约电费 2 000 万元以上。

（2）控制方式的创新。例如，丰田公司首创准时生产制（JIT），显著降低了成本。

（3）用人方面的创新。例如，应用测评法招聘选拔和考核干部员工，采用拓展训练等方法改善培训效果等。

（4）激励方式的创新。例如，美国企业实行"自助餐式"奖励制度，使同样的支出获得了更好的激励效果。

（5）协调方式的创新。例如，福建南平市政府试行科技特派员制度，他们通过调查，了解村镇和农业大户需要哪些技术支持，同时将全市 3 500 名农业科学技术人员按专长分类公布，然后将两者对接起来，实行双向选择，结果农户收入和农业科技部门、农业技术人员的收入都大幅度增加。

5. 结构创新

结构创新是指设计和应用新的更有效率的组织结构。结构创新按其影响系统的范围可分为技术结构的创新和经济与社会结构的创新两类。

（1）技术结构的创新。例如，福特公司在 20 世纪 20 年代首创流水线生产方式，让工人依次地完成简单工序，大大提高了生产率，从而开创了大规模生产标准产品的工业经济时代。

（2）经济与社会结构的创新。通过调整人们的责、权、利关系以提高组织效能。例如，美国通用汽车公司 20 世纪 20 年代采用事业部制，解决了统一领导与分散经营的矛盾，使规模经营与适应市场的要求得到了统一，极大地增强了竞争力。

6. 环境创新

就企业来说，环境创新的主要内容是市场创新。市场创新主要是指通过企业的活动去引导消费，创造需求。新产品的开发往往被认为是企业创造市场需求的主要途径。其实，市场创新更多是通过企业的营销活动来进行的，即在产品的材料、结构、性能不变的前提下，或通过市场的地理转移，或改进交易和支付方式，以及通过揭示产品新的物理使用价值，来寻找新用户。也可以通过广告宣传等促销工作，来赋予产品一定的心理使用价值，影响人们对某种消费行为的社会评价，从而诱发和强化消费者的购买动机，增加产品的销售量。

创业案例及分析

"孔明灯"的创业故事

刘鹏飞，2007 年从江西九江学院毕业，许多同学都在为工作而发愁，而刘鹏飞却已成竹在胸。一毕业，他就怀揣着他的创业梦想，毫不犹豫地踏上了开往义乌的火车。

他的创业之路并不是一帆风顺的，他始终没有找到合适的项目。一次，在去公园散心时他意外看到了孔明灯，一开始只是觉得好奇，就准备买一个。第二天，刘鹏飞就跑到义乌小商品批发市场买孔明灯。令他没有想到的是，偌大的小商品市场竟然没有几家销售孔明灯的。逛了整整一天，好不容易才淘到了一盏孔明灯。在义乌这个号称全球最大的商品批发市场中却只有几家在销售孔明灯，这个发现让刘鹏飞欣喜不已。后来他又对孔明灯做了进一步的调查，了解到了孔明灯市场竞争小，而且潜力巨大，有着丰富的文化内涵，并且收益也比较快。说干就干，从小商品市场回来的第二天起，刘鹏飞就开始认认真真地设计起他的孔明灯网站来。只要网上有人下订单，自己就先去市场批发回来，然后再转手卖出去。刘鹏飞的想法，得到了女朋友的支持。两人从小商品市场买了100多个孔明灯。果然不出所料，在依靠着网上的平台、义乌的市场资源和女友的支持和帮助下，刘鹏飞在第一个月就赚了几千元钱。从此以后，刘鹏飞更加努力地寻找客户，短短的半年就积攒了6万元的存款。

后来，刘鹏飞突然接到了一个20万元的温州外贸公司的大订单。欣喜若狂的刘鹏飞赶忙寄出样品，没想到却寄错了样品。好不容易安抚好对方，再寄样品，却又一次出错了。在寄出的十个样品中竟然有几个烂的样品，当所有人都认为这笔订单成了泡影的时候，刘鹏飞并没有轻言放弃。他打电话道歉，写电子邮件解释，一遍又一遍地请求客户再给他一次机会。就在众人都让刘鹏飞放弃的时候，出乎所有人的意料，刘鹏飞竟接到了那个温州外贸公司的电话，说要去他的工厂考察。这下刘鹏飞却慌了，因为他根本没有工厂，甚至连接待客户的办公室都没有。放下电话后，刘鹏飞决定要打肿脸充胖子。跑了三天，终于借到了一间办公室，虽然比较简陋但也还应付得过去，后来又如法炮制借了间工厂，随后又把所有该注意的事项安排都想好了。随着温州客户来临日期的接近，刘鹏飞的心里日渐沉重。终于，二十几天后，温州客户来了，但是刘鹏飞没有急着跟客户谈生意，反而把自己借办公室、借工厂的经过一五一十地招了。可是客户听了并没有生气，反而当场就签了20万元的合同。因为他们看中了刘鹏飞的为人，也可以说是他的真诚打动了客户。

经过这件事情后，刘鹏飞开始打算自己建一个工厂。早在半年前，刘鹏飞就让哥哥去学孔明灯的制作技术，在研究了孔明灯的材料、制作工艺之后，众多条件具备，短短的一个月，从建厂到生产，刘鹏飞就保质保量地完成了订单所需要的全部孔明灯，一下子就赚了近十万元。后来，刘鹏飞的女朋友和好朋友吴道军先后辞去工作，加入了刘鹏飞的公司。刘鹏飞负责销售和生产、女朋友负责外贸、吴道军负责采购。3个人合作默契，短短半年时间，销售额就达到了300多万元。2009年，刘鹏飞又先后推出了荷花灯、水灯等工艺灯具，产品远销欧洲许多国家，这也为他迅速积累了数百万资产。

刘鹏飞的创业故事到这里还并没有结束，后来他把他卖孔明灯赚来的一百万元钱，给了两个大学还没毕业的毛头小伙，投资成立了一家十字绣工厂。于是他又比别人更先一步进入了十字绣的市场。事实证明，他的选择是对的，短短半年，他的工厂已经收回了大半的成本。

来源：中国教育报

【案例分析】

刘鹏飞的创业经历体现出创业要适应环境的变化。刘鹏飞选择孔明灯这个项目也并不是他的心血来潮，而是在前期大量的社会调查和许多相关方面的资料搜集，以及充分了解了孔明灯的市场供应和市场需求之后，做出的一个深思熟虑的决定。这充分说明大学生创业在选择创业项目时，并不能根据自己的一时兴趣和冲动做选择，而是要经过多方面的考察和研究，在了解相关的市场信息之后才能做出决定。选择一个正确的项目、一个符合自己的专业知识并有着市场前景的项目是成功创业的前提和基础。所以当我们在创业时，首先应该明确自己的创业项目，明确自己的创业方向。

小知识

专利申请与检索

创业离不开创新，有了创新后，应对其进行保护，避免被他人窃取。例如，为产品发明和外观设计等申请专利，以获得法律的保护。

1. 认识专利

专利指受《专利法》保护的发明创造，即专利技术，它是指专利申请人就一项发明创造向国家审批机关提出专利申请，经依法审查合格后向专利申请人授予的、在该国规定的时间内对该项发明创造享有的专有权。专利权是一种专有权，非专利权人要想使用他人的专利技术，必须依法征得专利权人的授权或许可。

专利的种类在不同的国家有不同规定，在我国《专利法》中规定有发明专利、实用新型专利和外观设计专利。

发明：是指对产品、方法或者其改进所提出的新的技术方案，主要体现新颖性、创造性和实用性。发明又分为产品发明和方法发明两大类。

实用新型：是指对产品的形状、构造或者其结合所提出的实用的新的技术方案。授予实用新型专利不需经过实质审查，手续比较简便，费用较低。

外观设计：是指对产品的形状、图案、色彩，以及色彩与形状、图案的结合所做出的富有美感并适于工业应用的新设计。外观设计专利的保护对象是产品的装饰性或艺术性外表设计。

扫一扫

专利申请

2. 申请专利

申请专利的流程如下：

① 申请文件准备。申请发明和实用新型专利的申请文件应当包括发明专利请求书、说明书、摘要、权利要求书，各一式两份；申请外观设计专利的申请文件应当包括外观设计专利请求书、图片或者照片及对该外观设计的简要说明，各一式两份。

② 递交专利申请。申请人申请专利时，可以将申请文件面交到国家知识产权局专利局的受理窗口或寄交"国家知识产权局专利局受理处"，也可以面交或寄交到设在地方的国家知识产权局专利局代办处。

③ 专利申请的受理专利局收到专利申请后，对符合受理条件的申请将确定申请日，给予申请号，发出受理通知书。

3. 检索专利

个人和企业在申请专利前，都应认真检索自己的想法是否已经被别人实现，以免侵犯他人专利权。事先检索也可以判断该项技术成果是否有可能获得专利。

专利检索的方法如下：

① 选择适合的专利数据库。可以选择国家知识产权局网公开的数据库（http://www.pss-system.gov.cn），也可以选择其他专利数据库进行查询。

② 分析所要查询专利的类型。

③ 选择查询的途径，包括专利分类号、主题词（关键词）、申请人（专利权人）、发明人、申请号（专利号）、公告号等。

关键词检索：关键词检索是通过主题词或关键词检索专利文献，是系统检索专利文献的常用途径。

名字检索：名字检索主要通过发明名称、发明人、专利申请人、专利权人的姓名查找特定的专利文献。

号码检索：主要通过申请号、专利号、申请日期等检索特定的专利文献。

分类号检索：分类号检索是利用《国际专利分类表》确定IPC号，以IPC号为检索点进行检索。

扫一扫

专利检索方法

探索活动

创新设计活动

活动目的：

让学生体会创新的乐趣。

活动内容：

请同学们列出可以改进、进行创新设计的某些学习、生活用品（至少三种），说明需要改进的具体方面。

活动检测：

活动结束后，教师可根据表1-3进行评分。

表1-3 探索活动评价表

评分标准	满分	实际得分	备注
需要改进的用品数量(1个10分)			
改进的创新性	40		
其他	20		
总分			

能力训练

1. 创新是很多人都在谈的一个话题，创新可以开拓我们的思维，也可以改变我们的生活。

"海尔"是世界白色家电第一品牌，冰箱、洗衣机的全球市场占有率在行业中均排名第一。经过三十几年的发展，海尔已经成为企业的"创新教科书"。海尔快速发展的前提，必要、充分条件，在于观念、技术、体系、制度的创新。企业创新力体现为解决方案和管理模式的破坏性创新。创新求变，永远以客户为是、以自己为非，共赢共享……海尔融众多时代精神于一身，经营管理模式归于科学，又高于科学。相信，同学们的家中就有海尔家电产品，请结合海尔的创新发展史，交流什么是真正的创新。

请同学们以小组为单位就上述问题展开讨论。

评分标准：① 积极参与讨论（20分）；② 能够准确说出创新的内涵（20分）；③ 能结合身边实例阐述观点（20分）；④ 能够大胆表达自己的想法（20分）；⑤ 语言表达流畅（20分）。

2. 有一个公司的老板想了很多方法来提高公司四个车间的劳动生产率。但是车间劳动生产率提高到一个临界点，就很难再提高。怎么办？有个人给出了好建议。由于第一个车间都是男孩，于是加了几个女孩进去，效率提高。第二个车间都是一些青年人，于是加了几个老成持重的中年人进去，效率提高。第三个车间都是中年人，于是加了几个年轻人进去，有新鲜活力，效率提高。那么第四个车间呢？老的少的、男的女的都有，怎么提高效率？分析发现，这个车间都是本地人，于是加了几个外地人进去，大家都努力工作，效率提高。还是这么多人，把结构变换了一下，就有了不一样的效果，这就是创新。

思考：

（1）为什么只是对人员结构进行了调整，四个车间的劳动生产率就提高了？

（2）这则案例给了我们什么启示？

扫一扫

杨澜访谈录——创新

拓展延伸

扫码看视频：《杨澜访谈录——创新》。

推荐理由：

节目组邀请了中国工程院院士徐匡迪、百度公司总裁张亚勤给青年学生做了一次精彩演讲，剖析了创新的含义及创新人才的特征，勉励青年学生在大学期间认真学习、掌握更多的知识，投身创新创业事业中，不断提高自身的实践能力。

观看完后，请同学们思考：

（1）徐院士理解的创新是什么？创新和空想有什么区别？

（2）青年学生应如何拓展自己的想象力？

（3）张亚勤理解的创新型人才应具备什么特征？你具备这样的特征吗？

第三节　大众创业好时代

教 学 目 标

知识目标

➤ 了解创业的概念、要素和创业过程。

➤ 了解创业应当具备哪些能力，并了解形成这些能力的方法。

能力目标

➤ 具备创业的基本能力。

教 学 工 具

➤ 包括：多媒体电脑、PPT 教学课件、手机（学生自带，用于扫描二维码看视频或图片等教学资源）、草稿纸（用于能力训练和拓展延伸）。

教 学 方 法

➤ 包括：知识讲授法、案例分析法、情景式探索活动法、游戏活动法。

问题导入

要进行创业，首先要了解创业的概念、要素和过程，还应了解创业者应具备的创业能力。创业能力是决定创业成败的首要关键因素，它是一种综合性的能力，包括交流沟通能力、分析判断能力、团队协作能力、应变创新能力和持续学习能力等。在进行本节的学习之前，请同学们先回答以下几个问题：

（1）创业需要哪些过程？

（2）你认为你自己具备上述五种能力吗？应该如何培养自己的这些能力？

（3）假设你和几个同学想在学校附近的写字楼旁开一个小吃店。请问：你们有什么好的创意？你们需要做什么准备？你们如何组建团队？你们如何与房东、政府部门相关人员、消费者等沟通？

知识链接

一、创业的概念

创业是指承担风险的创业者通过寻找和把握创业机会，投入已有的技能知识，配置相关资源，创建新企业，为消费者提供产品和服务、为个人及社会创造价值和财富的过程。这个概念包括以下几层含义：

（1）创业是一个创造的过程，即创业者要付出努力和代价。

（2）创业的本质在于对机会的商业价值的发掘与利用，即要创造或认识到事物的一个商业用途。

（3）创业的潜在价值需要通过市场来体现，即市场是实现财富的渠道。

（4）创业以追求回报为目的，包括个人价值的满足与实现、知识与财富的积累等。

二、创业的要素

创业的关键要素包括创业机会、创业团队和创业资源。

创业机会就是创业者可以利用的商业机会。从创业过程的角度来说，创业机会是创业的起点，创业就是围绕着创业机会进行识别、开发、利用的过程。

创业团队是指在创业初期（包括企业成立前和成立早期），由一群才能互补、责任共担、愿为共同的创业目标奋斗的人所组成的特殊群体。

创业资源是指创业企业在创造价值的过程中需要的特定资产，包括有形资产与无形资产。它是企业创立和运营的必要条件，主要表现为创业人才、创业资本、创业技术和创业管

我当老板了！耶——！

理等。

三、创业的过程

创业过程包括从产生创业想法到创建新企业并获取回报的整个过程，通常可分为以下六个主要环节。

1. 产生创业动机

创业动机是创业的原动力，它推动创业者去发现和识别市场机会。创业活动的主体是创业者，创业活动首先取决于个人是否希望成为创业者。创业动机不仅是打算创业的一时冲动，更是对创业目标与预期收益的深思熟虑。

2. 识别创业机会

识别创业机会是对可能成为创业机会的诸事件的分析和对创业预期结果的判断。创业机会一般分为两种：一种是意外发现的，一种是经过深思熟虑才发现的。国家产业政策的调整、新技术的出现、人口和家庭结构的变化、人们的物质和精神需求的变化、流行时尚等都可能形成创业机会。创业者应该具有敏锐的嗅觉，能够及时、准确地识别创业机会，识别之后，还要对创业机会进行评价和提炼。这里需要创业者将知识、经验、技能和其他市场所需的资源加以整合。

案例阅读

李海在大二时加入学生会的外联部，为学院学生活动拉赞助，经常和一些企业的销售商联系，建立了良好的合作关系。在一年的校运会拉赞助时，李海和国内某知名运动品牌的地区代理进行了详谈，了解了体育品牌的代理流程和合作内容。李海发现自己就读学校周边有三所高校，有几家经营学生体育用品的店面，但不是品牌，所以学生还是舍近求远到市中心采购。李海初步估算，觉得做体育品牌代理是不错的商业机会，在和家人商议后，李海在校门口租下一门面，做起了体育运动品牌代理。由于品牌效应再加上地理优势，李海的生意是越做越好。

3. 整合有效资源

资源是创业的基础性条件，整合资源是创业者开发机会的重要手段。强调整合资源，是因为创业者可以直接控制的可用资源往往很少，许多成功的创业者都是白手起家。创业者需要整合的资源包括基本信息（有关市场、环境和法律问题）、人力资源（合作者、最初的雇员）、财务资源等。

案例阅读

王光在毕业之后，就准备回自己家乡开始创业。他的家乡有个鸵鸟养殖基地，乡里人虽然养了非常多的鸵鸟，但他们的劳动却并没有什么产品附加值，也就只是提供各种鸵鸟肉和鸵鸟蛋等。王光希望能够把各方面的资源都整合起来，让乡里人富起来，自己也可以开始自己的创业生活。于是他毕业后回家就申请了大学生扶持贷款，准备做鸵鸟肉罐头、鸵鸟蛋食品、鸵鸟蛋壳艺术品。紧接着他又联系做产品销售的同学，请他们出主意，打开产品的销路。一旦成功，就再不需要直接把原材料低价卖出去了。他的这一想法得到了乡政府的一致认同，并给予了政策支持。由此可见，创业不仅仅是"单枪匹马"的活动，更需要方方面面的协调统筹。大学生创业者要学会灵活运用国家、地区支持创业的政策，实现创业成功。

4. 创建新企业

创建新企业需要进行大量的准备工作，其中创业计划、创业融资和注册登记尤为关键。创意能否变成行动，关键看其能否形成一个周密的创业计划；资金往往成为创业企业的"瓶颈"，创业融资在企业的创建过程中至关重要；当创业者完成创业计划并获得融资之后，就可以按照法定程序进行注册登记，包括确定企业的组织形式、设计企业名称、向工商行政管理机关提出企业登记注册申请、领取营业执照等。

5. 实现机会价值

创业者整合资源、创建新企业的目的是实现机会价值，并通过实现机会价值来实现自己的创业目标。这是创业过程中的重要环节，确保新创建的企业生存是创业者必须面对的挑战，但创业者不能仅仅考虑生存，还要考虑成长，不成长就无法生存得更好，在激烈竞争的环境中尤其如此。创业者需要了解企业成长的一般规律，预见企业不同成长阶段可能面临的问题，采取有效的措施予以防范和解决，使机会价值得到充分的实现，同时不断地开发新的机会，把企业做活、做大、做强、做长。

6. 收获创业回报

对回报的正当追求是创业活动的目的，有助于强化创业者对事业的执着。对创业者来说，创业是获取回报的手段和途径，是一种载体。回报可能是多种多样的，对回报的满意程度在很大程度上取决于创业者的创业动机。有调查发现，多数创业者的创业动机首先是自己当老板，然后才是追求利润和财富，对这些人来说，当老板的感受就是回报。

四、创业需要的能力

在现代社会，竞争日趋激烈，创业者能否在竞争中占据优势、成功创业，主要取决于他所拥有的或者能够运用的各种能力。创业者应具备以下几种能力。

1. 创新能力

创新能力是白手起家的创业者的生命源泉。创新不仅仅是从无到有地创造某种产品或服务，更多的情况是在以往的基础上对原有产品和方式方法进行改进。创业者的创新能力往往体现在技术、管理和营销上的创新。从某种意义上来讲，创新能力就是不断反思追问的能力。创业本身就是一项创新活动，很多未知的或不可预料的因素掺杂其间。创业就是开创一项事业，没有一种可以复制的模式让我们一劳永逸。一个新的管理理念或是新开发的产品，往往会给创业者带来惊人的回报。

2. 学习能力

面对日益复杂的市场竞争与合作关系、日新月异的科学技术手段、不断更新的管理理念及各种管理手段，创业者只有不断学习才能应对时代潮流的冲击与要求。学习能力主要包括制订学习目标和计划的能力、阅读能力、分析归纳能力、信息检索能力等。创业者培养良好的学习能力应注意以下几点：

一是心态归零，吐故纳新。不囿于已取得的成绩和能力，从零开始，保持对环境变化的敏感度，不断学习新知识。

二是精益求精，学有所长。对于创业者而言，学到的知识越多，其能力就越强。但是人的精力是有限的，"门门精通"往往会变成"门门不通"。创业者应该学会选择，在某些领域要精益求精，具备一技之长；在某些领域则可涉猎粗通。

三是开阔视野，终身学习。学习能力的表现之一就是善于发现学习的榜样，学其长处，补己短板。如果仅仅局限在一个小的范围内，视野得不到拓宽，就会变成井底之蛙，丧失学习的动力和能力。只有走出去，不断接触新事物和新观点，才能不断地找到自身的差距。社会的发展越来越看重能力，创业者不能因为获得了大学文凭就停止学习，而是要树立终身学习的理念。

案例阅读

李嘉诚成功的奥秘在于学习

李嘉诚缔造了巨大的商业帝国，一度成为亚洲首富、世界十大富豪之一。有位记者曾问李嘉诚："今天你拥有如此巨大的商业王国，靠的是什么？"李嘉诚回答说："依靠知识。"有位外商也曾经问过李嘉诚："李先生，您成功靠什么？"李嘉诚毫不犹豫地回答："靠学习，不断地学习。"

扫一扫

华人首富李嘉诚

　　李嘉诚勤于自学，在任何情况下都不忘记读书。青年时打工期间，他坚持"抢学"，创业期间坚持"抢学"，经营自己的商业王国期间仍孜孜不倦地学习。李嘉诚每晚睡前是他固定的看书时间，他喜欢看人物传记，无论是医疗、政治、教育、福利等方面，只要是对全人类有所帮助的人，他都很佩服，都心存景仰。

　　李嘉诚说："在知识经济时代，如果你有资金，但缺乏知识，没有最新的信息，无论何种行业，你越拼搏，失败的可能性越大；但是你有知识，没有资金的话，小小的付出就能够有回报，并且很有可能获得成功。现在跟数十年前相比，知识和资金在通往成功的道路上所起的作用完全不同。"

来源：豆瓣网

3. 合作能力

　　创业者之所以需要与他人合作，首先源于个人的能力有限，其次也因为个人的能力与他人具有互补性。创业者要想与他人合作并有所作为，首先要做到知己，要清楚自己的性格类型、素质特点、能力专长，选定一个适合自己的工作目标；其次要注意分析别人的特点，找到互补性和差异性，只有这样才能真正找到合作伙伴，并与其一道为共同的创业理想携手合作。

　　在创业过程中，与伙伴合作要注意以下两个方面：一是平等合作，与合作伙伴在人格上是完全平等的，是为了一个共同的目标走到一起的；二是互利合作，合作者之间的互惠互助是合作者为了某些共同目标和利益追求，在一定基础上进行的物质和精神的相互配合协作。

4. 经营管理能力

　　经营管理能力是指对人员、资金的管理能力，包括人员的选择、使用、组合和优化，也包括资金的聚集、核算、分配、使用、流动。经营管理能力在较高层次上决定了创业实践活动的效率和成败。创业者培养经营管理能力要从学会经营、学会管理、学会用人、学会理财等方面去努力。

　　创业者一旦确定了创业目标，就要组织实施，为了在激烈的市场竞争中取得优势，必须学会经营，学会质量管理，坚持效益最佳原则。要敢于对企业、员工、消费者负责，保持高度的社会责任感；还要学会用人，善于吸纳德才兼备、志同道合者，以及比自己强或有专长的人共同创业。

5. 分析决策能力

　　分析决策能力具体包括分析能力和决策能力两个方面。只有在进行深刻的科学分析的基础上，才能做出正确的创业决定。分析能力主要有三点：一是要做有心人，平时多进行市场调查，在调查的基础上进行决策；二是要养成多思考的习惯，对可能出现的结果进行分析，同时准备好应对措施；三是要向同行学习，集思广益。决策能力是各种综合能力的体现，主要包括选择最佳方案的决策能力、风险决策能力、当机立断的决策魄力等。

6. 人际交往能力

人际交往能力是创业者发展和巩固其人脉资源的重要保障。人际交往能力主要表现在表达能力和反应能力两个方面。表达能力是充分、有效地将自己的观点阐释给对方的能力。充分有效的表达能够使大家领悟企业目标和工作对策，从而更加有效地为完成共同的目标而努力。反应能力是表达能力的有效补充，良好的反应能力能够帮助表达者随时领会和把握表达对象的需求及对表达内容的理解，有效调整表达的方式和内容。

创业案例及分析

马云创业成功的奥秘

马云，中国电子商务的开拓者，阿里巴巴集团创始人。

从小到大，马云不仅没有上过一流的大学，而且连小学、中学都是三四流的。初中考高中考了两次，高中考大学考了三次。在他第三次参加高考前，他的老师说："你要是考上的话，我的名字倒过来写。"

"我自己觉得，算，算不过人家，说，说不过人家，但是我创业成功了——如果马云能够创业成功，我相信 80%的年轻人创业能成功。"马云特意叮嘱记者，一定要把这些话告诉所有想创业的年轻人。

1995 年初，马云偶然去美国，首次接触到互联网。对电脑一窍不通的马云，在朋友的帮助和介绍下开始接触互联网。当时网上没有任何关于中国的资料，出于好奇的马云请人做了一个自己翻译社的网页，没想到 3 个小时就收到了 4 封邮件。

敏感的马云意识到：互联网必将改变世界！

随即，不安分的他萌生了一个想法：要做一个网站，把国内的企业资料收集起来放到网上向全世界发布。1995 年 4 月，马云凑了两万块钱，开了一家专门给企业做主页的互联网公司，网站取名为"中国黄页"，这也是中国最早的互联网公司之一。

1999 年 3 月，马云和他的团队回到杭州，以 50 万元人民币在一家民房里创办了阿里巴巴网站。当时全球互联网所做的电子商务基本上是为全球顶尖的大企业服务。但马云生长在中小企业发达的浙江，从最底层的市场摸爬滚打过来，深知中小企业的困境。他毅然做出决断——弃鲸鱼而抓虾米，放弃大企业，只做中小企业的生意。

2003 年 5 月，阿里巴巴投资 1 亿元人民币推出个人网上交易平台淘宝网，致力于打造全球最大的个人交易网站；2003 年 10 月，阿里巴巴创建独立的第三方支付平台——支付宝；2008 年 4 月，天猫前身淘宝商城上线；2014 年 9 月，阿里巴巴成功在美国上市，上市首日市值达 2 314 亿美元，成为中国最大的互联网公司。

来源：百度文库

【案例分析】

马云的成功给我们最大的启示是，一个人能否成功和他的学历没有多大关系，而是要看他的创业能力，如分析判断能力、交流沟通能力、团队协作能力和应变能力等。

首先，来看看马云的分析判断能力。在互联网刚刚兴起时，敏感的马云就意识到互联网必将改变世界，并创建了自己的第一个网站；在全球互联网所做的电子商务基本上是为全球顶尖的大企业服务时，他毅然做出决断——弃鲸鱼而抓虾米，只做中小企业的生意。实际上，阿里巴巴从创业初期的一个小公司发展到今天的互联网巨头，每一次改变都离不开马云对市场、对未来的分析和准确判断。

其次，来看看马云的沟通能力。马云可以说是一个沟通大师、演讲大师，没有他良好的沟通、交际能力，就不可能取得投资人、合作伙伴、政府部门的支持，就不可能有今天的阿里巴巴。

再次，来看看马云的团队协作能力。阿里巴巴共有 18 位创始人，在创业最困难的时期，只有一个人离开了马云，其他人都和马云一起坚持到了最后。这一方面说明了马云的个人魅力，另一方面也说明了他的团队协作能力。

探索活动

情景模拟——合伙创办小吃店

活动目的：

通过创业模拟使学生在活动中体会创新、合作、执着在创业过程中的重要作用，培养学生的决策能力、创新能力、经营管理能力和人际交往能力。

活动内容：

以五个同学为一个创业团队，模拟合伙开一个小吃店。另外，留下三个同学，一个模拟房东，另外两个模拟客人，给各创业团队的小吃店打分。小吃店启动资金为 20 000 元。其中，房租在 3 000 元～5 000 元；店铺装修和设备费在 5 000 元～10 000 元；其他为现金储备。具体活动流程如下。

（1）各小组内部协商，确定组织架构和分工，包括店长、厨师、采购员、服务员等。

（2）各小组派出人员与房东谈判，以最低的房租租下店铺。

（3）各小组内部协商，确定经营的项目、店铺装修方式和营销策略等（要有特色，有创意）。

（4）将以上第（2）（3）条的结果记录在纸上。

（5）模拟客人的同学到各小组查看，并根据表 1-4 为各小组打分。

表 1-4 探索活动评价表

评分标准	满分	实际得分	备注
人员分工是否合理	20		
房租（房租越少，分越高）	20		
经营项目的创意效果	20		
店铺装修的创意效果	20		
营销策略的创意效果	20		
总分	100		

能力训练

沙漠求生

活动目的：

培养学生的决策能力，帮助学生理解个体决策与群体决策各自的优劣。

活动内容：

有一架飞机在沙漠中发生意外，你和一部分生还者面临生死存亡的选择。

事件背景 1：

事件发生在当天上午 10 点，飞机要在位于美国西南部的沙漠紧急着陆；着陆时，机师和副机师意外身亡，余下你和一群人幸运地没有受伤。

事件背景 2：

出事前，机师无法通知任何人有关飞机的位置；不过从指示器知道距离起飞的城市 120 公里；而距离最近的城镇，是西北偏北 100 公里，该处有个矿场。

事件背景 3：

该处除仙人掌外，全是荒芜的沙漠，地势平坦。失事前，天气报告气温达摄氏 42℃。

事件背景 4：

你穿着简便：短袖恤衫、长裤、短袜和皮鞋；口袋中有 500 多元纸币、香烟一包、打火机和圆珠笔各一支。

为了求生，你可以选取表 1-5 中 15 种物品带离飞机。你要假设所有人的生存要依靠选取的物品。

步骤：

（1）教师对学生进行分组，每 7 人为一组。

（2）不允许讨论，每个人以个人的意见，排列 15 件物品的先后顺序（最重要的排在前面）。

（3）全组每个人都选好以后，再进行小组讨论，列出全组应取物品的先后顺序。

（4）当小组完成后，教师把专家的意见发给每个小组。小组成员依据专家意见累计出小组得分。

（5）教师把每组的得分情况记录在白板上。

（6）讨论。

① 你所在的小组是以什么方式达成共识的？

② 你的小组是否出现意见垄断的情况？为什么？

③ 你对团队的工作方法是否有更进一步的认识？

表1-5　"沙漠求生"工作表

物品名称	个人排序	小组排序	分数
手电筒（4个电池大小）			
大折刀			
当地航空图			
塑料雨衣			
磁石指南针			
薄纱布1箱			
0.45口径手枪（装有弹药）			
降落伞（红色和白色）			
盐片一瓶（1 000片）			
每人4公升清水			
书一本，名为《沙漠中可食的动物》			
每人太阳眼镜一副			
伏尔加酒4公升			
每人外套一件			
化妆镜1面			
总分			

拓展延伸

1. 教师可以组织学生进行自我介绍，让学生们介绍自己学习和生活中的3个"最"，即最高兴的事、最烦恼的事、最喜欢的人分别是什么，然后再谈一下对创业的认识，如何才能成功创业。通过这个活动，可以锻炼学生的沟通能力和加深学生对创业的理解。

2. 教师可以组织学生进行课外阅读，然后定期举行读书交流会，让大家谈谈自己这段时间读过的书及感悟。这个活动可以培养学生的读书热情，有助于学生养成读书学习的好习惯。

创业实践

在前面，我们通过微商运营金点子活动，使同学们想出了很多经营微商的好点子。请同学们从中选出一个金点子，然后进行创业实践。具体操作如下：

（1）同学们在班级分享自己的好点子，采用头脑风暴法对其进行完善，形成可行性方案。方案中包含：经营团队人员及各自职责、供货渠道及供货商、微店的设计及发布商品资料等相关工作、微店的日常经营管理（业务洽谈、售后服务、微店的营销与推广）。

（2）选取实验组，每4～6人为一组，按照方案进行创业实践。

（3）实践总结与汇报。汇报内容包括：微店经营绩效、实践心得及体会。

知识小结

本模块分别讲了创意、创新和创业能力三个方面的内容。

创意就是破旧立新的创造，是具有新颖性和创造性的想法，不同于寻常的解决方法。创意在创业过程中起着重要的作用。创业是目的，创意是手段。没有创意的创业是无源之水。

创新有三层含义：第一，更新；第二，创造新的东西；第三，改变。换句话讲，并不是说只有重大的发明创造才是创新，实际上，对各种产品、工作方法、商业模式、服务模式的改进等都属于创新。创新的方法包括以下几种：破除思维定式、扩散思维视角、围绕中心思考、学会触类旁通、学会因果思考。青年学生应理解这些创新的方法，并有意识地进行练习。

创业能力在创业过程中起着重要的作用。创业成功很大程度上取决于创业者的能力。一般来说，创业者能力包括：交流沟通能力、分析判断能力、团队协作能力、应变创新能力和持续学习能力。青年学生应在学习和生活中注重自己创业能力的锻炼和提高。

创新能力如何练

创新能力不单单是"奇思妙想"的呈现，而更是一个人思维在经过训练后系统地、变革性地分析问题和解决问题的能力，体现着一个人适应时代发展、创造新天地的社会适应力。

请同学们想一下：你是否经常人云亦云？是否总是效仿别人的想法、说法、做法？是否提出过什么创新建议？

开篇故事

大学生"鸭绒"创业经

马政在学校的成绩非常优异，考取的学校和专业也不错。毕业之后，他放弃很多大公司的工作邀请，一心想要创业。他认为中国未来就是创业的天下，而他也要努力成为这中间的一分子。他希望未来能够实现自己的人生价值和抱负，而现在一切都要从头做起。

他经过慎重的思考和市场调查，非常看好鸭绒填充市场，因为眼下临近冬季，很多人都喜欢去网上团购鸭绒被或者羽绒服之类，这是个巨大的市场，但是市面上存在着很多假货，其中填充的不是鸭绒，而是一些人造纤维，又或者是用不经过任何处理的劣质鸭绒，卫生很成问题。

他的家乡是鸭绒的大型产地，这里有着非常好的资源优势。现在他决定把这些鸭绒收集起来，专门帮助那些在网上做鸭绒产品生意的客户。这些客户中，有他以前的同学，或者是老师的朋友。有了这样一层信任的关系，业务开展得很顺利。渐渐地，他的企业经营也上了一定的轨道。但他没有停下脚步来。马政考虑如果公司只是做原料，产品附加值非常低，那么企业的未来发展会被限制。于是他决定做成品加工，而不再只是给那些做鸭绒产品生意的客户提供原料。随后他通过慢慢建立的合作关系，做起了自己的品牌，产品包括鸭绒被、羽绒服等。没过多久，他就成了当地的鸭绒大王。

来源：百度文库

第一节 思维枷锁要打破 ➡

教 学 目 标

知识目标

➤ 了解常见的约束创新思维的枷锁。
➤ 掌握突破创新思维枷锁的方法。

能力目标

➤ 能用新颖独创的方法解决实际问题，打破思维枷锁。

教学工具

➤ 包括：多媒体电脑、PPT教学课件、手机（学生自带，用于扫描二维码看图片或视频等教学资源）、草稿纸（用于能力训练和拓展延伸）。

教学方法

➤ 包括：行动导向法、知识讲授法、情景式探索活动法。

问题导入

贝尔纳曾说："妨碍人们创新的最大障碍，并不是未知的东西，而是已知的东西。"人的思维一旦沿着一定的方向、一定的秩序思考，久而久之就会形成一种惯性，会阻碍新观点的出现。了解阻碍创新思维的枷锁，可以避免我们受到这些思维的束缚。在进行下面的学习之前，请同学们首先回答以下两个问题：

（1）束缚创新思维的枷锁有哪些？

（2）如何才能摆脱思维枷锁的束缚？

知识链接

一、常见的影响创新思维的枷锁

影响青年学生创新思维的枷锁大致有以下五种：

1. 从众型思维枷锁

大多数人都有从众心理，即人云亦云，没有独立思考的品格。例如，流行的穿衣打扮并不一定适合每一个人，但大众往往有跟风的心理。

培养创新意识所需的五要素

2. 权威型思维枷锁

权威枷锁是指思维中的权威定式。人是教育的产物，来自教育的权威定式使人们逐渐习惯以权威的是非为是非，对权威的言论不加思考地盲信盲从，唯独缺少"自我思索、冲破权威、勇于创新"的意识。一味盲从权威，青年学生的思维就失去了积极主动性。

3. 经验型思维枷锁

经验是相对稳定的东西，然而这种稳定性又可能导致人们对经验的过分依赖乃至崇拜，从而形成固定的思维模式，结果就会削弱头脑的想象力，造成创新思维能力的下降。从思维的角度来说，经验具有很大的狭隘性，它束缚了人的思维广度。而创新思维要求青年学生必须拓展思路，海阔天空，束缚越少越好。

4．书本型思维枷锁

书本是一种系统化、理论化的知识，是千百年来人类经验和体悟的结晶，它可以带给我们无穷多的好处，但如果我们一味地死读书，也不会有好的效果。青年学生不应该成为书本的奴隶，而应该活学活用，读书不为书所累，"睹一事于句中，反三隅于字外"，做书本的主人，善于驾驭知识，理论联系实际。否则，死抠书本将严重影响一个人创新思维的发挥。

5．自我贬低型思维枷锁

有的人做事没有信心，总认为"我不行，我做不到"，而从来不敢去尝试一下。只有及时打破这种思维枷锁，从内心深处树立起信心，青年学生才会发现自己的潜力。

对于青年学生来说，思维的枷锁就像一座监狱，只有将守旧观念丢掉，勇于冲破思维藩篱，才能走进创新的世界。

案例阅读

两则小故事给人的启发

故事一：大象为何挣不脱小木桩

一头大象能轻松把一棵大树连根拔起，可是拴住大象只需一根小小的木桩，这是为什么呢？

原来，大象幼年时远没有成年之后那么强壮。人们用一根绳索把幼年大象拴住，一开始小象当然想摆脱这种困境，但是无论它怎样努力都无济于事。在经历了一段时间的挣扎之后，它放弃了所有的努力。最后，当它成为一头强壮的成年大象时，也绝不会尝试着逃离木桩，似乎它的内心深处总是有一个声音在说："我做不到！我做不到！"

站在大象的角度考虑，这是一场悲哀，因为大象圈于以往的经验而不再挣脱。其实事物是发展变化的，小象长大，力量当然与往昔不可同日而语。可见，经验未必永远都是正确的。

现实中无数人和大象一样身处困境，他们同样曾经被束缚、被约束，并且被告知"你永远也不可能摆脱束缚"，所以无数次在困难面前退缩。这些人也许会有许多梦想，但是他们的"失败烙印"终究会把他们拉回到自己的"木桩"上。其实，只要你找到局限自己的思想之源，摆脱精神的枷锁，你的梦想将不再有边界。

故事二：苹果的香味

课堂上，哲学家苏格拉底拿出一个苹果，站在讲台前说："请大家闻闻空气中的味道！"一名学生举手回答："我闻到了，是苹果的香味！"苏格拉底走下讲台，举着苹果慢慢地从每一个学生的面前走过，并叮嘱道："大家再仔细闻一闻，空气中有没有苹果的香味？"

　　这时已有半数的学生举起了手。苏格拉底回到讲台上，又重复了刚才的问题。这一次，除了一名学生没有举手外，其他人全都举起了手。苏格拉底走到这名学生面前问："难道你真的什么气味也没闻到吗？"那个学生肯定地说："我真的什么也没闻到！"这时，苏格拉底对大家宣布："他是对的，因为这是一只假苹果。"这个学生就是后来大名鼎鼎的哲学家柏拉图。

　　挑战权威是一种敢于说出真相的态度，是一种敢于提出质疑的勇气，是一种坚持真理的精神。创新就是要挑战权威，不迷信书本和权威。但是，创新并不反对学习前人经验，任何创新都是在前人成就的基础上进行的。

来源：新浪网

二、突破创新思维枷锁的方法

　　对人们来说，思维枷锁一旦形成，就很容易演变成一种非理性的思维模式。对于创新而言，突破思维障碍，从思维方法上寻求解决办法是非常有必要的。

1．避免先入为主

　　人们在生活中往往会先入为主，凭自己的主观猜测，而不是依据事实来做出判断。如在工作中总是喜欢道听途说，凭印象做出判断，这样就很容易形成对人或对事的思维定式或偏见，不利于形成客观判断。

2．提高知识修养水平

　　一个人知识和修养水平越高，观察和分析问题的能力就越强，盲目跟风的可能性就越小。对创新思维来说，一定的知识和经验是必要的，但是过度依赖知识和经验却是有害的。我们要学会搜集与处理知识，灵活运用知识，形成自己的独立判断，不要人云亦云。

3．强化创新意识

　　青年学生要强化自己的创新意识，精神奋发、斗志昂扬，敢于打破对传统、权威、书本的迷信，敢走前人没有走过的路，敢创前人没有开创的新事业。

4．投身社会实践

　　马克思主义认为，"实践是检验真理的唯一标准"，所以，青年学生要开发创新思维，培养创新能力，必须投身社会实践。现代高校应针对青年学生创新思维的培养，多组织开展行之有效的社会实践活动，让广大同学在课堂学习之余，充分走向社会，融入实践劳动，进行创新思维锻炼。只有在实践中才能找出想与做的差距，只有在实践中创新理念才能变为现实，也只有在实践中才能让青年学生的创新意识、创新能力得到真正的发展。

创业案例及分析

苹果公司的创新策略

苹果公司（Apple Inc.）是美国的一家高科技公司。在 2003 年初，苹果公司的市值不过 60 亿美元左右，到 2010 年 7 月 30 日，苹果公司的市值接近 2 500 亿美元，超越了微软公司，成为全球最具价值的科技公司。一家公司在短短 7 年之内市值增加了 40 倍，这可以说是一个奇迹。其成功主要源于不断创新。

一、产品的创新

从 1998 年到 2010 年，苹果公司陆续推出以 i 为前缀的创新产品。

（1）1998 年，第一款 iMac 推出，它是第一个以 i 为前缀的苹果产品。

（2）2001 年，iPod 音乐播放器推出，此后苹果公司陆续推出 10 款 iPod 型号，包括 iPod nano、iPod mini 等。到 2010 年 4 月为止，苹果公司共售出 1 亿只 iPod。

（3）2003 年，苹果公司推出 iTunes，创建了一个具有强大商业模式的优秀软件，证明只要价格合适、界面足够简单，人们实际上是愿意为音乐付费的。

（4）2007 年，苹果公司推出 iPhone，掀起了一场手机革命，此设备将 e-mail、电影、音乐和网站浏览结合到一个 3.5 英寸的移动电话上。

（5）2010 年初，苹果又推出 iPad。这款新产品采用了和 iPhone 同样的操作系统，外观也像一个放大版的 iPhone，在应用软件方面也沿用了 iPhone App Store 的模式。

二、理念的创新

1. 根据用户需要而非技术需求设计新产品

在产品的设计上，苹果开发团队首先考虑用户的个性化需求及操作的简便性。例如，iPod 不是第一款音乐播放器，却是第一款能够满足用户在欣赏音乐过程中的各种需求的播放器。iPod 开发团队首先对 MP3 播放器为何滞销进行了调查，发现其中一个原因就是播放器存储容量小，当用户想听别的歌曲时不得不将内容一条条地进行替换，不能给用户提供一种良好的体验，因此，iPod 开发者将产品定位在大容量播放器上。在设计上，为了使用户能更方便地操作，尽量避免一切和音乐无关的硬件。此外，iPod 还有一些附加的功能，如录音、数码拍照、像移动硬盘一样存储非音频格式的数据文件等，方便了用户的工作和生活。

2．超越顾客的需求

苹果公司的理念是不仅要满足顾客的需求，而且要超越顾客的需求。例如，用户对手机的追求已经不再是简单的通话功能，各种应用程序和良好的移动互联网体验才是现在以及未来用户所关注的焦点，而 iPhone 提前为用户准备好了一切。于是，iPhone 不仅仅取得了自身的成功，更将手机市场引入了另一个境界，智能、触控、大屏幕、应用程序，在传统手机市场还没有反应过来时，它已经成为新一代手机市场的领军者。

三、商业模式的创新

1．重新审视客户的价值主张，创造出一个新的市场

iTunes Music Store 就是这样一种成功的商业模式。它是苹果开办的在线音乐商店，和第三代 iPod 同时发布，其曲目更新速度往往比唱片出版还快，歌手众多，曲目、专辑信息非常详尽。这种服务模式非常切合消费者的实际需求，在这里，用户可以用 0.99 美元的价格下载新唱片中的任意一首歌，而不必为一两首歌买下整张专辑。利用 iTunes iPod 的组合，苹果开创了一个全新的商业模式——将硬件、软件和服务融为一体，为用户提供了前所未有的便利。

对于苹果而言，iPhone 的核心功能就是一个通讯和数码终端，它融合手机、相机、音乐播放器和掌上电脑的功能，这种多功能的组合为用户提供了超越手机或者 iPod 这样单一功能的体验。苹果的 App Store 拥有近 20 万个程序，这些程序也是客户价值主张的重要组成部分。除此之外，苹果在用户体验方面做得非常出色，这些都是苹果提供的客户价值主张。

2．创新的盈利模式

对于苹果公司而言，盈利路径主要有两个：一是靠卖硬件产品来获得一次性的高额利润，二是靠卖音乐和应用程序来获得重复性购买的持续利润。由于优秀的设计及超过 10 万计的音乐和应用程序的支持，无论是 iPod、iPhone 还是 iPad，都要比同类竞争产品的利润高很多。同样，由于有上面这些硬件的支持，那些应用程序也更有价值。

分析苹果在商业模式上的创新可以看出，苹果在明确客户主张和公司盈利模式方面做了很多创新，从而在为客户创造价值的同时，也为公司创造了价值，并得到了投资者的认可。

来源：百度文库

【案例分析】

创新能使企业永葆生机和活力。苹果公司就是这样一个典型的例子，从第一款 iMac 推出，到 iPod、iTunes、iPhone、iPad 的相继推出，苹果公司一直走在创新的前沿。如产品创新、理念创新和商业模式的创新等均突破了原有产品设计、客户价值体验及盈利模式，赋予了产品新的外观形象、使用功能，给予了客户全新的价值体验，深刻地改变了人们的生活方式，并取得了巨大的成功。

探索活动

如何用 5 美元赚更多的钱？

活动目的：

认识思维定式是束缚创新思维的枷锁；培养学生创新思维潜能。

背景资料：

斯坦福大学有一个叫 Stanford Technology Ventures Program（斯坦福科技创业计划）的项目。Tina Seelig 是其中的明星导师，她的想法总是另辟蹊径。最近，她把自己的学生分成了 14 个小组，每组给一个带有"种子基金"的信封。当他们打开信封的时候，发现里面有 5 美元的启动基金。每个队伍需要在 2 小时之内，运用这 5 美元赚到尽量多的钱。然后在周日晚上将他们的成果整理成文档发给教授？并在周一早上用 3 分钟时间在全班同学面前展示。学生们有 4 天的时间去思考如何完成任务。

几个比较普遍的答案是先用初始基金 5 美元去买材料，然后帮别人洗车或者开个果汁摊。这些点子确实不错，赚点小钱是没问题的。不过有三支队伍想到了打破常规的更好办法，他们认真地对待这个挑战，考虑不同的可能性，创造尽可能多的价值。每支队伍在 2 小时之内赚到了超过 600 美元的利润，5 美元的平均回报率竟然达到了 12 000%，他们是如何做到的呢？

方法一：一支队伍发现了大学城里的一个常见问题——周六晚上某些热门的餐馆总是排长队。这支队伍发现了一个商机，他们向餐馆提前预订了座位，然后在周六临近的时候将每个座位以最高 20 美元的价格出售给那些不想等待的顾客。在那一晚，他们观察到了一些有趣的现象：团队里的女学生比男学生卖出了更多的座位，可能是女性更具有亲和力的原因。所以他们调整了方案，男学生负责联系餐馆预订座位，女学生负责去找客人卖出他们对这些座位的使用权。

方法二：这一支队伍在学生会旁边支了一个小摊，帮经过的同学测量他们的自行车轮胎气压。如果压力不足的话，可以花一美元在他们的摊点充气。事实证明：这个点子虽然很简单但具有可行性。虽然同学们可以很方便地在附近的加油站免费充气，但因加油站工作繁忙，需要长时间等待，大部分人都乐于在他们的摊点充气，而且对他们所提供的服务都表示了感谢。不过，在摊子摆了一个小时之后，这组人调整了他们的赚钱方式，他们不再对充气服务收费，而是在充气之后向同学们请求一些捐款。就这样，收入一下子骤升了！这个团队和前面那个出售预订座位的团队一样，都是在实施的过程中观察客户的反馈，然后优化他们的方案，取得了收入的大幅提升。

方法三：这支队伍认为他们最宝贵的资源既不是 5 美元，也不是 2 小时的赚钱时间，而是他们周一课堂上的 3 分钟展示。这可是世界名校斯坦福大学啊，许多公司都想在这儿招人。于是他们把这 3 分钟展示时间卖给了一家想招聘的公司，帮他们在课堂上打广告，赚了 650 美元。

活动内容：

1．结合案例，谈谈你对创新思维的理解。

2．若你拥有 5 美元的创业基金，你如何用它来赚到尽量多的钱？请大家仿照斯坦福大学的 5 美元创业计划，开启自己的探索活动之旅。

3．活动结束后，教师可评选出表现最优秀的小组。

活动检测：

点子有创意、赚取的钱越多，得分越高。

能力训练

突破定式思维训练

1．一只青蛙在两丈深的井底每天爬上 3 尺，退 2 尺，请问多少天能到达井口？

2．有位老汉用 2 米长的绳子把牛鼻子牢牢拴住，把饲料筐放在 3 米以外的地方就走开了。可是当他回来的时候发现，牛已经把饲料全吃光了，请问是怎么回事？

3．王先生到 8 楼去办事，从大厅走到 4 楼用了 48 秒，再从 4 楼走到 8 楼需要多长时间？

4．由 2 个阿拉伯数字 1 组成的最大数是多少？3 个呢？4 个呢？

5．一盘红豆和一盘黑豆混在一起炒，炒完之后倒在两个盘子里，豆子自然分成两部分，一半红豆，一半黑豆。这是为什么？

你的答案正确吗？是什么因素妨碍了你的思维？

拓展延伸

举例说一说你周围最常遇到的思维定式。

第二节 思维方式需改变 ▶▶

教 学 目 标

知识目标

➤ 掌握 6 种模式的创新思维方式。

能力目标

➤ 能运用6种模式的创新思维摆脱习惯性思维的束缚。

教学工具

➤ 包括：多媒体电脑、PPT教学课件、手机（学生自带，用于扫描二维码看视频或图片等教学资源）、草稿纸（用于能力训练和拓展延伸）。

教学方法

➤ 包括：行动导向法、知识讲授法、情景式探索活动法。

问题导入

创新需要创新思维，创新思维是创新活动的灵魂和核心。我们要想具备创新思维就应当改变思维方式，善于运用逆向思维、发散思维、集中思维思考问题，从而发现解决问题的新途径、新办法。在进行下面的学习之前，请同学们思考以下问题：

（1）什么是创新思维？

（2）如何才能培养学生的创新思维能力？

知识链接

创新思维是指人们在提出问题和解决问题的过程中，对事物间的联系进行前所未有的思考，从而创造出新事物的思维方法。创新思维的方式有很多种，常见的、主要的创新思维方式有逆向思维、发散思维、集中思维、联想思维、逻辑思维和灵感思维。

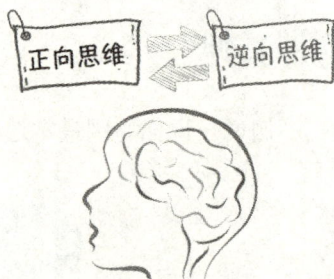

一、逆向思维

逆向思维看活该的牛郎织女

逆向思维也叫求异思维，它是对司空见惯的似乎已成定论的事物或观点反过来思考的一种思维方式。例如，有人落水，常规的思维模式是"救人离水"，而司马光面对紧急险情，运用了逆向思维，果断地用石头把缸砸破，"让水离人"，从而救了小伙伴性命。

运用逆向思维，可以从以下三点把握：

（1）反转型逆向思维法：是指将通常思考问题的思路反过来思考的一种思维方法。

（2）转换型逆向思维法：是指在研究一问题时，由于解决该问题的手段受阻，而转换成另一种手段，或转换角度思考，以解决问题的一种思维方法。

（3）缺点型逆向思维法：是指利用事物的缺点，将缺点变成可利用的东西的一种思维方法。

案例阅读

　　有一辆货车在通过一座天桥时，司机没有看清天桥的高度标记，结果车正好被卡在了天桥下面。因为当时车上装的货物很重，所以一下子很难把货车开出来。为了弄出这辆货车，司机和当地交管部门的工作人员想了很多办法，都无济于事。这时，旁边围观的一个小孩子走了上来，笑着说："你们为什么不把车胎的气放点出来呢？"大家一想，都觉得这确实是一个办法。于是，司机便放了一点车胎气，使货车的高度降了下来，最终汽车顺利地通过了天桥。

　　这就是逆向思维的奇妙之处，小孩子运用逆向思维，想到了他人没有想到的方法，巧妙地使汽车降低了高度，顺利通过了天桥。

　　逆向思维方式告诉我们，常规方法有时不能解决问题，反而会限制我们的思路，影响我们的创造性。这时，一定要让思维适时地"转弯"，从相反的方向去思考，也就是采用逆向思维法，往往会引出新的思路，让问题迎刃而解，达到"柳暗花明又一村"的效果。

二、发散思维

发散思维又称辐射思维、放射思维、扩散思维或求异思维，是指在对事物或对问题的研究中，保持思想活跃和开放状态的思维。

俗话说，"条条大路通罗马"。人的思维也是一样，面对一个问题，应该多角度思考，产生大量不同的设想，尽可能多地提出解决方案，不论方案是否可行，只求多、求新、求独创、求前所未有。

发散思维没有一定的方向，也没有一定的范围，它不墨守成规，也不拘于传统，它使得思维由单向思考转为多向思考或者立体思考，一定程度上说，人与人的创新能力的差别就体现在发散思维能力上。

发散思维方式要求同学们勤于实践，注意有意识地训练自己的思维，使自己的思维处于异常活跃的状态。每当遇到问题时，应当尽可能赋予所涉及的人、物及事情整体以新的性质，摆脱旧有方法的束缚，运用新观点、新方法、新结论，反映出独创性。按照这个思路进行思维方法训练，往往能收到推陈出新的效果，使自己逐渐具有多方位、多角度思维的良好品质。

三、集中思维

集中思维是指在发散思维的基础上，将获得的若干信息或思路加以重新组织，使之指向一个正确的答案、结论或方案。具体说来，就是对发散思维提出的多种设想进行整理、分析、选择，再从中选出最有可能、最经济、最有价值的设想，并加以深化和完善，从而获得一个最佳的方案。

集中思维与发散思维，如同"一个钱币的两面"，是对立的统一，具有互补性，不可偏废。实践证明：在教学中，只有既重视培养学生的发散思维，又重视培养其集中思维，才能较好地促进学生的思维发展，提高学生的学习能力，培养高素质人才。

案例阅读

美国的一个南极探险队首次准备在南极过冬时，遇到了这样一个难题：队员们打算把船上的汽油输送到基地上，但由于输油管的长度不够，当时又没有备用的管子，无法完成输送。正当队员们一筹莫展时，队长布雷克突发奇想，南极到处都是冰，为什么不用冰来做管子呢？由于南极气温低，"点水成冰"必然不是空想。可以用冰做输油管，但怎样才能使冰成为管状又不会破裂呢？此时，布雷克看到了队友缠着绷带的手，这使他想到了医用绷带。于是他让队友拿出出发前准备的所有绷带，试着把绷带缠在已有的管子上，再向绷带上浇水，待水结成冰后，再抽出管子，如此重复，就能做出长度不限的冰管了。这种特殊的冰管，很快就解决了探险队输油管长度不够的问题。

许多时候，人们在信息量的占有上并无多大差别，但有些人能从中看出问题、抓住机会，而有些人却茫然无知、视若无睹。为什么会有这种差异呢？集中思维能力较强的人，其思维观察结构严谨细密，在占有相同的信息量的情况下，对信息的提取率比较高。所以，我们平时一定要有意识地把所有感知到的对象依据一定的标准"聚合"起来，显示出它们的共性和本质。然后，对抽象出来的事物本质进行概括性描述，最后形成具有指导意义的理性成果。

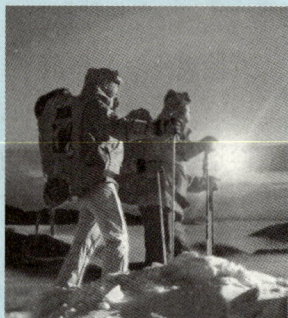

来源：360图书馆

四、联想思维

联想思维是在原先并不相关的事物之间搭起一座认识的桥梁，将表面看来不相关的事物联系起来的一种创新思维方式。联想思维可以使我们扩展思路、升华认识、把握规律，它又可细分为以下几种。

1. 接近联想

接近联想是指由一事物联想到在时间上或空间上相接近的另一事物。例如，由"阳春三月"联想到"桃花"，由"天安门"联想到"人民大会堂"，由三角形的外角和是 360°联想到四边形、多边形的外角和是不是也都是 360° 等。

2. 对比联想

对比联想是指由一事物联想到和它具有相反特点的另一事物。例如，由朋友想到敌人，由水想到火，由战争想到和平等。

3. 相似联想

相似联想是指由一事物联想到另一个与它在性质上接近或相似的事物。例如，由大海想到海浪，想到鱼群，想到轮船，想到海底电缆，想到资源的开发和利用等。

联想思维

4. 关系联想

关系联想是指由事物所具有的各种关系而形成的联想思维。

五、逻辑思维

逻辑思维是人们在认识事物的过程中借助于概念、判断、推理等思维形式能动地反映客观现实的理性认识过程。只有经过逻辑思维，人们才能把握事物的本质。例如，不管采取哪些创新思维的方法，都可能提出多种新设想。这时，就要根据可行性和可能的社会经济效益来进行筛选。进行筛选的过程，主要就是运用逻辑思维的过程，要对每种设想进行分析、比较，做出判断并决定取舍，这就是逻辑思维。

六、灵感思维

灵感思维，是指在事物的接触及思考中，因受到某种启发而产生的创新思维方式。它同顿感思维一样，是在科学研究和文学艺术创作中经常出现和运用的一种创新思维方式。

由于这种创新思维方式具有转瞬即逝的偶发性，所以，要善于抓住这种稍纵即逝的灵感思维，对此进行深入思考和研究，以促成新生事物的应运而生或疑难问题的解决。

创业案例及分析

Post it（即时贴）的发明

即时贴的发明者是美国 3M 公司的斯宾塞·希尔弗。据说他最初是想发明一种黏力很强的胶水，结果发明出来的却是黏力不强的胶水。这种黏力不强的胶水发明出来后无人问津。

公司的化学工程师阿特·弗雷是教会唱诗班成员，他在星期天参加教堂唱诗班活动时，习惯在歌本里夹一张纸片以做记号，但纸片容易滑落，他常要弯腰从地上捡起来，

十分麻烦。有一天弗雷在唱诗时忽然想到，要是有一种用时能牢牢地黏在纸上，不用时又能轻易揭去的"书签"就好了。刚好斯宾塞·希尔弗也注意到他的女同事常常用别针将小纸条别在文件上作为标记，这样做很容易损害文件。结果他与阿特·弗雷"一拍即合"，两人经过一年半时间的研究和改良，一种黏揭自如的粘贴纸便诞生了。1980 年，3M 公司正式将这种具有革命性的产品命名为"Post it"，投入市场。时至今日，它已风行全球，且被评为 20 世纪改变人类生活方式的十大发明之一。

来源：豆丁网

【案例分析】

胶水的黏力不强，按照正常的思维，我们会认为这是一个失败的技术。但是斯宾塞·希尔弗运用逆向思维，利用胶水黏力不强的特点，发明了便签这样一种符合市场需求的产品。

正向思考是很多人都具备的一种思维能力，但逆向思维是许多人没有注意到的，这也是人与人之间思维差距的所在。创新需要逆向思维，因而，我们应在平时生活中，注意观察、思考，培养自己的逆向思维。

探索活动

探索中国运动服装企业的发展

活动目的：

培养学生的创新思维能力。

活动内容：

2014 年以来，中国运动服装零售行业非常疲软，很多运动服装品牌都在寻找出路，疯狂地打折，但即使是打两折、三折也没人购买，而阿迪达斯、耐克可能偶尔打个八折、九折，顾客就疯狂地购买。

请同学们思考：中国运动服装企业面对大品牌的竞争，该如何开拓中国本土消费品市场，突破商业领域固有的理念和框架，走出中国自己的经营之路？请同学们开拓自己的思维，寻找解决方案。

活动检测：

活动结束后，教师可根据表 2-1 进行评分。

表 2-1 探索活动评价表

评分标准	满分	实际得分	备注
能指出中国运动服装企业存在的问题	25		
能针对问题想出解决的方案	25		
方案详细具体、有新意	25		
其他	25		
总分	100		

能力训练

一、逆向思维训练

1. 哭笑娃娃

（1）游戏目的：在迅速反应中发展思维的逆向性和流畅性。

（2）游戏玩法：一起玩"石头剪刀布"的游戏，不过，这次要做点小小的改动。每一次胜利者都要做"哭"的动作，输的一方则要做"笑"的动作，谁先做错就要被淘汰。

2. 反口令

（1）游戏目的：能根据"口令"做相反的动作，训练思维的逆向性及思维的敏捷性。

（2）游戏玩法：你说"起立"，对方就要坐着不动；你说"举左手"，对方就要举右手；你说"向前走"，对方就要往后退……总而言之，对方要和你"反着来"才行。如果他做错了就算输。

二、发散思维训练

1. 请在 5 分钟内尽可能多地写出带有数字一至十的词汇，如一心一意等；与朋友比一比，写得最多又无错误的为胜。

2. 尽可能多地说出冰块的用途。

3. 你能设计出更漂亮新颖的伞的形状吗？

4. 尽可能多地列出肥皂的用途。

5. 尽可能多地写出"缓解上班高峰期电梯拥挤"的方法。

6. A 能够影响 B，如：书籍能够影响人的身心。写出另外 4 种 A 和 B 的关系。

7. 用 5 个关键词编故事，看谁的思维最发散。

规则：所编故事一定要用到所有的关键词，无先后次序，长短不限，看谁编得最好。

关键词：古怪 台风 一棵树 杂货店 天使

三、集中思维训练

1. 下列各词，哪一个与众不同？

① 房屋 冰屋 平房 办公室 茅舍

② 沙丁鱼　鲸鱼　鳕鱼　鲨鱼　鳗鱼

2. 请填上缺失的数字或字母。

① 2　5　8　11　____

② 2　5　7

4　7　5

3　6　____

③ E　H　L　O　S　____

3. 假如你是一个钟表商店的经理，门前要挂两个大的钟表模型，你认为时针和分针摆在什么位置上最好？

4. 三个孩子中有一个人偷吃了苹果，一个人说了真话，请找出偷吃苹果的孩子，为什么？

小明："我向来守规矩，没有偷吃苹果。"

小兵："不，小明撒谎。"

小刚："小兵胡说。"

四、联想思维训练

1. 列出以下事物的相似之处，越多越好。

桌子和椅子

人才市场和商品市场

工厂和学校

2. 遇到交通堵塞，车辆排起了长龙，你会有什么联想？

3. 看到新生入学的场景，你会联想到哪些相近的事物？

4. "举头望明月，低头思故乡"是诗人在描写异乡客触景生情、思念家乡的思维活动，诗人是用什么联想方式进行描述的？

5. 木头和皮球是两个风马牛不相及的概念，但可以通过联想，使它们发生联系：木头——树林——田野——足球场——皮球。那么，请同学们想一想：

① 天空和茶有什么联系。

② 钢笔和月亮有什么联系。

五、逻辑思维训练

1. 在 8 个同样大小的杯中有 7 杯盛的是凉开水，1 杯盛的是白糖水。你能否只尝 3 次，就找出盛白糖水的杯子来？

2. 假设有一个池塘，里面有无穷多的水。现有 2 个空水壶，容积分别为 5 升和 6 升。如何只用这 2 个水壶从池塘里取得 3 升的水？

3. 一个人花 8 块钱买了一只鸡，9 块钱卖掉了，然后他觉得不划算，又花 10 块钱买回来了，11 块卖给另外一个人。问他赚了多少？

4. 烧一根不均匀的绳要用一个小时，如何用它来判断半个小时？

拓展延伸

能利用逆向思维解决生活中的一些常见问题，请举例说明。

第三节 创新技法需掌握 ▶

教 学 目 标

知识目标

➤ 掌握头脑风暴法、奥斯本检核表法、5W2H 分析法、组合创造法和分析列举法的分析方法。

能力目标

➤ 学会 5 种技法的运用，并能运用这些技法提出创新建议。

教 学 工 具

➤ 包括：多媒体电脑、PPT 教学课件、手机（学生自带，用于扫描二维码看视频或图片等教学资源）、草稿纸。

教 学 方 法

➤ 包括：行动导向法、课堂互动法、情景式探索活动法。

问题导入

我们常常感叹自己被习惯性思维、条条框框所约束，不能提出有创意的想法。其实，创新也讲究一定的规律和技巧，可通过练习培养出来。本节将讲述产生创新创意的 5 个技法。在进行下面的学习之前，请同学们思考以下问题：

（1）常用的创新创意技法有哪些？

（2）我们在生活中会经常使用哪种创新创意技法？

知识链接

一、头脑风暴法

头脑风暴法（Brain Storming，BS 法）又称智力激励法或自由思考法（畅谈法、畅谈会、集思法）。

1. 头脑风暴法成功的关键

头脑风暴法成功的关键是探讨方式，即群体能进行充分、非评价性和无偏见的交流，具体可归纳为以下几点：

头脑风暴法

- ❖ **自由畅谈**：参加者不应该受任何条条框框限制，而应放松思想，从不同角度、不同层次、不同方位，大胆地展开想象，尽可能地标新立异，与众不同，提出独创性的想法。

- ❖ **延迟评判**：当场不对任何设想做出评价，既不肯定或否定某个设想，也不对某个设想发表评论性的意见，一切评价和判断都要延迟到会议结束后再进行。

- ❖ **禁止批评**：每个人都不得对别人的设想提出批评意见，因为批评会对创造性思维产生抑制作用。即使自己认为是幼稚的、错误的，甚至是荒诞离奇的设想，亦不得予以驳斥。

- ❖ **追求数量**：会议的目标是获得尽可能多的设想，追求数量是它的首要任务。参加会议的每个人都要抓紧时间多思考，多提设想。至于设想的质量问题，自可留到会后的设想处理阶段去解决。

2. 头脑风暴法的操作程序

- ❖ **准备阶段**：① 主持人应事先对所议问题进行一定的研究，弄清问题的实质，找到问题的关键，设定解决问题所要达到的目标；② 选定与会人员，一般以 5～10 人为宜，不宜太多；③ 确定会议的时间、地点；④ 准备好本子、记录笔等记录工具；⑤ 布置场所。

- ❖ **头脑风暴阶段**：① 主持人简明扼要地介绍有待解决的问题；② 与会人员畅所欲言；③ 记录人员记录参加者的想法；④ 结束会议。

- ❖ **选择评价阶段**：① 将大家的想法整理成若干方案，再根据相关标准进行筛选；② 经过多次反复比较，优中择优，最后确定 1～3 个最佳方案。

案例阅读

坐飞机扫雪

有一年，美国北方格外严寒，大雪纷飞，电线上积满冰雪，大跨度的电线常被积雪压断，严重影响通信。过去，许多人试图解决这一问题，但都未能如愿以偿。后来，电信公司经理为解决这一难题，召开了一次头脑风暴座谈会，参加会议的是不同专业的技术人员，经理要求他们必须遵守以下原则：

第一，自由思考。即要求与会者尽可能解放思想，无拘无束地思考问题并畅所欲言，不必顾虑自己的想法是否"离经叛道"或"荒唐可笑"。

第二，延迟评判。即要求与会者在会上不要对他人的设想评头论足，不要发表"这主意好极了""这种想法太离谱了"之类的"捧杀句"或"扼杀句"。至于对设想的评判，留在会后组织专人考虑。

第三，以量求质。即鼓励与会者尽可能多而广地提出设想，以大量的设想来保证质量较高的设想的存在。

第四，结合改善。即鼓励与会者积极进行智力互补，在增加自己提出设想的同时，注意思考如何把两个或更多的设想结合成另一个更完善的设想。

按照这种会议规则，大家七嘴八舌地议论开来。有人提出设计一种专用的电线清雪机；有人想到用电热来化解冰雪；也有人建议用振荡技术来清除积雪；还有人提出能否带上几把大扫帚，乘直升机去扫电线上的积雪。对于这种"坐飞机扫雪"的想法，大家尽管心里觉得滑稽可笑，但在会上也无人提出批评。相反，有一位工程师在百思不得其解时，听到用飞机扫雪的想法后，大脑突然受到冲击，一种简单可行且高效率的清雪方法冒了出来。他想，每当大雪过后，出动直升机沿积雪严重的电线飞行，依靠调整旋转的螺旋桨即可将电线上的积雪迅速扇落。他马上提出"用干扰机扇雪"的新设想，顿时又引起其他与会者的联想，有关用飞机除雪的主意一下子又多了七八条。不到一小时，与会的10名技术人员共提出90多条新设想。

会后，公司组织专家对设想进行分类论证。专家们认为设计专用清雪机，采用电热或电磁振荡等方法清除电线上的积雪，在技术上虽然可行，但研制费用大，周期长，一时难以见效。那种因"坐飞机扫雪"激发出来的几种设想，倒是一种大胆的新方案，如果可行，将是一种既简单又高效的好办法。

　　经过现场试验，发现用直升机扇雪真能奏效，一个久悬未决的难题，终于在头脑风暴会中得以巧妙解决。随着创造活动的复杂化和课题涉及技术的多元化，单枪匹马式的冥思苦想将变得软弱无力，"群起而攻之"的战术则显示出攻无不克的威力。

来源：百度文库

二、奥斯本检核表法

　　奥斯本检核表法是指针对某种特定要求制定检核表。所谓检核表，是指根据需要研究的对象的特点列出有关问题，形成列表，然后一个一个地来核对讨论，从而发掘出解决问题的大量设想。

　　奥斯本检核表法原有 75 个问题，可归纳为 9 组问题，其核心是改进。9 组问题包括：能否他用、能否借用、能否扩大、能否缩小、能否改变、能否代用、能否调整、能否颠倒、能否组合（见表 2-2）。

表 2-2　奥斯本检核表

序号	检核类别	检核内容
1	能否他用	现有的东西（如发明、材料、方法等）有无其他用途？保持原状不变能否扩大用途？稍加改变，有无别的用途？
2	能否借用	能否从别处得到启发？能否借用别处的经验或发明？外界有无相似的想法，能否借鉴？过去有无类似的东西，有什么东西可供模仿？谁的东西可供模仿？现有的发明能否引入其他的创造性设想之中？
3	能否扩大	现有的东西能否扩大使用范围？能不能增加一些东西？能否添加部件，拉长时间，增加长度，提高强度，延长使用寿命，提高价值，加快转速？
4	能否缩小	缩小一些怎么样？现在的东西能否缩小体积，减轻重量，降低高度，压缩、变薄？……能否省略，能否进一步细分？
5	能否改变	现有的东西是否可以做某些改变？改变一下会怎么样？可否改变一下形状、颜色、音响、味道？是否可改变一下意义、型号、模具、运动形式？……改变之后，效果又将如何？
6	能否代用	可否由别的东西代替，或由别人代替？可否用别的材料、零件代替，用别的方法、工艺代替，用别的能源代替？可否选取其他地点？
7	能否调整	能否更换一下先后顺序？可否调换元件、部件？是否可用其他型号？可否改成另一种安排方式？原因与结果能否对换位置？能否变换一下日程？……更换一下，会怎么样？
8	能否颠倒	倒过来会怎么样？上下是否可以倒过来？左右、前后是否可以对换位置？里外可否倒换？正反是否可以倒换？可否用否定代替肯定？
9	能否组合	组合起来怎么样？能否装配成一个系统？能否对目的进行组合？能否将各种想法加以综合？能否对各种部件进行组合？

1. 能否他用

某个东西，"还能有其他什么用途？""还能用其他什么方法使用它？"……这能使我们的想象活跃起来。当我们拥有某种材料时，为扩大它的用途，打开它的市场，就必须善于进行这种思考。德国有人想出了300种利用花生的实用方法，仅仅用于烹调，他就想出了100多种方法。橡胶有什么用处？有家公司提出了成千上万种设想，如用它制成床毯、浴盆、人行道边饰、衣夹、鸟笼、门扶手、棺材、墓碑等。炉渣有什么用处？废料有什么用处？边角料有什么用处？……当人们将自己的想象投入这条广阔的"高速公路"上时，就会以丰富的想象力产生出更多的好设想。

2. 能否借用

当伦琴发现"X光"时，并没有预见到这种射线的任何用途。因而当他发现这项发现具有广泛用途时，他感到吃惊。通过联想借鉴，现在人们不仅已用"X光"来治疗疾病，外科医生还用它来观察人体的内部情况。同样，电灯在开始时只用来照明，后来，改进了光线的波长，发明了紫外线灯、红外线加热灯、灭菌灯等。科学技术的重大进步不仅表现在某些科学技术难题的突破上，也表现在科学技术成果的推广应用上。一种新产品、新工艺、新材料，必将随着它的越来越多的新应用而显示其强大的生命力。

3. 能否扩大

在自我发问的技巧中，研究"再多些"与"再少些"这类有关联的成分，能给想象提供大量的构思设想。使用加法和乘法，便可能使人们扩大探索的领域。

"为什么不用更大的包装呢？"——橡胶工厂大量使用的黏合剂通常装在一加仑的马口铁桶中出售，使用后便扔掉。有位工人建议黏合剂装在五十加仑的容器内，容器可反复使用，节省了大量马口铁。

"能使之加固吗？"——织袜厂通过加固袜头和袜跟，使袜子的销售量大增。

"能改变一下成分吗？"——牙膏中加入某种配料，便成了具有某种附加功能的牙膏。

4. 能否缩小

例如，袖珍式收音机、微型计算机等就是缩小的产物。没有内胎的轮胎，尽可能删去细节的漫画，就是省略的结果。

5. 能否改变

如汽车，有时改变一下车身的颜色，就会增加汽车的美感，从而增加销售量。又如面包，给它裹上一层芳香的包装，就能提高嗅觉诱力。据说女款游泳衣是婴儿衣服的模仿品，而滚柱轴承改成滚珠轴承就是改变形状的结果。

6. 能否代用

通过取代、替换的途径可以为想象提供广阔的探索领域。例如，用充氩的办法来代替电灯泡中的真空，可使钨丝灯泡的亮度提高。

7. 能否调整

重新安排通常会带来很多的创造性设想。飞机诞生初期，螺旋桨安排在头部，后来，将它装到了顶部，成了直升机，喷气式飞机则把它安放在尾部，这说明通过重新安排可以产生种种创造性设想。商店柜台的重新安排，营业时间的合理调整，电视节目的顺序安排，机器设备的布局调整等，都有可能产生更好的结果。

8. 能否颠倒

这是一种反向思维的方法，它在创造活动中是一种颇为常见和有用的思维方法。第一次世界大战期间，有人就曾运用这种"颠倒"的设想建造舰船，建造速度也有了显著的加快。

9. 能否组合

例如，把铅笔和橡皮组合在一起成为带橡皮的铅笔，把几种部件组合在一起变成组合机床，把不同的金属组合在一起变成种种性能不同的合金，把几件材料组合在一起制成复合材料，把几个企业组合在一起构成横向联合……

案例阅读

表2-3是奥斯本检核表法在手电筒方面的运用。

表2-3 手电筒的创新思路

序号	检核类别	引出的发明
1	能否他用	其他用途：信号灯、装饰灯
2	能否借用	增加功能：加大反光罩，提高灯泡亮度
3	能否扩大	延长使用寿命：使用节电、降压开关
4	能否缩小	缩小体积：1号电池→2号电池→5号电池→7号电池→8号电池→纽扣电池
5	能否改变	改一改：改灯罩、改小电珠和用彩色电珠等
6	能否代用	代用：用发光二极管代小电珠
7	能否调整	换型号：两节电池直排、横排，改变式样
8	能否颠倒	反过来想：不用干电池的手电筒，用磁电机发电
9	能否组合	与其他组合：带手电的收音机、带手电的钟等

三、"5W2H"分析法

"5W2H"分析法又叫七何分析法，W、H是英文单词的第一个字母，包括5个W开头的问题和2个H开头的问题。这7个问题分别是：

（1）What——是什么？目的是什么？做什么工作？

（2）How——怎么做？如何提高效率？如何实施？方法怎样？

（3）Why——为什么？为什么要这么做？理由何在？原因是什么？造成这样的结果是为什么？

（4）When——何时？什么时间完成？什么时机最适宜？

（5）Where——何处？在哪里做？从哪里入手？

（6）Who——谁？由谁来承担？谁来完成？谁负责？

（7）How much——多少？做到什么程度？数量如何？质量水平如何？费用产出如何？

发明者通过以上设问，寻找发明思路，进行设计构思，从而做出新的发明项目。

案例阅读

候机厅的小卖店

某航空公司在机场候机厅二楼设小卖部，候机厅每天人来人往，可奇怪的是，小店自开张之日起便一直门庭冷落。公司经理用"5W2H"法进行了问题筛查，最后发现问题出在 Who（谁）、Where（地点）及 When（时间）三方面。

（1）Who（谁），谁是顾客？机场小卖部在开设时便确定目标顾客是入境的旅客，但是这些旅客不需要上二楼。在二楼停留的大部分是送客或接客的人，他们完全可以在市内商场里购物，不必到机场小卖部来买东西。

（2）Where（地点），小卖部设置在何处？原来旅客出入境的路线都是经海关检查后，直接从一楼左侧走了，根本不需要走二楼。小卖部的位置没有设在旅客的必经之路上。

（3）When（时间），何时购物？入境的旅客不上二楼，那么出境的旅客便成了潜在顾客，但是他们也只有在办完行李托运等相关手续后才有时间和精力去小卖店，而机场却规定旅客登机前才能将行李办理托运，这样出境的旅客根本没有时间光顾小店。

由此可见，小卖部生意不佳的原因有三：未能留住目标顾客和潜在顾客；小卖部的位置偏离了旅客的必经之路；旅客没有购物时间。

针对这三点，经理与航空公司协商，调整了旅客行李托运时间和旅客出入境路线，从而保证了充足的客源，小卖部生意日益红火起来。

来源：豆丁网

四、组合创造法

组合创造法是指从两种或两种以上实物或产品中根据原理、材料、工艺、方法、产品、零部件等不同的属性抽取合适的技术要素，进行重新组合，从而获得新的产品、新的材料、新的工艺的方法。它包括以下几种类型：

1. 主体附加法

主体附加法就是在某种产品上附加一种新的成分，使主体产品的功能或性能略有拓宽，能使消费者在购买主体产品的同时获得锦上添花式的附加利益。例如，可更换衣服的玩具娃娃、带指南针的手表（见图2-1）、带温度计的奶瓶（见图2-2）、带照相功能的手机等。

图2-1　带指南针的手表

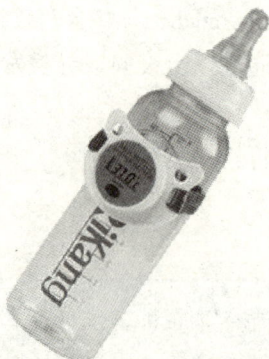

图2-2　带温度计的奶瓶

2. 同类组合法

同类组合法是指对两个或两个以上相同或相似事物进行简单叠合的方法。在同类组合中，参与组合的对象与组合前相比，其基本性能和基本结构一般没有什么根本性的变化。例如，多头铅笔（见图2-3）、自行婴儿车（见图2-4）等。

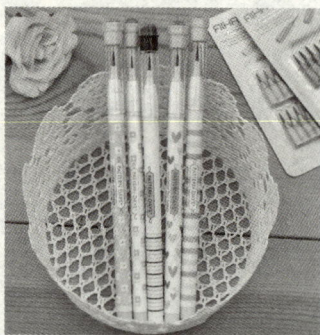

图2-3　多头铅笔

图2-4　自行婴儿车

3. 异类组合法

异类组合法是指对来自不同领域的两种或两种以上不同类事物进行叠合的方法。在异类组合中，被组合的因子来自不同的方面，各因子彼此间一般没有明显的主次之分，参与组合的因子可以从意义、原则、构造、成分、功能等任意一方面或多方面互相进行渗透，从而使组合后的整体发生变化。例如，可视电话将可视屏幕和电话有机组合再创造。

案例阅读

一组组合而成的实物

> 我们看一下下列这些组合实例：
>
> （1）牙膏＋中医药——药物牙膏
>
> （2）电话＋电视机——可视电话
>
> （3）手枪＋消音器——无声手枪
>
> （4）毛毯＋电阻丝——电热毯
>
> （5）台秤＋电子计算机——电子秤
>
> （6）飞机＋飞机库＋军舰——航空母舰
>
> （7）收音机＋盒式录音机＋激光唱片——组合音响
>
> （8）洗衣机＋脱水机＋干燥机——全自动洗脱干组合洗衣机
>
> （9）自行车＋电机＋蓄电池——电动自行车
>
> （10）照相机＋电子调焦调光机——傻瓜照相机

五、分析列举法

分析列举法是通过分析，尽可能全面地排列出某一事物的相关内容，尽可能做到事无巨细、全面无遗，有助于形成多种构思方案。分析列举法具体包括特性列举法、缺点列举法、希望点列举法和成对列举法。

1. 特性列举法

运用该技法首先要把研究对象的主要属性逐一列出，进行详细分析，然后探讨能否进行改革或创新。特性列举法在运用中要对创新对象的全部特性进行列举，列举得越全面越详细，越容易找到创新和改进的方面。要着手解决的问题越小，越容易获得创新的成功。

特性列举法的步骤如下：

第一，将分析对象的特性尽可能详细地列出，对象要具体、明确。

第二，从名词特性、形容词特性和动词特性三个方面进行列举。名词特性指的是对象的整体、部分、材质和制作方法等，形容词特性是指对象的形状、性质、颜色等，动词特性则是指对象的效用和功能等。

第三，在上述各项目下尽量尝试对各种可替代的属性进行置换，以产生新的设想和方案。

第四，提出新的方案并进行讨论评价，努力按照实际需要进行改进。

2. 缺点列举法

缺点列举法也是常用的一项创新技法，是抓住事物的缺点进行分析，以确定发明目的的创新技法。

缺点列举法的具体步骤如下：

第一，尽量列举事物的缺点，需要时可事先广泛调查研究，征集意见。

第二，将缺点加以归类整理。

第三，针对所列缺点逐条分析，研究其改进方案，或能否缺点逆用、化弊为利。

3. 希望点列举法

希望点列举法是通过提出来种种希望，经过归纳确定发明目标的方法。例如，人们希望像鸟一样飞上天，于是就发明了飞机；人们希望冬暖夏凉，就发明了空调设备；人们希望打电话时能看到对方的形象，就发明了可视电话；人们希望夜间上下楼梯时，路灯能自动亮，自动灭，于是就发明了光声控开关。这都是根据人们的希望和需求创造出来的。

希望点列举法的具体步骤与缺点列举法基本相似，不再一一赘述。

4. 成对列举法

成对列举法是把任意选择的两个事项结合起来，成对列举其特征，或者把某一范围内的事物一一列举，依次成对组合，从中寻求创新设想。

成对列举法的具体实施步骤如下：

第一，列举，把某一范围内所能想到的所有事项依次列举出来。

第二，强迫联想，任意地选择其中两项依次组合起来，想象这种组合的意义。

第三，对所有的组合做分析筛选。例如，要设计新式多功能家具，可以先列举各种家具及室内用具：床、箱子、桌子、沙发、椅子、茶几、书架、台灯、衣柜、衣架、镜子、花盆架、电视、音响等。然后，两两配对组合：床和沙发、灯和衣架、桌子与书架、床和箱子、床和灯、镜子与柜子、电视与花盆、音响和台灯等。最后对所有方案进行分析，发现许多方案均可发明出新式家具，有些方案事实上已经成为产品，如床和沙发组合成的沙发床、镜子和柜子组合成的带穿衣镜的柜子、床和箱子组合成的床底可兼做储物柜的组合床等。

创业案例及分析

青年学生另类创业　坚持卖咖啡

渝北宝圣大道有一家不显眼的小店，进去却别有一番洞天：成排的书架，精致的手工点心，新鲜烘焙的咖啡……除了品书外，这里还会定期举行电影欣赏活动。

边上课边创业　每天只睡 5 小时

这家名为"豆芽咖啡馆"的店是由四名年轻人在大学期间创办的,目前其中两位已毕业,还有两位仍在西南政法大学读研。

25 岁的徐涛算是四人中的引领者,当时他发现学校周边没有特色的咖啡馆,加之自己非常喜欢咖啡馆的氛围,于是决定在附近开一家咖啡馆。徐涛一进校就认识的其他三位合作伙伴,一听到徐涛的创业想法就一致赞同。

创业初期,四人将平时积攒下来的零花钱、奖学金、生活费及兼职的钱凑到一起,共筹集了 10 万元启动资金。2010 年 8 月,他们以近 4 000 元的价格,在离学校不远的邻街,租了一个约 150 平方米的二层铺面。

为了节省开支,在装修、购置设备上都是靠他们自己想办法。从二手市场淘桌椅、饰品,然后回来自己上漆改造,自己粉刷墙面,拜师高级咖啡师,研习咖啡技术,花了差不多两个月的时间,咖啡馆终于正式开门营业。

自从开了咖啡馆,徐涛他们就有点忙不过来了,"一个月瘦了 13 斤,为了经营好咖啡馆,常常是深夜两点才睡觉,而早上 7 点又要起床上课"。尽管很累,但大家都觉得值得。

每月亏损 5 000 元　他们将咖啡和图书结合

在开店之前,四人都做好了明确的分工,有负责做线上线下宣传的,有负责运营的,有负责财务的。但是,开业一周来的顾客却并不多,都是熟悉的同学来捧场,外来的朋友和同学屈指可数。

由于顾客少,又要交纳房租、水电气费,每月店里基本亏损在 5 000 多元。随着时间推移,周边 KTV、茶吧、咖啡馆也多了起来,原本不好的生意更是雪上加霜。

在这期间,徐涛与其他合伙人想到把咖啡馆与书店结合起来,通过环境优势吸引顾客。于是,他们就把自己平时收藏的图书搬到店里,后期又与青番茄合作共建咖啡图书馆,向顾客提供免费借阅图书服务。

同时,徐涛又对咖啡馆的咖啡品质进行提升,为此,徐涛还前往重庆当时唯一一家自家烘焙咖啡馆——Mola 咖啡学习。通过升级改造,店里的生意有了很大的起色。

盈利后开分店　欲打造重庆咖啡文化

在差不多亏损了 3 个月后,店里的生意也逐渐好了起来,有的顾客来晚了,常常会没有位子。客人多了麻烦事也来了,本来店里是给顾客提供清净、舒适、放松的阅读环境,但人多后就会出现嘈杂,影响顾客的阅读质量。

2011 年 6 月 6 日,徐涛与伙伴们的第二家分店豆芽六月六号咖啡馆开业;2012 年 4 月,第三家分店豆芽转角咖啡馆也正式开业。如今,三个店加起来每月盈利在 15 000 元左右,每年就有近 15 万元的收入，但大家并没有急于分红，而是将钱继续用于投资，提升咖啡馆的品质，想做成重庆地区的校园品牌咖啡馆。

来源：腾讯网

【案例点评】

四名学生用三年时间不仅实现扭亏为盈，而且已拥有三家不同主题的咖啡馆。他们运用组合创造法，将咖啡与图书相融合，创办了咖啡图书馆。与此同时，他们想打造重庆咖啡文化，为重庆本地的咖啡文化贡献自己的力量。想要创业成功，就必须坚持，因为成功的路上并不拥挤，只是坚持梦想的人不多，要相信成功就在你前方！

探索活动

营销创新探索活动

活动目的：

通过活动，使学生学会创新技法的运用。

活动内容：

以小组为单位，每个小组从自身熟悉或感兴趣的行业里选择一个产品（服务），为该产品（服务）设计一个广告词。该广告词要展示以下几点：

（1）广告词要体现出产品的功能或特点。

（2）广告词能满足消费者的某种需求。

（3）广告词能触动消费者的购买欲。

每个小组将他们的广告词说给其他小组听，其他组员评判该广告词是否成功，并指出广告词存在的问题，评判标准见表 2-4（获得 60 分即算成功）。

表 2-4　评价表

评判标准	满分	实际得分	备注
广告词是否有创意	20		
广告词是否体现出产品功能或特点	20		
广告词是否满足了消费者的某种需求	20		
广告词能否触动消费者的购买欲	20		
其他	20		
总分	100		

活动讨论：

（1）为了卖出该产品（服务），你们小组采用了哪些创新技法？关于产品（服务）的目标人群、价值标准，你们是怎样设想的？

（2）为了成功推销该产品（服务），你们的营销方案进行了何种创新？

能力训练

一、头脑风暴法练习

针对"如何改善城市拥堵的交通状况"和"如何改变城市空气污染"这两个社会问题，运用头脑风暴法激发学生思考。

（1）教师将学生分组，每3～5人一组，选出一个小组记录员。

（2）教师提出问题并留给学生5分钟左右的时间思考，让学生在放松的状态下思考、准备。

（3）每小组成员畅所欲言，然后各组派代表汇报结果。

（4）在规定时间内，提出设想最多的小组获胜。

二、奥斯本检核表法练习

利用奥斯本检核表法，构思出智能手机的创新思路，填入表2-5中。

表2-5 智能手机的创新思路

序号	检核类别	引出的发明
1	能否他用	
2	能否借用	
3	能否扩大	
4	能否缩小	
5	能否改变	
6	能否代用	
7	能否调整	
8	能否颠倒	
9	能否组合	

三、"5W2H"分析法练习

中国的快餐业起步较晚，自1987年4月美国肯德基快餐连锁店在中国落户，现代快餐的概念才引入到中国。如今，中国快餐业呈现出传统与现代、中式与西式、高档与低档快餐竞争与并存的市场格局。目前，中国快餐业的发展尚处于初创阶段，还处于借鉴、模仿和积累阶段，没有形成体系和规模。与西式快餐在支持性设施、辅助物品、服务等方面存在显著差异。

请同学们用"5W2H"分析法对中国快餐行业进行分析，提出快餐行业发展的合理化建议。

四、组合创造法练习

1．组合游戏题

组合不同领域的物体，你可组合成哪些有意义、有价值的东西？

卧室	自动化
床	运送装置
睡觉的地方	移动
窗帘	加热器
位于浴室附近	不同颜色
让人有安全感	自动门锁

2．动态组合思考题

从洞里怎么掏铁球

有一棵长在沙丘旁边的大树，树的根部有一个1米深的、碗口大的洞。有一天，几个小孩在树下玩铁球，一不留神，铁球掉进了洞里。小孩们只有一根1米长的木棍，此外再也没有其他可以利用的工具。

请问：用什么办法，如何通过动态的组合把掉进洞里的铁球掏出来？（要求答案简洁）

五、分析列举法练习

现在有一把旧的长柄弯把雨伞，请你根据缺点列举法的原理，提出改进方案（至少4种）。老旧雨伞的缺点如下：

（1）太长，不便于携带；

（2）把手太大，在拥挤的地方会钩住别人的口袋；

（3）撑开和收拢不方便；

（4）伞尖容易伤人；

（5）重，长时间打伞手臂酸疼；

（6）伞面遮挡视线，容易发生事故；

（7）伞面淋湿后，不易放置；

（8）抗风能力差，刮大风时会向上开口成喇叭形；

（9）骑自行车时打伞容易出事故。

拓展延伸

请大家结合自身特点说说自己最喜欢用的是哪种创新技法，理由是什么？

创业实践

在前面的学习中，我们进行了创业探索，这些探索能否启发你的创业想法？以小组为单位选择一个创业项目（可以是运动服装，也可以选择其他的产品或服务），然后进行创业实践。具体操作如下：

（1）运用创新思维和创新技法完善创业方案（包括：创业项目、目标客户、经营特色、营销方案、创业团队构成及分工等）。

（2）选取实验组，每4～6人为一组，按照方案进行创业实践。

（3）实践总结与汇报。汇报内容包括：创办过程、经营绩效、实践心得及体会。

知识小结

本模块主要讲述了创新思维枷锁、创新思维及创新技法。

约束创新思维的枷锁有五种，分别是从众型思维枷锁、权威型思维枷锁、经验型思维枷锁、书本型思维枷锁和自我贬低型思维枷锁。思维枷锁会妨碍人们采用新的思路、方法解决问题，因此，我们要学会打破思维枷锁的方法，运用创新思维解决问题。

创新思维是指人们在提出问题和解决问题的过程中，对事物间的联系进行前所未有的思考，从而创造出新事物的思维方法。创新思维的方式有很多种，常见的、主要的创新思维方式有逆向思维、发散思维、集中思维、联想思维、逻辑思维和灵感思维。创新思维与常规思维相比，其最大特点是流畅性、变通性和独创性。

创新技法的运用是人们解决问题能力的重要体现。我们知道，解决问题的方法都不是单一的，而是多种多样的。这就要求我们通过分析问题，找出解决问题的方法，并加以有效运用。常用的创新技法包括：头脑风暴法、奥斯本检核表法、"5W2H"分析法、组合创造法和分析列举法。

创业素质可培养

自我思考 >>>

　　创业动机和创业素质在创业过程中起着重要作用。创业动机是创业的驱动因素；创业素质是创业成功的保障。没有创业动机，创业无从谈起；不具有创业素质的创业者，难以取得创业的成功。

　　请同学们观察一下身边的创业者，想一下：他们的创业动机是什么？他们具备哪些创业素质？你觉得自己适合创业吗？你具有哪些创业素质？在生活中，你有意识地提升自身的素质了吗？

开篇故事

"打时间差"创业

小华来自浙江，家乡的商业氛围自小就影响着他。进入大学后，小华就读的学校位于郊区建设的新校区，由于远离市区，交通不便，校内承包门面的店户晚上8点左右就得关门赶回市区。参加社团的小华发现，很多学生在参加完社团活动或者晚自习结束后，没有地方去买饮料或者小吃。于是，他就想租一间门面，专门晚上经营，满足同学们的需求。

他比对了几家店铺，和经营老板进行了协商谈判，确定了愿意合作的店铺，把晚上使用权租给他。在父母的支持下，征得老师的指导和帮助，他买设备，经营起了休闲食品。从同学们最喜爱的奶茶，到各类小吃，品种丰富。由于价格适当，又是同学自己开设的休闲吧，很多同学光顾，效益可观。

来源：百度文库

第一节 创业动机真无价 ▶▶▶

教 学 目 标

知识目标

➤ 明白创业动机的概念。
➤ 掌握创业动机的激发与培养。
➤ 了解创业兴趣对创业的影响。

能力目标

➤ 能说出不同创业者的创业动机。
➤ 知道如何激发自己的创业动机。

教 学 工 具

➤ 包括：多媒体电脑、PPT教学课件、手机（学生自带，用于扫描二维码看视频或图片等教学资源）、草稿纸（用于能力训练和拓展延伸）。

➤ 包括：行动导向法、情景式探索活动法、案例教学法。

问题导入

"大众创业、万众创新"，由于国家鼓励年轻人创业，创业在青年学生中已不是一个陌生的话题。很多青年学生已投身创业事业，并取得了一定的成就。然而还有一些人喜欢稳定的工作，不愿意承担创业带来的风险，因而会选择就业而非创业。在进行下面的学习之前，请同学们思考以下问题：

（1）一个人为什么要去创业？他的动力来自哪里？

（2）你会选择创业还是选择就业，为什么？你的创业动机是什么？

知识链接

一、创业动机的概念

创业动机是指创业者由于个体内在或外在的需要，而在创业时所表现出来的目标或愿景。需求层次理论和成就动机理论均对创业动机进行了深入分析。

1. 需求层次理论

根据需求层次理论，可将创业动机分为以下五类：

❖ **生存需要**：生存是人类的第一需要。人们在失去就业机会的情况下，为了谋生，会选择自己创业。下岗工人、失去土地或因种种原因不愿在家务农的农民，以及刚刚毕业找不到合适工作的青年学生，都属于这类创业者。他们占中国创业者总数的绝大部分。

❖ **谋求发展的需要**：人们在生活有了基本保障之后，就会谋求进一步的发展，一部分人为此走上了创业之路。

❖ **获得独立的需要**：有一些人不愿意替别人干活而喜欢自己当老板，自己选择商业伙伴和确定业务内容，自己决定工作时间、薪水和休假。因此，这类人不愿意到企业就业，而自愿走上自主创业之路，目的就是通过创业使自己获得更大的独立和自由。

❖ **赢得尊重的需要**：有的人放弃高薪而去创业，是为了过一种更加受人尊重的生活，用自己的能力去打拼属于自己的自由王国。

❖ **实现人生价值的需要**：任何社会都有一些具有崇高思想境界的人，这种人以改造社会、造福人类为己任，把对社会的贡献作为实现自我人生价值的目标。他们在对自己所在地的就业和职业前景进行估量后，有意识地决定走创业之路。"穷则独善其身，达则兼济天下"，正是这些人的心理特征，这种创业者就属于有着较高思想境界的人。

课堂互动

> 史蒂夫·乔布斯是苹果公司联合创办人，先后领导和推出了麦金塔计算机（Macintosh，简称 Mac）、iMac、iPod、iPhone、iPad 等风靡全球的电子产品，深刻地改变了现代通信、娱乐乃至人们的生活方式。请同学们分析一下乔布斯的创业动机是什么。

2. 成就动机理论

成就动机是人们期望成功的一种想法或信念。它能够直接影响人的行为活动。许多创业心理研究的结果已经表明，个体成就动机的高低与个体创业行为之间存在某种程度的关系，个体对成功的渴望越强烈，其创业意愿也更强烈，创业行为也越有可能出现。

创业是一项具有创新性和风险性的活动，同时也是一项自我挑战和超越的活动。缺少成就动机，缺少对成功的渴望和追求，会影响创业的积极性。因此，在高校的创业教育中，应该通过各种途径和方法增加学生的成功体验，激发学生的成就动机，增强学生超越自我的内在动力。但根据动机理论的解释，对创业而言，人的成就动机不是越强越好，中等程度的动机是最佳的，否则会产生焦虑等消极情绪反应，反而不利于创业行为。

二、创业动机的激发与培养

1. 培养创业意识

虽然很多青年学生在校期间已开始思索人生的意义，有的人产生了毕业后当老板的创业意识，但这种意识是相当薄弱的，而且大多数学生可能认为创业离自己很遥远，从没有想过要自己创业。因此，我们必须通过正规的以课堂形式为主的创业教育帮助大多数学生树立创业意识，激发他们的创业动机。

2. 激发创业需要

当前学生创业的主导需要是满足生存和安全的需要，现有的创业者多是被动创业，因找工作困难、迫于生活的压力不得不自谋生路。这种创业的积极性不高，创业成功的概率较低。要激发学生的创业动机，应注重培养学生的成就动机。具体来说，可以通过以下途径培养：

（1）在校内举行较简单的模拟创业活动，举办创业设计大赛等活动，让学生在活动中获得成功的体验，从而获得创业的信心和成就感。

（2）邀请成功人士来学校为学生做讲座，或通过报纸、广播等媒介向学生宣传创业的成功案例，让学生熟悉他人的创业过程，激发学生的创业动机。

3. 营造有利的创业环境

营造有利的创业环境可以减少青年学生创业过程中的阻力。首先，高校应开设专门的创业教育课加强学生的创业教育；通过多种媒介传播有关创业的信息，营造创业的良好氛围；建立创业指导部门，配备专业的指导老师，切实做好青年学生创业的扶持工作。

其次，政府为青年学生的创业提供政策支持。维护公平公正的市场秩序，为学生创业营造良好的市场环境。

再次，社会应包容青年学生的创业行为。对青年学生的创业行为给予鼓励与支持，对失败者予以宽容与保护，国家的媒体机构应在这方面发挥应有的引导作用。

总之，高校、政府、社会应重视学生创业教育工作，通过各方努力和通力合作，培养学生的创业动机，鼓励创业行为，切实调动学生的创业积极性，使更多的学生投身到创业活动中来。

三、创业兴趣对创业的影响

创业的过程往往是实现人的爱好和梦想的过程。许多能够赚钱的事情，是能够与自己的爱好合而为一的，兴趣与事业是可以融为一体的。

仔细地看看那些成功者，他们赚钱的过程往往是实现他们爱好、梦想的过程，他们赖以赚钱的工具与他们的爱好往往是一个东西。"汽车狂人"李书福就是因为酷爱带有发动机的摩托车、汽车，才狂热地投身其中，最终"修成正果"。

许多人的失败，并不是因为他不聪明或不努力，而是因为从一开始，他就不热爱那个事情，只是把它单纯地当成了赚钱的工具。

一个人如果能找到自己的兴趣，就有了自己生命存在的形式，并在其中流淌才智，挥洒创造力，演绎生命的精彩。

创业案例及分析

放弃安稳工作只为成就自己的创业梦想

丁某也曾是忙忙碌碌的上班族，可她却并没有就此平凡下去；她家境殷实，衣食无忧，但她为了梦想走上了创业的道路。如今，她开办的跆拳道馆红红火火，成为许多跆拳道爱好者商讨技艺的好去处。

丁某上学时就酷爱跆拳道，结业后留在银川一家跆拳道馆担任主教练。2010 年 6 月，丁某参与中韩跆拳道沟通赛，取得女子 58 kg 第一名、成人组品势第一名，由此也得到宁夏第一个跆拳道"双冠王"的头衔。2011 年，她离开银川回到吴忠工作。

丁某在吴忠的第一份工作是在宁夏高速公路管理局。每月拿着固定的工资，日子过得舒服安稳，按理说，她该知足了。可那里并不是她这个有着创业梦想的女孩想待的地方，所以她辞职了。辞职后，丁某在吴忠第三建筑公司项目部担任资料员。但是，这种波澜不惊的生活依然不是她想要的，她再三问自己到底想要啥。在上职高时，她就想开一家跆拳道馆。也恰是由于这个想法，她结业后担任了几年的跆拳道教练，还获得了许多荣誉。经过深思熟虑，她决定辞职开一家跆拳道馆。

丁某说："刚开始创业的时候，爸爸妈妈不同意。他们一向期望自己的女儿有份安稳的工作，不用每天风风雨雨在外奔走。但是不管怎样，自己算是挺过来了，如今爸爸妈妈也理解我了。"

谈起创业前期的艰难，丁某敏了一下眉头说："刚开始我想找一个比较大的场所，谁知道房租都谈好了，人家又反悔了。以后看上的场所租金又高得离谱。我不想依托爸爸妈妈，仅靠自个儿那点积蓄和不多的借款要做许多的工作，既要装饰场所，又要置办设备，还要做宣传等，那时，觉得创业真的好难。"在创业前期的摸爬滚打中，丁某最大的收获即是知道了怎样与人沟通，明白了只要坚持全部困难都可以克服的道理，这些都为她后来的成功奠定了基础。

如今，丁某的跆拳道馆里已经有 30 多名学员，而这仅仅是她创业的第一步。丁某送给想要创业的青年学生们一句话：不要去想创业有多难，选准方针、坚定信心，多听、多看、多想、多学，成功就一定在不远处等你！

来源：搜狐网

【案例分析】

有人创业是为了生存，有人创业是为了谋求发展，而有人创业则是为了成就事业。案例中的丁某就是为成就事业而创业。她为了梦想放弃了稳定的工作，并能坚持不懈，克服各种困难，最终取得创业成功。

探索活动

创业人物生涯访谈

活动目的：

通过创业访谈，使学生了解不同创业人物的创业动机，感受创业动机在创业过程中的重要作用。

活动内容：

以小组为单位进行创业人物生涯访谈。具体操作步骤如下：① 3~5 人为一组，每组选出一个负责人；② 自行确定访谈对象 2~3 人；③ 拟定访谈提纲，内容包括创业者的教育背景、成长环境、创业动机、创业历程、创业心得等；④ 访谈结束后，每组撰写一份访谈报告，分析他们的创业动机、创业成功的因素及从他们身上获得的启发；⑤ 将报告内容制作成PPT，在课堂上以小组为单位进行交流汇报，每组时间为10分钟。

活动检测：

活动结束后，教师可根据表3-1进行评分。

表3-1 探索活动评价表

评分标准	满分	实际得分	备注
积极参与访谈活动	20		
按要求实施了访谈	20		
访谈报告内容详尽、分析正确	20		
PPT制作精美	20		
其他	20		
总分	100		

能力训练

开展辩论会。辩题：青年学生毕业后是先就业还是先创业。正方观点：青年学生毕业后应先就业，积累创业经验；反方观点：青年学生毕业后应直接创业。

选8个同学，每4人一组，分别代表正方和反方，对上述命题展开辩论，各方要说出自己的观点及理由。

活动结束后，教师可根据以下要点对学生进行评分：① 积极参与辩论（20分）；② 能够提出鲜明的观点（20分）；③ 提出的观点具有合理性（20分）；④ 能够大胆表达自己的想法（20分）；⑤ 语言表达流畅（20分）。

拓展延伸

鼓励学生积极参加学校组织的活动，如摄影大赛、主持人大赛、羽毛球比赛等，培养学生的参与意识和实践能力，使学生在丰富的活动中不断地突破自己，提高自我成就感。

第二节 创业素质有哪些

教 学 目 标

知识目标

➤ 了解创业者应具备的创业素质。

能力目标

➢ 知道创业者应具备的各项创业素质。

➢ 能说出自己具备哪些创业素质，能发现自身素质的不足。

教 学 工 具

➢ 包括：多媒体电脑、PPT教学课件、手机（学生自带，用于扫描二维码看视频或图片等教学资源）、草稿纸（用于能力训练和拓展延伸）。

教 学 方 法

➢ 包括：行动导向法、课堂互动法、情景式探索活动法。

问题导入

创业者是创业的核心，是创业成功的关键因素。美国的钢铁大王卡耐基曾说过：如今，即使拿走我的全部资产，但只要把这50多个有素质、有能力的事业伙伴给我留下，三年之后，我还会成为亿万富翁。创业需要具备创业素质的优秀人才，这样才能够给企业带来向心力和凝聚力，才能带领企业突破困难，走向成功。在进行下面的学习之前，请同学们先思考以下问题：

（1）创业者应具备哪些素质？哪种人是潜在的创业者？

（2）你具备哪些创业素质呢？

知识链接

创业是极具挑战性的社会活动，是对创业者自身智慧、能力、气魄、胆识的全方位考验。一个人要想获得创业成功，必须具备以下基本素质：心理素质、道德素质和专业素质。

一、心理素质

1. 独立自主

创业者要有独立自主的个性心理。独立自主主要体现在以下几个方面：① 自主抉择，即在选择人生道路、创业目标时，有自己的见解和主张；② 自主行为，即在行动上很少受他人影响和支配，能将自己的主张决策贯彻到底；③ 行为独创，即能够开拓创新，不因循守旧、步人后尘。

2. 坚定信心

坚定信心是创业者对自身所从事的活动或事业深信不疑的性格特征。这是创业者获得创业成功的必备要素。创业过程中往往会遇到很多困难，如果创业者缺乏坚定的信心，遇到挫折就怀疑自己决策的正确性，那么，就不能使创业顺利地进行下去。

3. 敢于冒险

在市场经济大潮中，机会与风险共存。只要从事创业活动，就必然有风险伴随。创业就意味着冒险，只有冒险才可能把握稍纵即逝的市场机遇。但是，冒险不意味着冒进。冒进是指不顾具体条件和实际情形而冒昧进行。如果一件东西，你经过努力有可能得到，且这个东西值得你去拥有，那么，你可以冒险去尝试。否则，你的行为就属于冒进。无知的冒进只会使事情变得更糟，你的行为将变得毫无意义。

4. 顽强执着

创业者需要有百折不挠、坚持不懈的毅力和意志。无论是面对成功还是失败，都能做到坚持、不放弃。对于一个创业团队，顽强和执着精神就是团队成功的锐利武器。创业者的执着可以引导企业团队成员凝聚在一起，奋勇向前。

扫一扫

周鸿祎：创业素质·顽强执着

案例阅读

　　李华毕业于一所国内知名大学，学的是电脑软件专业。他成绩非常优秀，和导师合作的项目也获得了国家专项基金的扶持。而他在校外做实习时，国内一流大企业都向他伸出了橄榄枝。无论他选择毕业去哪一家公司，相信未来的前景都会很好。

　　但拥有这么多光环的李华却是个不喜欢被人束缚的人。他决定自己创业，虽然创业注定艰苦，但他已经下定决心把自己的青春和热血都献给互联网。他认为现在正是创业的好时机，虽然他不具备很多的经验，不过至少他有头脑。

　　他选择进入的领域是移动分享。具体的产品就是帮助国内用户，通过互联网分享所见所闻。这款产品使用起来非常方便，用户界面也非常人性化。

　　在软件开发前期，他确实凭借着他的锐气获得了一些投资，投资商对李华的印象都很不错，认为其未来一定会有非常大的发展。但这时候问题出现了，投资商要求李华在软件中嵌入广告来收费，这样能让软件尽快盈利，但李华觉得，这样是损害用户的行为。就这样，投资商断了第二轮投资计划，这对李华来说是致命的。他遇到了在以往的生活中从来不曾遇到过的难关。工资发不下去，每天都不敢正面与员工对视；在大企业工作的那些好朋友打来电话的时候他也不知道该怎么说；女朋友因为他太投入工作，感情也疏远了，他突然感觉好像全世界都抛弃了他。

但是李华天生是一个不服输的人。凭着一种不服输的精神，李华多次与投资商磋商周旋，为了达到自己的目的，投资商多次以撤出投资威胁李华。可李华一遍又一遍地向投资商耐心解释，告诉投资商前期加广告会给他们带来多大的损失。不管付出多大代价，李华都不能让自己的梦想夭折。

最后投资商被李华的这种精神所打动，双方选择了一个折中的方案，即软件前期不加广告，但后期需要加入投资商所提供的广告。不管怎样，李华总算是可以继续自己的梦想，他的创业也可以继续进行。

李华在压力最大的时候，也没有选择妥协，他没有违背自己的信念，因为有一种强大的力量在支撑着他，那就是不可半途而废的创业精神。一个有精神气的创业者，往往能体现出更强大的气场，而这种气场是多少金钱都买不来的。

来源：百度文库

二、道德素质

1. 诚信为本

诚信就是"诚实无欺，信守诺言，言行相符，表里如一"。诚信不仅是为人处世的基本准则，更是经商之魂。在创业经商过程中，诚信是第一品质，是创业者的"金质名片"，也是参与各种商业活动的最佳竞争利器。

2. 责任心强

责任心是指一个人具有的对自己、家庭、组织及社会等主动担负责任的意识，是创业成功的基础。一个人一旦有责任心，就会在日常生活中表现出成熟的举动和行为，如尊老爱幼、爱岗敬业、尽职尽责等。当我们在开创人生事业的时候，需要对企业员工担负责任，也需要对社会担负责任。

3. 守法律己

守法律己是指创业者要严格依据法律法规创办和经营企业，不从事违法活动，不搞与法律相对抗的行为。要严于律己，做遵纪守法的创业者，这样，企业才能得到持久发展。

4. 勤劳节俭

"勤能补拙""勤劳致富""成由节俭败由奢"等至理

名人名言

托马斯·利普顿爵士说："有许多人来向我请教成功的诀窍，我告诉他们，成功重在节俭。成功者大都有积蓄的好习惯，任何好朋友的援助、鼓励都比不上一个薄薄的小存折。唯有积蓄才是成功的基础。"

名言，都是我们人生和创业成功的不二法门。要想创业，就必须坚守"勤劳节俭"的人生习惯，并将勤劳节俭用于企业经营，降低经营成本，提高经营效率，对白手起家的创业者来说更是如此。

世上很多创业成功的富翁都有勤劳节俭的品质。我们青年学生没有点勤劳节俭的精神和习惯，是很难创业成功的。从现在起，青年学生就应该修炼和培养自己勤劳节俭的人生习惯。

三、专业素质

1. 专业能力

创业者在工作中不需要事事具备、面面俱到，但是熟练的专业知识、精湛的专业技能却是保证自己在业内游刃有余的必备条件，对从零开始的创业者来说更是如此。

2. 社交能力

创业需要创业者依靠其拥有的资源。其中最重要的一点是人脉资源，即创业者构建其人际网络或社会网络的能力。一个创业者如果不能在最短时间内建立自己最广泛的人际网络，那他的创业一定会非常艰难。

创业者在从事经济活动的过程中，免不了有各种社会交往，它对搞好生产与经营工作、加强与各方面的沟通联系、扩大影响、减少负面效应、提高经济效益都有着不可估量的作用。

3. 管理能力

企业的成功离不开成功的企业经营管理。经营管理能力是指对人员、资金的管理能力。它涉及人员的选择、使用、组合和优化；也涉及资金的聚集、核算、分配、使用、流动。经营管理能力是一种较高层次的综合能力，是运筹性能力。创业者经营管理能力的形成要从学会经营、学会管理、学会用人、学会理财几个方面去努力。

扫一扫

周鸿祎：创业素质·创新

4. 创新能力

创新能力是创业能力的重要组成部分。创新是知识经济的主旋律，是企业化解外界风险和取得竞争优势的有效途径，它包括两方面的含义：一是大脑活动的能力，即创造性思维、创造性想象、独立性思维和捕捉灵感的能力；二是创新实践的能力，即在创新活动中完成创新任务的具体工作的能力。创新能力是一种综合能力，与知识、技能、经验、心态等有着密切的关系。

课堂互动

结合自己身边成功的创业案例，谈谈作为创业者还应具备哪些素质。

【创业素质测评】

许多人都希望拥有一份属于自己的事业，进行以下测试可以帮助你了解自己是否适合创业。

【试题】

请根据实际情况，选择最符合自己特征的答案。在选择时，一定要根据第一印象回答，不要做过多的思考。

（1）你是否为了某个理想而制订了两年以上的行动计划，并且准备按计划进行直到完成？

（2）在学习、工作中，如果没有别人的督促，你可以自主地完成分派的工作吗？

（3）你是否喜欢独自完成自己的工作，并且做得让自己满意？

（4）你的朋友们是否经常请求你的指引和征求你的建议？

（5）你有没有成功赚外快的经历？

（6）你是否能够连续10个小时以上专注地投入自己感兴趣的事情？

（7）你是否习惯保存重要资料，以备需要时可以随时提取查询？

（8）在平时生活中，你是否关心别人的需要并热衷于服务大家？

（9）即便不是十分擅长，你是否也喜欢艺术、体育等类型的活动？

（10）你是否曾经带动集体完成一些集体活动并得到好评？

（11）你是否喜欢参与竞赛，并且看到自己表现良好？

（12）当你为别人工作时，发现其管理方式不当，是否会想出适当的管理方式并建议改进？

（13）当你的工作需要别人协作时，是否总能说服别人来帮助你？

（14）当储蓄达到一定数额时，你是否能想出好的理财计划，而不是让钱沉睡在银行里？

（15）当你要完成一项重要的工作时，是否总给自己足够时间仔细完成，绝不草率？

（16）参加重要聚会你是否从不迟到？你是否能充分利用时间？

（17）你是否有能力安排工作环境，实现有效率地专心工作？

（18）你交往的朋友中是否有较多有成就、有智慧、有眼光、有远见的人物？

（19）你在平常的生活中，是否被认为是受欢迎的人？

（20）当你需要经济支援时，是否能说服别人掏钱给你？在募款时，你是否充满自信而不害羞？

（21）你是否可以为了赚钱而牺牲个人娱乐？

（22）你对自己要完成的工作有足够的责任感吗？

（23）你在工作时，是否有足够的耐心与耐力？

（24）你是否能在很短的时间内结交许多新朋友，而且能使新朋友对你留下深刻的印象?

【分析】

以上问题回答"是"得1分，回答"否"不计分，请统计你所得的分数。以下几种情况可以帮助你确定未来的选择：

A型，打工型：得分在0～5分。你目前暂时不太适合自己创业，可先以员工的身份培养工作方面的专业能力。

B型，提升型：得分在6～10分。你具有一些基本的创业素质，创业失败的可能性较大，如果迫切希望创业，则要寻求一些有经验的人士指导，以减少创业风险，增加成功的可能性。

C型，补充型：得分在11～15分。比较适合自己创业，但需要分析所回答为"否"的问题，并需要补充所欠缺的一些创业素质。

D型，积累型：得分在16～20分。个性中的特质已经完全符合创业的基本要求，需要选择合适的方向，积累管理经验，建议从小事业慢慢开始，不一定以现在做的事情作为未来的事业。

E型，行动型：得分在21～24分。不去创业十分遗憾，如果你不去创业一定会对上级产生威胁，甚至如果受到上级压制，你可能会成为组织的一个麻烦。你需要利用这种潜能，发现机会，一旦机会到来，就会有一番大的作为。

创业案例及分析

李嘉诚：诚信是创业成功的"王牌"

李嘉诚说过："有时看似是一件很吃亏的事，往往会变成非常有利的事。建立个人和企业的良好信誉，这是资产负债表中见不到但却是价值无限的资产。"

大家都知道，李嘉诚真正发迹靠的不是塑胶玩具，而是塑料花。当李嘉诚靠塑料花这个单品红遍香港后，就一直想把市场扩大到欧美等西方发达国家去，毕竟香港的市场容量非常有限。有一天，天上真的掉下个金元宝，一位加拿大外商拿着一个天量订单，找到了李嘉诚。在最终签约前，对方提出了两个条件：一是需要有一家实力强大的公司做担保，二是要实地考察李嘉诚的工厂。看似两个很常规的条件，对于羽翼未丰的李嘉诚来说，却似两颗定时炸弹，随时都可能把这个天量订单炸得无影无踪。

李嘉诚回去后，磨破嘴皮也没有任何一家有实力的公司愿意为他的小公司做担保，这让李嘉诚有些心灰意冷；再看看自己简陋的厂房和陈旧的设备，要过实地考察这一关几乎

不可能。此时，有人给他出主意："我们可以先花点钱，租用一间大工厂，反正那个外商也看不出来。"李嘉诚坚决反对："即使订单泡汤，也绝不能糊弄别人。你要相信世界上每一个人都精明，要令人信服并喜欢和你交往，那才是最重要的。"

第二天，李嘉诚硬着头皮把加拿大外商请到了工厂里，如实向外商介绍自己工厂的情况。令他倍感意外的是，外商刚走出车间，就要求与他签订合约。李嘉诚面有难色地说："对不起，先生，我的工厂太小，没有任何一家有实力的本地公司愿意为我做担保。"外商笑着说："你的诚信，就是最好的担保。"李嘉诚继续说："非常感谢您对我的信任，可是，这个订单对我来说实在太大了，我的这个小工厂的生产能力无法满足您的需要；现在，我手里的资金有限，还无法继续扩大生产规模。"外商坚定地说："我可以预付一笔订金，你扩产需要多少？你说个数吧！"

可见，诚信真的是可以当钱用的。

来源：搜狐网

【案例分析】

诚＝言＋成，即说到做到；信＝人＋言，即说人话，不说假话。诚信是为人之道，是立身处事之本。做企业和做人一样需要诚信。"人无信不立，业无信不久"，一个企业要想获得长远发展，就必须讲诚信。从企业创造价值的角度看，诚信是企业珍贵的无形资产，它可以提升企业的品牌知名度，并将其转化为企业的竞争优势；诚信也是一种生产力，它可以降低成本、提高效率。因此，诚信是对创业者创业的内在要求。

探索活动

自知之明活动

活动目的：

一个成功的创业者要具备很强的心理素质、道德素质和专业素质。你是否具备这样的素质？下面我们通过这个活动，使你对自己的素质有一个基本的了解。

活动内容：

（1）表 3-2 至表 3-12 是有关创业者素质的测评表，各表中的 A 栏和 B 栏中各有一些表述。如果 A 栏里的表述符合你的情况，请在 A 栏左侧的空格中填写 2；如果 B 栏里的表述符合你的情况，请在 B 栏右侧的空格中填写 2。在自我评价时要诚实。

表 3-2　独立自主素质测评

A		B	
我不惧怕问题，因为问题是生活的组成部分，我会想办法解决每一个问题		我发现解决问题很难。我害怕这些问题，或者干脆不想它们	
我不会等待事情的发生，而是努力促使事情发生		我喜欢随波逐流并等待好事降临	
我总是尝试做一些与众不同的事情		我只喜欢做我擅长做的事情	
在行动上很少受他人影响和支配，能把自己的主张决策贯彻到底		在行动上会受他人影响，觉得他人意见好，就会按照他人的想法去做	
当我遇到困难时，我会尽全力去克服困难		如果我遇到困难，我试图忘掉它们，或等待其自行消失	
总计		总计	

表 3-3　冒险素质测评

A		B	
我坚信，要在生活中前进必须冒风险		我不喜欢冒风险，即便有机会得到很大的回报也是这样	
我认为风险中也蕴含机会		如果可以选择，我愿意以最稳妥的方式做事	
我只有在权衡了利弊之后才会冒风险		如果我喜欢一个想法，我会不计利弊地去冒风险	
即使投资于自己企业的资金亏掉了，我也愿意接受这样的现实		投资于自己企业的资金可能会亏掉，我难以接受这样的现实	
不论做任何事，就算我对这件事有足够的控制权，我也不会总是期待完全控制局面		我喜欢完全控制自己所做的事情	
总计		总计	

表 3-4　顽强执着、坚定信心素质测评

A		B	
即使面对极大的困难，我也不会轻易放弃		如果存在很多困难，真的不值得为某些事去奋斗	
我不会为挫折和失败沮丧太久		挫败和失败对我的影响很大	
我相信自己有能力扭转局势		一个人能力有限，运气起很大的作用	
如果有人对我说不，我会泰然处之，并会尽最大的努力改变他们的看法		如果有人对我说不，我会感觉很糟并会放弃这件事	
在危急情况下，我能保持冷静并找出最佳的应对办法		当危机升级时，我会感到慌乱和紧张	
总计		总计	

表 3-5 诚信品质测评

A	B	
我言行相符，我所做的即是我心里所想的	我所想的和我表现出来的行为往往不相符	
在路上拾到钱包后会主动归还给失主	在路上拾到钱包后据为己有	
乘坐公共汽车或地铁时从不逃票	常常为逃票而沾沾自喜	
对别人承诺的事情一定要做到	会经常因为某些原因而未能履行对他人的承诺	
认真完成老师布置的每一次作业	觉得作业完成得差不多就行，没必要追求精益求精	
总计	总计	

表 3-6 责任心品质测评

A	B	
在公交车上，见到老人会主动让座	在公交车上，见到老人上车，视而不见	
外出时，找不到垃圾桶，会把垃圾带回家	外出时，找不到垃圾桶，随便找个隐蔽的地方将垃圾扔掉	
节省开销，尽力为父母、为家庭减轻负担	只要是自己喜欢的就会购买，从不考虑自身的经济实力	
经常帮助有困难的同学和朋友	很少帮助有困难的同学和朋友	
发奋学习专业知识，学习各种技能	学习不是首要的事，经常和同学逛街、上网、唱歌	
总计	总计	

表 3-7 守法律己品质测评

A	B	
有令必行，敢于担当	做事找借口，推卸责任	
在生活中、学习中严格要求自己	差不多就行，从不严格要求自己	
严格遵守校纪校规	经常违反校纪校规	
熟悉法律，依法办事	不了解法律，触犯法律自己却不知情	
能控制自己的情绪、行为和习惯	不能控制自己的情绪、行为和习惯	
总计	总计	

表 3-8 勤劳节俭品质测评

A	B	
花钱有计划，合理分配每月的生活费	每月的生活费都不够花	
爱惜粮食、不挑食、不剩饭	经常将吃不完的饭菜扔掉	

续表

A		B	
出门关灯、关水		出门后忘记关灯、关水	
会节省开销		只要是自己喜欢的就会购买	
不与别人比吃穿		别人有的，我也要有	
总计		总计	

表 3-9　专业素质测评

A		B	
热爱自己所学的专业		对自己所学的专业毫无兴趣	
努力学习专业知识，学习各种技能		学习不是首要的事，经常和同学逛街、上网、唱歌	
除学习课本知识，还经常参与课外实践		很少参与课外实践	
一次性通过各科考试，没有"挂科"的现象		偶尔会有"挂科"的现象	
非常精通自己所学的专业		对专业知识一知半解	
总计		总计	

表 3-10　社交能力测评

A		B	
我与别人沟通得很好		我与别人沟通有困难	
很喜欢当众演讲		为自己的演讲水平不佳而苦恼	
喜欢结交朋友，参加社交活动		朋友很少，很少参加社交活动	
愿意做会议主持人		做主持人就发怵	
喜欢在宴会上致祝酒词		不喜欢在宴会上致祝酒词	
总计		总计	

表 3-11　管理能力测评

A		B	
喜欢做大型活动的组织者		不擅长组织大型活动	
做事情有计划，无论何时何地，都能有目的地行动		做事情没有计划，想到什么就做什么	
一旦需要做出决定，我常能尽快地做出决定做什么		我尽可能长地推迟做决定的时间	
能经常思考对策，扫除实现目标的障碍		很少进行思考、总结	
能严格约束自己的行动		不能严格约束自己的行动	
总计		总计	

表 3-12　创新能力测评

A	B	
我擅长讲笑话、说趣事	我不擅长讲笑话、说趣事	
有想法，喜欢尝试新事物	从来不做那些自寻烦恼的事	
遇到问题能从多方面探索它的可能性，而不是拘泥于一条死路	认为按部就班、循序渐进才是解决问题的方法	
不拘泥于一成不变的生活	喜欢传统的、稳定的生活方式	
总是想办法说服别人接受自己的观点	喜欢接受别人的观点，而不是说服他人接受自己的观点	
总计	总计	

你的得分：

将每项素质的得分相加后，分别填入表 3-13 中 A 栏和 B 栏对应的框里，然后在相应的位置打"√"。如果你 A 栏得分为 6～10 分，说明你在这些方面的能力和素质是你的强项，请在"强"下面画"√"。如果你 A 栏得分为 0～4 分，说明你在这些方面的能力不太强，请在"不太强"下面画"√"。如果你 B 栏得分为 0～4 分，说明你在这些方面的素质或能力有点弱，请在"有点弱"下面画"×"。如果你 B 栏得分为 6～10 分，说明你在这些方面的素质或能力是弱项，请在"弱"下面画"×"。A 栏得分高，说明你在组织和经营企业方面很可能取得成功。

表 3-13　创业素质评价表

素质	A	强（6～10 分）	不太强（0～4 分）	B	有点弱（0～4 分）	弱（6～10 分）
独立自主						
敢于冒险						
顽强执着坚定信心						
诚实守信						
责任心						
守法律己						
勤劳节俭						
专业能力						
社交能力						
管理能力						
创新能力						

如果你 A 栏的总分为 60 分或更高，说明你具备较高的创业素质。

如果你 B 栏的总分为 60 分或更高，说明你需要对自己的弱项加以改进，将弱项转变为强项。

（2）自我测试后，请你的同学或朋友利用上面的表格再对你进行一次评价，通过两次评价，能够更客观、准确地评价你的创业素质。

（3）写一份《我所具备的创业素质》的报告，约 800 字，针对不具备的创业素质写出具体的改进措施。

活动检测：

活动结束后，教师可根据表 3-14 的内容进行打分。

表 3-14 探索活动评价表

评分标准	满分	实际得分	备注
能客观准确地描述自己	20		
能针对自身问题提出有效的解决方案	20		
报告撰写认真、符合要求	20		
能积极参与活动	20		
其他	20		
总分	100		

能力训练

小组讨论。"对于创业者而言，今天是残酷的，明天是残酷的，后天是美好的，但大部分创业者都死在了明天晚上，失败的经验是没有坚持，我成功的经验就是坚持。"你如何理解马云的这段话？请同学们每 3～5 人一组，就上述命题展开讨论，积极发表自己的见解。

小组讨论结束后，教师可根据以下要点对学生进行评分：① 积极参与讨论（20 分）；② 能够提出鲜明的观点（20 分）；③ 提出的观点具有合理性（20 分）；④ 能够大胆表达自己的想法（20 分）；⑤ 语言表达流畅（20 分）。

拓展延伸

推荐同学们观看网上视频：《中国合伙人》。

推荐理由：

该影片主要讲述了从 20 世纪 80 年代至今，三个年轻人从学生时代相遇、相识，拥有同样的梦想至一起打拼事业，共同创办英语培训学校的创业励志故事。他们

在创业的过程中曾不被人看好，也遇到过很多困难，但是，在经历了很多磨难后最终获得了成功。该影片向人们展示，只要有梦想、有信仰，就一定能取得创业成功。

看完影片后，请思考以下问题：

（1）电影中，成东青、孟晓骏、王阳为什么能创业成功？

（2）他们三个分别具有哪些创业素质？

（3）结合影片说说创业素质对创业成功的重要作用。

第三节　提升素质有妙招

教 学 目 标

知识目标

- 掌握提升心理素质的方法。
- 掌握提升道德素质的方法。
- 掌握提升专业素质的方法。

能力目标

- 能有意识地去练习和提高自己的创业素质。

教 学 工 具

- 包括：多媒体电脑、PPT教学课件、手机（学生自带，用于扫描二维码看视频或图片等教学资源）、草稿纸。

教 学 方 法

- 包括：行动导向法、课堂互动法、情景式探索活动法。

问题导入

个人的创业素质是创业成功的关键因素。虽然优秀素质与遗传基因有一定的联系，但也可以通过后天的培养获得。只要掌握提升创业素质的方法，并有意识地去练习，就会逐渐提高自身的创业素质。在进行下面的学习之前，请同学们思考以下问题：

（1）你知道哪些提升创业素质的方法？

（2）在生活中，你有意识地去练习和提高了吗？

知识链接

一、提升心理素质的方法

1. 自信心的培养

成功的人都是自信的人。有了信心，就有了前进的勇气与力量，就有了奋斗的动力，从而能克服重重困难，战胜失败与挫折，最终取得成功。提升自信心的方法有以下几种：

（1）发现自己的优点。经常想想自己的长处，回忆自己做过的、引以为豪的事或成功的事可以增加自信心。这是树立自信心较有效的一种方式。因为个人的自信心，都是在成功实践的基础上，经过他人肯定和自我确认，逐渐树立起来的。

（2）掌握一项技能。拥有一技之长的人，任何时候都不容易露怯。因为他在任何时候都有底气，知道自己有拿手本领，就算这项本领现在不能用，但至少他也有自学的能力。通过自学掌握一项技能，不仅锻炼了自己的学习能力，也能让自己在面对不了解的事物时，充满自信地说上一句："我现在不会，但我自学能力不错，只要我努力，一定能学会！"

（3）长期积累知识。自信源于知识的积累。一个学识丰富的人，即使性格内向，少言寡语，很少和身边的人接触，他也不会认为自己被他人轻视。因为他有傲视他人的本钱。当然，积累知识是一个长期的过程，就如同自信不是一朝一夕能够培养出来的。不断地提高自己的学识，总有一天，你会无比自信。

（4）做足事前功夫。做事没有自信，是因为对事情不了解，害怕出错，害怕失败。如果充分了解要做的事，了解它的每一个步骤，了解出现问题时相应的处理方法，那么，你还有什么害怕的？俗话说，笨鸟先飞。害怕出错，就做足事前功夫，深入细致地调查要做的事，详细询问过来人的经验，有不懂的地方立刻请教他人。

（5）敢于表现自己。自卑的人，喜欢把自己"藏"在人群中，恨不得所有人都不要注意自己。想要变得自信，要让所有人都注意你。在公共活动场合，尽量坐到前排；在讨论问题的时候，尽量发表自己的观点；尽量报名参加一些集体活动，不论是野游还是探险……要留给他人一个印象：也许我做得还不够，但是我敢于尝试，我在不断进步。

2. 胆量的培养

人的胆量虽然与先天遗传因素有关，但也可以通过后天的培养和训练养成。增强胆量的方法主要有以下几种：

（1）多实践、多行动。多实践、多行动就是敢于做自己想做的事。在实践和行动中磨炼自己，培养自己临危不惧、泰然自若地应付各种突发事件的能力。

（2）做自己害怕的事。在道德和法律允许的范围内，在保证生命安全的前提下，做自己害怕的事。做完之后，你会发现很多事情原来没有想象中的那么困难。

（3）多和有胆量的人接触。跟随有胆量的人，自己也将自然增强胆量，这是人生的自然规律。向有胆量的人学习，学习他们的勇敢精神和大胆行事方式是获得胆量的有效途径。

3. 毅力的培养

培养坚强的毅力是事业成功的基础，也是致富的前提。以下是培养个人毅力的几种方法：① 做事情要有始有终，不能因为困难而放弃。② 加强体育锻炼。积极参加体育锻炼不仅可以增强体质，还可以增强心理承受力。③ 要一心一意做好某件事。三天打鱼、两天晒网的心态对培养毅力往往起负面影响。

二、提升道德素质的方法

1. 诚信的培养

诚信道德素质的培养需要做到以下几点：① 认识诚信的重要性。诚信是各行各业生存的根本，坑蒙拐骗、以假乱真、以次充好不能够长久经营。消费者可能上当受骗一次两次，但不可能永久受骗。② 以诚待人。努力做到言行一致、表里如一，做老实人，说老实话，办老实事；在职业活动中，先信人一步，不怕先吃亏。③ 以信立业。在行为做事上要"言必信，行必果"，当履行承诺的条件发生变化时，不管有多大的困难，都要想方设法地按质按量地履行合同。

2. 责任心的培养

责任心的培养需要我们从身边的小事做起。例如，对青年学生来说，立志创业，发奋学习科学知识，学习各种技能，增强创业本领，就是对自己负责任的表现。节省开销，尽力为父母、为家庭减轻负担，增强对家庭的责任感，也是对家庭尽义务的表现。力所能及地帮助有困难的同学和朋友，不乱扔脏物，遵守公共秩序，保持环境卫生，建设优美的校园和社会环境，就是对社会负责任、尽义务的表现。

在日常生活、学习及工作中，不懒惰，不怕艰难困苦，敢于承担各种责任和义务，才算是有责任心和义务感的人。

3. 守法意识的培养

守法意识可通过学习法律知识来培养。学习的途径有很多，可从书本上学习，可从社会实践中学习，也可从现实生活中的一切新闻媒体中学习，广泛吸收各种法律知识，将其纳入自己的知识体系。

4. 节俭习惯的培养

节俭习惯可通过以下几个方面来培养：① 树立崇尚节俭的意识，从自我做起，从身边小事做起。② 花钱要有计划。每年和每个月都做一个预算，年底和月底看一下花的钱和当初的预算是否吻合。另外，遇到想买的东西时，先问一下自己，是否真的有必要买，这笔钱是否在计划内，久而久之，你花钱就越来越有计划了。③ 不要攀比。不要与别人争吃穿，爱惜粮食、不挑食、不剩饭，不向家长提出过度的物质要求，不随便扔衣物、用具。④ 注重细节。打电话时不要超时，电脑、饮水机晚上睡觉时要切断电源，出门要关灯、关水等。

三、提升专业素质的方法

1. 专业能力的培养

现实社会中，任何人的创业和成功都是在某个领域或某个行业取得的成就。没有专业特长的人，要取得创业成功，是会有很大困难的。所以，我们要提高自己的专业能力。培养专业能力需要做到以下两点：① 喜爱自己选择的专业，并努力学好专业知识，为创业打好理论基础。② 在实践中不断提高专业技能。

2. 社交能力的培养

提高自己社交能力的方法有以下几种：① 找出社交的困扰。现实生活中，我们每个人在与别人的交往中都可能遇到这样或那样的困惑。因此，正确找出自身困惑来源于哪些方面，有助于对症下药，解决自身存在的问题。② 树立正确的心态。在与人交往的过程中，面对他人与你不一样的想法，要用包容的心态去面对；遇到比自己能力强的同学、朋友，不要自卑，要学习他人的优点，同时正常发挥自己的特点及能力；不要因为与对方"不投缘"就拒绝与人交往。③ 掌握社交心理和社交技巧。可以多读一些待人接物方面的书籍，掌握人际交往技巧。

3. 管理能力的培养

提高管理能力需要做到以下几点：① 学会掌控自己的时间。首先是诊断自己的时间都用到了哪里。连续记录一个月，一年之内记录三到四个月。然后进行分析：哪些事情根本不必做，哪些事情可以由别人代为而不用亲力亲为，哪些事情可以通过改进方法来提高工作效率。最后，消除浪费时间的活动，将有效时间用来处理重要的事情。② 学会用人所长。才能越强的人，缺点往往越多。因此，真正优秀的管理者会首先考查一个人最擅长做什么事，再根据他的长处来安排工作。③ 学会要事优先。即集中精力先处理重要的事情。④ 善于做出有效的决策。

4. 创新能力的培养

创新是创业精神的核心。学生要通过保持个性发展和好奇心、求知欲，勇于突破前人、突破书本、突破难题，自觉培养科学精神，训练创新思维，提高创新能力。

创业案例及分析

凌刚基：农村沃土掘"乌金"

"一旦创业种子埋下地，遇到阳光雨露就会萌芽。"落户三教镇境内的重庆斑渝淡水鱼养殖有限公司、永川浓梭股份专业合作社负责人凌刚基说。这名来自永川农村的"80后"，想要通过"淡水中的鲨鱼（乌鱼）"做个"富一代"。

大学期间，开设广告制作坊失败，负债累累

凌刚基是临江人，小时候家里条件不太好，从小他就有一个梦想：变成"富一代"。据凌刚基介绍，他的创业梦想萌发在大学时代，当时他在成都某学校艺术设计专业学习。上大学时，他卖过小数码、电脑，从朋友、亲戚那儿借了钱，一个人开起了一家广告制作作坊。

由于初出茅庐缺乏经验，他的第一次创业以失败告终，并且欠下了数十万元的债务。经过几个月的调整，凌刚基在餐饮业找到了落脚点。"我知道创业种子一旦埋下，就不会轻易被拔掉，这次选择餐饮是因为我父亲以前做过餐饮，所以想从熟悉的行业入手。"凌刚基说。他2009年大学毕业，开始第二次创业。

二次创业，开设"重庆何乌鱼"餐馆，加盟店18家

"我们老家有一种鱼叫乌鱼，因为它吃小鱼小虾长大，不吃饲料，营养价值极高，是老弱体虚者的滋补佳品。"凌刚基经过市场调查后发现，养殖乌鱼的人较少，而随着人们的理性消费观念越来越强烈，人们对食品的营养健康更加重视，乌鱼作为一种既美味又营养健康的食物，逐渐受到人们欢迎。

随后凌刚基在成都开了一家名为"重庆何乌鱼"的火锅店。这一开便一发不可收拾。食客越来越多，口口相传，慕名而来找他加盟的人也越来越多。如今，在达州、福建、青岛、九寨沟等地都有他的加盟店，到目前为止，已经有18家加盟店。

深度创业，培育乌鱼源头生产，提供正宗货品

随着生意越做越大，刚刚沉浸在成功喜悦之中的凌刚基又有了新的烦恼：生意好，店里乌鱼经常缺货。眼看着上门的生意因为没有乌鱼而做不成，凌刚基萌生了自己养乌鱼的想法。

为了抢抓商机，他马上行动，筹措资金在永川区三教镇利民村、郝家坝村承包鱼塘养鱼。为了学习乌鱼的养殖技术，凌刚基还辗转到多家专业养殖大户学习经验。如今，他的养殖基地内，乌鱼养殖规模发展到100余亩。他用邓家岩水库（亦名巴岳山水库）的清洁水源，每天给他的乌鱼池换水5分钟，隔三岔五地检查水质、水温；他运用仿野生态养殖乌鱼，鱼塘四季清风扑面，还有专为乌鱼供饵料的鱼池，他还将一些小鱼小虾放入乌鱼池混养……如今，他还在淘宝网上开拓了金边白乌鱼的销售渠道。他的乌鱼还获得了无公害水产品称号。

钻研繁育，培育乌鱼苗，引领更多村民致富

2013年，凌刚基又做了一个决定：钻研乌鱼繁育。在团区委的牵线下，凌刚基获得了YBC（中国青年创业国际计划）的支持。这是一项专门帮助青年创业的教育性公益项目，通过YBC，可为创新创业青年提供"无利息、无抵押、免担保"的回捐式资金支持和"一

对一"陪伴式导师辅导。

如今，他的重庆何乌鱼远近闻名，"在 YBC 帮助下，西南大学教授帮助我和团队钻研乌鱼繁育技术，成功繁育出了 130 余万尾乌鱼苗。"凌刚基说，他自己留下几十万尾乌鱼苗饲养，其他的分给了想搞养殖的农民朋友，带着他们一起来发展高效特色水产养殖。

"其实，山东乌桥镇的乌鱼产业很有名了，乌鱼干、腌乌鱼、乌鱼罐头等缤纷抢市。"凌刚基说，在三教镇，他还计划开发竞技钓鱼场供开展活动使用；让人们体验田间捉泥鳅、捉龙虾的感觉；用塘底泥作肥料，在鱼塘坎四周种植有机西瓜……目前，凌刚基的乌鱼养殖规模场有 30 余个鱼塘，凌刚基也成为当地小有名气的"80 后"创业新星。

来源：中国青年报

【案例分析】

"创业前，要选准适合自己的创业领域，看准了前景，就要坚持，即使出现一些挫折也不要轻易放弃。在实施过程中，要不断去想，有所创新，要充分发挥青年学生在知识、技能、信息等方面的优势。"这是凌刚基的创业感言，同时也是适用于一般创业者的创业规律。

探索活动

素质和能力提升跟踪调查活动

活动目的：
了解青年学生创业素质和创业能力的现状。

活动内容：
素质和能力是人生的软财富，是个人事业的生机之所在，也是个人创业成功的关键所在。创业需要具有创新创业素质和能力的人来实现。只有积极进取，不断提升个人的素质和能力，才能适应社会发展的需要，才能在创业的道路上披荆斩棘，取得成功。

为了解青年学生创业素质和创业能力的现状，我们组织同学们开展一次"创业素质和能力提升跟踪调查"活动。具体操作步骤如下：

（1）4～5 人一组，每组选出一个小组负责人，负责整个活动的策划和安排。

（2）每组按照要求设计调查问卷，问卷内容涵盖创业素质和创业能力的调查。所列举的问题包括封闭性问题和开放性问题。

（3）选择调查时间和调查对象，利用课外时间进行调查。

（4）调查结束后，每组撰写一份调查报告。报告的内容包括调查目的、调查对象、调查方法、调查分析及结果、素质和能力提升建议等。

活动检测：

活动结束后，教师可根据表 3-15 进行评价。

表 3-15 探索活动评价表

评分标准	满分	实际得分	备注
积极参与活动	20		
调查问卷设计合理、符合要求	35		
调查报告分析正确，并提出了有效建议	35		
其他	10		
总分	100		

能力训练

1. 自信心训练

（1）仔细回想一下从小到大让你感到自豪和有成就感的事情，写得越多越好。写完后，按照你的自豪程度对这些事情进行排序，把你觉得最自豪的事情排在前面，然后逐个分析一下这些事情，问自己以下几个问题：① 在这件事里，我做了什么？② 在这件事里，我发现了什么？③ 做完这个练习，我对自身的能力有何发现？

（2）举行演讲比赛。演讲内容不限主题，演讲时间为 5 分钟。个人演讲完后，同学可根据演讲内容进行提问。最后由老师和同学共同选出最优秀的演讲者。通过这个比赛，能克服学生胆怯的心理，提高学生的表达能力、应变能力，增强学生的自信心。比赛结束后，教师可根据以下要点对学生进行评分：① 积极参与活动（20 分）；② 表达能力强（20分）；③ 应变能力强（20 分）；④ 表情自然、不拘谨（20 分）；⑤ 语言表达流畅（20 分）。

2. 毅力训练

（1）坚持每天固定时间跑步，或进行其他身体锻炼活动。因为身体是革命的"本钱"，毅力必须以健康的身体为基础或保证。

（2）步行到十家企业或用人单位求职，并总结经验和感受。

（3）克制欲望的满足，身上时常少带钱或不带钱，过俭朴的生活。

（4）每周定期整理自己的衣物，养成勤劳的习惯。

（5）制定作息时间表，生活一定要有规律。

3. 专业能力训练

（1）意识到专业学习的重要性，努力学好自己的专业知识。

（2）多看一些与专业相关的书籍，以拓宽自己的视野。

（3）多参与实践活动，在实践的基础上，不断地创新理论。

4. 社交能力训练

（1）记住他人。了解并记住他人是社交中的一项基本技能。在第一次见面后，就能记住他人的名字及爱好等，是对他人的尊重。在第二次见面后，若能直接叫出对方的名字，会让对方对你产生好感。活动步骤如下：① 分小组，10 人一组。② 小组成员围成一个圈。任意一个人说出自己的姓名、喜欢做的事情，第二个同学轮流介绍，但是要先说出第一个同学的名字及爱好，然后说出自己的名字及爱好，如："××喜欢××、××。我是××，我喜欢××。"第三个同学要分别说出前两个同学的名字及爱好，然后介绍自己。最后介绍的一名同学要将前面所有同学的名字和爱好复述一遍。

活动结束后，教师可根据以下要点对学生进行评分：① 积极参与活动（25 分）；② 表达能力强（25 分）；③ 能准确说出其他同学的爱好（25 分）；④ 语言表达流畅（25 分）。

（2）欣赏赞美他人。人不是完美的，只有学会欣赏别人的优点，在人际交往中才会受欢迎。活动步骤如下：① 分小组。② 先请一个人站在前面或中间，大家轮流赞美他（她）的优点。③ 由一个人将大家的赞美写在他（她）事先准备好的本子上，并签上每个同学的名字。④ 评出优秀小组。

活动结束后，教师可根据以下要点对学生进行评分：① 积极参与活动（30 分）；② 表达能力强（30 分）；③ 能恰当地说出他人的优点（40 分）。

5. 管理能力训练

（1）组织同寝室的室友，进行一次座谈，制定出本寝室的规章制度。

（2）向校、院或系学生会提出倡议，组织一次学习方法、就业或创业研讨会，并聘请有关人士做指导、报告。

（3）参加班、院、校学生干部的竞聘，如果受聘担任了学生干部，就要利用职权，热心为同学服务，争取各种锻炼机会，每个月至少为同学们组织一次集体活动。如果没担任学生干部，也可以向班长或团支书提议，或向全班同学发出号召、倡议，组织大家举行一次春游、会餐或舞会等。

6. 创新能力训练

（1）将全班学生分成若干小组，每组 4～6 人。

（2）每组从以下题目中选择一个题目，进行讨论：

① 在美国的一个城市里，地铁里的灯泡经常被偷。窃贼常常拧下灯泡，从而导致安全问题。接手此事的工程师不能改变灯泡的位置，也没有足够的预算供他使用，但他提出了一个非常好的解决方案。请问，他提出的是什么方案呢？

② 在一个小镇里有四家鞋店，它们销售同一系列、同一型号的鞋子，然而，其中一家鞋店丢失的鞋子数是其他三家平均数 3 倍。为什么会出现这种情况，又如何解决这个问题呢？

③ 一个人以一打 5 美元的价格购进椰子，然后以一打 3 美元的价格售出，凭借这种做法他成了百万富翁。这到底是怎么回事？

（3）训练结束后，教师可根据以下要点对学生进行评分：① 积极参与讨论（20分）；② 能够提出足够多的答案（20分）；③ 提出的答案具有合理性（20分）；④ 能够大胆表达自己的想法（20分）；⑤ 语言表达流畅（20分）。

拓展延伸

1．组织课堂辩论赛，辩论的主题是：学历重要还是能力重要。通过活动，提高学生的表达能力、分析问题的能力和逻辑思维能力。

2．策划一个班级联欢活动，要求有主题和目的、实施程序和预期效果分析、组织方案和应变措施等。通过这个活动，提高学生的管理能力和创新能力。

创业实践

在校园摆地摊卖文具、生活用品、旧书等，最好不要卖学校超市里有的产品。你不仅要把产品卖出去，还要从中赚钱。该活动主要培养学生的耐心、毅力、营销能力。具体实施方案如下：

（1）选取实验组，每4～6人为一组，确定要卖的产品、价格、进货渠道、团队分工等事项。

（2）选择时间段进行销售。

（3）小组成员撰写实践总结，内容包括活动实施效果、实践心得及体会。

知识小结

本模块讲了创业动机、创业素质和提升创业素质的方法。

创业动机是指创业者由于个体内在或外在的需要，而在创业时所表现出来的目标或愿景。需求层次理论将创业动机分为5个方面，即生存需要、谋求发展的需要、获得独立的需要、赢得尊重的需要和实现人生价值的需要。成就动机理论认为个体对成功的渴望越强烈，其创业意愿也越强烈，创业行为也越有可能出现。兴趣在创业过程中起着重要的作用，因此，青年学生在选择创业项目时，应尽量根据自己的兴趣爱好来选择。

创业者素质在创业过程中起着重要的作用。成功的创业者具有以下一些共同的特征：他们充满自信、独立自主、勇于冒险、持之以恒；他们做事脚踏实地、责任心强、勤劳节俭；他们具有敏锐的战略眼光，很强的管理能力、领导能力和创新能力。我们青年学生也应该从以上几个方面提升自身的素质。

提升创业者素质的方法有很多，本模块主要讲了提升心理素质的方法、提升道德素质的方法和提升专业素质的方法。学生在掌握了提升创业素质的方法后，应有意识地去练习和提高。

寻找机会费思量

自我思考 >>>

创业是发现市场需求、寻找市场机会、通过投资经营企业满足这种需求的活动。创业需要机会，在我们身边隐藏着很多创业机会，只是我们缺少善于发现的眼睛。发现创业机会是有规律可循的，如何发现创业机会，需要创业者掌握一定的方法。本模块主要是告诉大家如何去寻找身边的创业机会。

请同学们思考一下：生活中你发现有适合你的创业机会吗？你是如何抉择的呢？你是否把握住了创业机会？

开篇故事

"神马"带来的创业商机

安璇是一名刚大学毕业的学生，她不像大多数的毕业生那样，一毕业就一头扎进就业大军中，而是一门心思地"捣鼓"自己的事业——创意玩偶店。由于社会经验不足、资金有限、没有进行市场调查等因素，创意玩偶店开业三个月，经营业绩十分惨淡，让她几乎失去撑下去的勇气。

一次，70岁的外婆戴着老花镜，边看报纸边狐疑地问："妞妞，你那个店里有最近很流行的'神马'吗？明儿也带来让姥姥看看。"明知是网络用语的安璇为了不让外婆失望，斩钉截铁地说："有！"。

可是连安璇也没见过"神马"到底是什么样子的？一回到家，安璇立马到网上搜寻，发现有些网友发挥自己的想象力，给"神马"设计出了一个样子：外观似骡子，颈长而粗；头较大，耳呈扇状；体背平直，尾短似球，四肢细长；背毛长达 60～80 厘米，呈黑色、浅灰或驼色。她灵机一动，依葫芦画瓢，立马手缝一个活灵活现的"神马"！当安璇第二天带着可爱的"神马"到外婆家时，被 90 后的小表妹看到了，平时就爱稀奇古怪玩意的她非央求着要带着"神马"到学校去。

次日，表妹就告诉安璇一个好消息，原来同学们太爱这个"神马"了，都想买一个回去，可数量太多，安璇也做不了这么多呀。十分为难的安璇躺在床上辗转反侧，一个想法在她的脑海里逐渐成形：安璇找到一家玩偶生产厂家，和厂家细致沟通，一口气订了 1 000 只"神马"。标价 50 元的玩偶刚出炉就被一抢而空，尝到创业甜头的安璇，又赶紧加急订了一批，这次她设计了男女两个角色，这给本来就抢手的玩偶更加了一把力！

几个月后，细心的安璇注意到"神马"的销售数量有了明显的下滑，在调查中有不少人反映玩偶太过单一。为了改变现状，安璇开始根据流行的网络用语制作了更多的创意玩偶：鹳狸猿（管理员）、鹑鸽（春哥）、萌萌等。这下，安璇的小店又开始红火起来了，现在的她，在网络上广发英雄帖，征集网友们笔下的各种神兽，一旦被选中，还会获得奖金。这样，源源不断的创意玩偶层出不穷，也给安璇带来莫大的财富！

来源：百分网

第一节　机会来源千百种

教 学 目 标

知识目标

➤ 理解创业机会的概念。
➤ 掌握创业机会的来源。

能力目标

➤ 能根据外部环境发现创业机会。

教 学 工 具

➤ 包括：多媒体电脑、PPT 教学课件、手机（学生自带，用于扫描二维码看视频或图片等教学资源）、草稿纸（用于能力训练和拓展延伸）。

教 学 方 法

➤ 包括：行动导向法、情景式探索活动法、案例分析法。

问题导入

我们经常听到一些想创业的朋友这样抱怨："别人机遇好，我运气不好，没有机遇。""我要是早几年做就好了，现在做什么都难了。"这都是误解，机遇无处不在，就看你能不能找到它。在进行下面的学习之前，请同学们先回答以下问题：

（1）什么是创业机会？
（2）如何才能发现创业机会？

知识链接

一、创业机会的概念与特征

创业机会是指在市场经济条件下，社会经济活动过程中

> **名人名言**
>
> 要永远相信：当所有人都冲进去的时候赶紧出来，所有人都不玩了再冲进去。
>
> ——李嘉诚

形成和产生的一种有利于企业经营成功的因素，是一种带有偶然性并能被经营者认识和利用的契机。

创业机会具有以下特征：

（1）普遍性。凡是有市场、有经营的地方，客观上就存在着创业机会。创业机会普遍存在于各种经营活动过程之中。

（2）偶然性。对一个企业来说，创业机会的发现和捕捉带有很大的不确定性，任何创业机会的产生都有"意外"因素。

（3）消逝性。创业机会存在于一定的时空范围之内，随着产生创业机会的客观条件的变化，创业机会也会相应地消逝和流失。

二、创业机会的来源

创业机会从何而来，这个问题很重要，但难以阐述清晰。在众多观点的基础上，我们认为美国凯斯西储大学谢恩教授的观点比较有代表性。谢恩教授提出了产生创业机会的四种变革，分别是技术变革、政治和制度变革、社会和人口结构变革、产业结构变革。

扫一扫
创业机会的来源

1. 技术变革

技术变革可以使人们去做以前不可能做到的事情，或者更有效地去做以前只能用不太有效的方法去做的事情。新技术的出现也改变了企业之间的竞争模式，使得创办新企业的机会大大增加。例如，网络电话协议技术使得传统的资本密集型的电话业务转化成为一种只需要少量资金就可行的业务，为那些资本缺乏的创业者提供了新的机会。

2. 政治和制度变革

政治和制度变革革除过去的禁区和障碍，或者将价值从经济因素的一部分转移到另一部分，或者创造了更大的新价值。例如，环境保护和治理政策出台，会将那些污染严重、对环境破坏大的企业的资源，转移到推进生态文明建设的创业机会上来；专利技术的严格执行，通过专利使用收取费用的形式将价值转移到拥有专利的大公司，使得那些缺乏核心技术的企业从品牌企业沦为加工厂或破产倒闭。

3. 社会和人口结构变革

社会和人口结构变革，就是通过改变人们的偏好和创造以前并不存在的需求来创造机会。例如，西方国家的情人节、母亲节等诸多节日正在逐渐影响中国人的生活，创造了许多新的创业机会或价值增值。

4. 产业结构变革

产业结构变革是指因其他企业或者为主体顾客提供产品或服务的企业消亡，或者企业吞并或互相合并等原因而使行业结构发生变化，进而改变行业中的竞争状态。产业结构变革会影响创业机会。

创业案例及分析

青年学生毕业后开农产品网上超市

张某毕业没几年，开了家农产品店，继而又开办"绿悠悠"电子商务网站，该网站称得上是首批蔬菜农作物"网上超市"之一。随后，"绿悠悠"网站引进风险投资，创业前景看好。

张某在校学的是计算机专业。毕业那年，他集结同学中的"电脑高手"组建了学校第一间"设计工作室"，当时接洽了几宗"大生意"，帮索尼等企业制作官方网站。毕业后，他开了家IT公司，从事广告设计。

张某和朋友思想"碰撞"后，想在"网上超市"进行尝试。张某做了小型的市场调查，发现当时淘宝等电子商务网站上农产品还是个空白点，因为它的网上购物人群还没形成。家庭买菜的多以老人为主，他们不是网络购物的主力消费者。于是，张某把创业范围缩小到"有机蔬菜"领域，定位是白领家庭。张某投资30万元，在安远路开了间180平方米的"绿悠悠"农产品店。

因为年轻，张某的想法与众不同。一次市场考察中，江西一位农业局负责人向他介绍：他们那儿的鸡蛋是绿色的壳，蛋清和蛋白更有营养。民间有一种说法更吸引人：土鸡中极少有产绿壳蛋的，母亲都留给最疼爱的孩子和最尊敬的老人食用，因为它能提高小孩免疫力，治疗老人头晕、目眩等疾病。张某听后顿受启发——现在卖东西都是卖商品，我能不能"卖故事"？

回上海后，张某将店里几十种商品一一归类，从网上搜集了从产地到用途等的各种信息，编成一个个"产品故事"，教消费者怎样从颜色、大小、形状等细节分辨农产品的好坏，并把一些有机农作物和各项身体健康指标"对号"，比如东北某个品牌的黑木耳吃了可以软化血管等。

赋予商品故事和文化后，消费者的认可度马上提高了不少，两个月后销售额就突破了40万元。在张某的店里，商品旁边不再是单一的价格标签，还有五颜六色的"故事牌"，方便消费者挑选适合自己的种类。

来源：解放日报

【案例分析】

职校学生毕业后选择创业的不到 1%，能成功的更是少之又少，但张某的故事能给我们一些启发，只要我们留心观察生活中被人忽略的细节，勇于思考，就能发现身边的创业机会。他的一句话让人印象深刻：创业，有时是"创新"，有时也是"创心"，心境决定眼界和未来。

探索活动

创业机会探寻活动

活动目的：

培养学生发现创业机会的能力。

活动背景：

现在的创业者常常会感叹生不逢时，羡慕 20 世纪 80 至 90 年代的创业者们所面对的大量的市场空白、卖方市场，那时候似乎只要胆子够大、能够找到钱，无论上什么项目都不愁销路。而目前的市场上，似乎任何领域都有着大量的竞争者，即使是有前景的市场领域，也是还没有做起来就陷入恶性竞争。这说明依靠信息、资源稀缺性来实现创业成功的路已越来越窄。但这并不意味着现在已经没有了创业成功的机会。任何时代的创造者都需要有超前的眼光和独辟蹊径的智慧才能走向成功。

活动内容：

仔细观察、认真思考，寻找身边的创业机会。具体操作步骤如下：3～5 人一组，每组通过头脑风暴法想出尽可能多的创业机会，并以书面形式一一列出。

建议：创业机会来源可考虑以下几个方面：

（1）个人生活经历；

（2）偶然的发现（日常生活中、旅行中……）；

（3）个人兴趣爱好；

（4）个人的家庭环境、家庭成员从事的职业及相关的行业背景等；

（5）国家政策导向；

（6）产业结构及技术的变革。

活动检测：

活动结束后，教师可根据表 4-1 进行评分，并评选出表现最优秀的一组。

表 4-1　探索活动评价表

评分标准	满分	实际得分	备注
积极参与活动	20		
列出创业机会（1 个 5 分）	30		
有创意	30		
可操作	20		
总分	100		

能力训练

关注社会变化、政策变化。请大家根据表 4-2 列出社会变化、政策变化带来的商机。

表 4-2　变化带来的商机

社会、政策变化	商机（一）	商机（二）	商机（三）	商机（四）
"互联网＋"时代				
数字电视普及				
产业化升级				
旅游业的兴起				
"一带一路"的提出				
食品安全				

拓展延伸

通过对文化教育、网上开店、儿童用品、女性用品和老年人用品等市场进行分析，寻找创业机会。

1. 文化教育

_____

_____

2. 网上开店

_____

_____

3. 儿童用品

_____

_____

4. 女性用品

_____

_____

5. 老年人用品

_____

_____

第二节　识别机会方法多

教 学 目 标

知识目标

➤ 理解影响创业机会识别的因素。

➤ 掌握识别创业机会的方法。

能力目标

➤ 知道如何分析创业机会。

➤ 知道如何选择创业机会。

➤ 能根据自身资源优劣势选出合适的创业机会。

教 学 工 具

➤ 包括：多媒体电脑、PPT教学课件、手机（学生自带，用于扫描二维码看视频或图片等教学资源）、草稿纸（用于能力训练和拓展延伸）。

教 学 方 法

➤ 包括：行动导向法、案例分析法、情景式探索活动法。

问题导入

　　作为创业者，难能可贵的地方在于他能发现其他人所看不到的机会，并采取行动来把握创业机会并实现创业价值。在进行下面的学习之前，请同学们先回答以下三个问题：

（1）如何才能更容易地识别出创业机会？

（2）怎么选择创业机会？

（3）面对很多的创业机会，哪一个才具有商业价值呢？

> **名人名言**
>
> 我极少能看到机会，往往在我看到机会的时候，它已经不再是机会了。
>
> ——马克·吐温

知识链接

一、影响创业机会识别的因素

在现实中，许多人都有创业的想法，富有创业幻想，但能否在众多的创业想法中发现真正的创业机会，并有能力抓住它，最终成为一个成功的创业者，这受到许多因素的影响。

❖ **先前经验**：在特定的产业中，先前经验有助于创业者识别机会。某个人一旦投身于某产业创业，将比那些从产业外观察的人更容易看到产业内的新机会。

❖ **认知因素**：在某个领域拥有更多知识的人，倾向于比其他人对该领域内的机会更警觉。例如，一位计算机工程师就比一位律师对计算机产业内的机会和需求更警觉。

❖ **社会关系网络**：个人社会关系网络的深度和广度影响着机会识别。建立了大量社会与专家联系网络的人，比那些拥有少量网络的人更容易得到好的机会和创意。一项针对 65 家初创企业的调查发现，半数创业者说，他们通过社会联系得到了他们的商业创意。

❖ **创造性**：创造性有助于产生新奇或有用的创意。从某种程度上讲，机会识别是一个创造过程，是不断反复的创造性思维过程。具有创造性思维的人更容易发现创业机会。

扫一扫

识别创业机会

二、识别创业机会的方法

创业者可以通过多种方法识别创业机会，这里主要归纳几种较为常用的方法。

1. 通过系统分析发现机会

多数机会都可以通过系统分析得以发现。人们可以从企业的宏观环境（政治、经济、法律、技术等方面）和微观环境（顾客、竞争对手、供应商等）的变化中发现机会。借助市场调研，从环境变化中发现机会，是机会发现的一般规律。

案例阅读

创业成就梦想

大唐圣境信息科技有限公司的创始人，是 4 个刚毕业一两年的小伙子，其中 3 个毕业于桂林理工大学艺术系。大唐圣境作为虚拟现实和三维可视化技术整体解决方案供应商，致力于基于 PC 平台的三维艺术效果表现的创作研究。大唐圣境信息科技有限公司于 2007 年 3 月注册成立，一个月后，成功接到第一单生意。这个目前拥有 15 名员工的团队很年轻，平均年龄 24 岁。总经理董刚、常务副总经理张立东、技术督导朱利军都是桂林理工大学的校友。在校期间，3 个人就经常利用自己所学专业特长，承接社会上的一些设计业务，获得了不少宝贵经验。毕业后，3 个人各自在外打工一年。"我当时在杭州一家设计公司做平面设计，公司的制度十分苛刻。"朱利军和王文涛在同一家公司上班，他们对公司不看重人才、要求员工彻夜加班却不肯定其成果的做法十分不满。给别人打工不如给自己打工，2006 年，在合同期满一年后，朱利军和王文涛辞职，并和在外奔波一年、积累了一定社会经验的董刚、张立东一起，创办了大唐圣境。"我们已经掌握到同行业内较高的技术水平，靠自身的能力完全可以创业；创业本身就为我们带来了职业。"董刚说。

来源：商告创业网

2. 通过问题分析和顾客建议发现机会

进行问题分析，可以首先问"什么才是最好的"，一个有效的解决方法对创业者来说是识别机会的基础。

另外，一个新的机会可能会由顾客识别出来，因为他们知道自己需要什么。这样，顾客就会为创业者提供机会。顾客的建议多种多样，他们会提出一些诸如"如果那样的话不是更好吗"之类的建议。无论采用什么样的手段，一个讲究实效的创业者总是渴望从顾客那里征求意见和建议。

案例阅读

胡润的富豪榜

胡润，1970 年出生在卢森堡，毕业于英国杜伦大学。1990 年，胡润到中国留学，后来就留在安达信会计师事务所上海分部工作，成了一名会计师。

但是，胡润遇到了一件麻烦事，每次休假回到英国，大家都会很好奇地问他中国怎么样。这个问题看似简单，不过还真是难以回答，关键是没有标准，偌大一个中国，五千年历史、十三亿人口，该说哪些方面呢？一个在中国留学的人，连这么简单的问题都回答不了，每次回国，胡润都要受到这种刺激。

1999 年，当时正好是中华人民共和国成立 50 周年，他灵机一动，想道：我给你介绍 50 个中国特别成功的人，不就可以让你知道新中国成立 50 年来的变化吗？基于这样的想法，胡润推出了富豪榜。

来源：百度文库

3. 通过创造获得机会

这种方法在新技术行业中最为常见，它可能始于拟满足的市场需求，从而积极探索相应的新技术和新知识；也可能始于一项新技术发明，进而积极探索新技术的商业价值。通过创造获得机会比其他方法的难度都大，风险也更高，但如果成功，其回报也更大。

三、创业机会评估

不是每个创业机会都会给创业者带来益处，每个创业机会都存在一定的风险，因此，创业者在利用创业机会之前要对创业机会进行科学的分析与评价，然后做出选择。

1. 有价值创业机会的特征

有价值的创业机会具有五个主要特征：

（1）符合趋势。选择符合社会发展趋势的创业机会容易获得成功。例如，开办健身房就符合人们追求健康生活的趋势。

（2）解决某个问题。例如，健身房能解决人们亚健康的问题。

（3）持久性。商业机会客观存在于一定的市场环境之中，是持久的，不是今天存在，明天就消失的。仍以健身房为例，追求健康生活是人们长期追求的目标。

（4）市场潜力。指未来市场有多少人需求它，是否有较大的需求量。例如，城市里很多白领长时间在办公室工作，缺少锻炼，据此可判断健身房有较大的需求人群。

（5）真实需求。指产品或服务推出后，目标消费者肯定会购买，而不是可能购买或肯定不买。

2. 创业机会的评价标准

创业者需从以下几个方面对创业机会进行评价：

（1）盈利时间

有价值的创业机会可能是项目在两年内盈亏平衡或者取得正现金流。如果取得盈亏平衡或正现金流的时间超过 3 年，这种创业机会的吸引力就大大降低了。除非有其他方面的重大利好，一般要求创业机会具有较短的获得盈利时间。

（2）资金需要量

大多数有较大潜力的创业机会需要相当大数量的资金来启动，只需少量或者不需要资金的创业机会是极其罕见的。如果需要过多的资金，这样的创业机会就缺乏吸引力。有着较少或者中等程度的资金需要量的创业机会是比较有价值的，创业者需要根据自身的资金实力和可以动用的资源来评价创业机会，超出能力范围的不应考虑。

（3）投资收益

创业的目标就是要获得收益，这要求创业机会能够有合理的盈利能力。如果每年的投资收益率能够维持在 25% 以上，这样的创业机会是很有价值的；而每年的投资收益低于 15%，是不能够对创业者和投资者产生很大的吸引力的。

（4）成本结构

竞争优势的来源之一就是成本，较低的成本会给创业企业带来较大的竞争优势，使得该创业机会的价值较高。低成本的优势大多来自于技术和工艺的改进及管理的优化，创业机会如果有这方面的特质，对于创业者来说是非常有利的。

（5）进入障碍

如果创业机会面临着进入市场的障碍，那么就不是一个好的创业机会。比如存在资源的限制、政策的限制、市场的准入控制等，都可能成为市场进入的障碍，从而使创业机会大大减少。

但是，对于进入障碍要进行辩证的分析，进入障碍小是针对创业者自身的。如果创业者进入以后，不能够阻止其他企业进入市场，这也不是一个好的创业机会。

（6）退出机制

有吸引力的创业机会应该有比较理想的获利和退出机制，便于创业者和投资者获取资金及实现收益。没有任何退出机制的创业企业和创业机会是没有太大吸引力的。

（7）控制程度

如果能够对渠道、成本或者价格有较强的控制，这样的创业机会比较有价值。如果竞争对手已有较强的控制能力，如把握了原材料来源、独占了销售渠道、取得了较大的市场份额、对于价格有较大的决定权，在这种情况下，新创企业的发展空间就很小。除非这个市场的容量足够大，而且主要竞争者在创新方面行动迟缓，时常损害客户的利益，这时才有可能进入。

（8）致命缺陷

创业机会不应该有致命的缺陷，如果有一个或者多个致命的缺陷，创业机会将变得没有价值。

创业案例及分析

纸堆里觅得商机　青年学生成功开办二手书店

李某喜欢阅读各类书籍，经常去二手书店淘书。她发现学校附近的二手书店通常是将人家卖不出去的书籍收来放在店里销售，从中总是难以找到自己想要的书。随着网络书店的迅速崛起和图书市场格局的演变，二手书店越来越少，旧书也无法满足市场的需求。同时，随着物价上涨，包装精美的图书价格不菲，二手书市场的利润空间在扩大。她还发现一些好书在出版后不久就在全国各大书店下架了，甚至有不少成了绝版书。

经过一番细致分析，李某决定用自己这几年兼职积攒的钱开一家二手书店。她把二手书店的受众群体确定为她所在学校的学生和老师，经过调查后确定经营的二手书主要是经管、社科和人文类的书籍，收购的二手书主要是知名作者和优秀出版社的书，以及老师推荐的书。

随后，她在淘宝网上建立了自己的店铺，既进行网上销售也在网上收购二手书，现在网上交易已占到了业务总量的15%。此外，她还销售一些基本不盈利的书籍，用于维系老顾客和吸引新顾客。不久，她增加了"寄售"业务，为老顾客代销二手书，只收一点代销费。李某的二手书店经营了半年之后，每个月都有 4 000 多元的净利润。

来源：百度文库

【案例分析】

> 　　李某开店经营二手书的案例看似平凡，并不是什么轰轰烈烈、精彩动人的创业故事，但的确是比较典型的青年学生创业活动。她通过发掘自己身边的资源找到了创业机会，然后整合各种资源（淘宝网等），在满足客户需要的同时获得了利润。

探索活动

识别创业机会

活动目的：

培养学生识别创业机会的能力。

活动内容：

（1）将全班学生分成若干小组，每组 6～8 人。每组设组长一名、副组长一名。

（2）每名学生搜集自己不打算继续使用的旧物品（如日常用品、服装、书籍等），以小组为单位将物品分类归集在一起，并由各组的副组长做好物品的统计工作。

（3）在组长的带领下，各小组成员讨论商定每件物品的销售价格，副组长进行销售价格记录。

（4）以小组为单位，各小组成员每天利用中午与下午课余时间各一小时在校园内自行选择人流密集的地方进行物品销售。销售活动须在连续的三天时间内进行，组长负责销售秩序和过程控制，副组长负责销售记录。

（5）三天后，各小组公布自己的销售成果（金额、件数及具体类别）。

（6）活动结束后，以小组为单位分析该机会能否成为创业机会，并说明原因；分析在本次活动中使用了哪些资源，以及是如何获取这些资源的。

活动检测：

训练结束后，根据表 4-3 所示的评分标准对学生进行评分。

表 4-3　探索活动评价表

评分标准	满分	实际得分	备注
准备充分，所选地点合适	20		
小组成员能够团结协作，吃苦耐劳，共同克服困难	20		
能够实现有效销售	20		

评分标准	满分	实际得分	备注
创业机会分析过程准确无误	20		
创业资源分析全面、准确	20		
总分	100		

能力训练

1. 生活中确实存在着大量的创业机会，但为什么有的人发现了，有的人却视而不见？请同学们 3~5 人一组，结合影响创业机会识别的因素进行分析讨论。讨论结束后，每组选一位代表讲述讨论的过程及内容。

2. 请同学们用所学的创业机会评估方法评估下面的创业机会是否可行。

（1）王林想组建一个公司，经营健康生活。他想带动社区的老人进行锻炼，提升老年人的身体素质。

（2）在市场需求的推动下，宠物美容迅速发展。李梅想在小区附近开一个宠物美容店，专门为宠物提供宠物用品零售、宠物美容、宠物寄养、宠物乐园、宠物销售的场所。

拓展延伸

通过实地调查，访谈身边的创业人物，分析他们的创业机会，总结他们的创业历程及对自身的启发，最后写一份总结。（访谈的对象可以是创业成功者也可以是创业失败者。）

第三节 把握机会勿迟疑

教学目标

知识目标

➤ 掌握把握机会的原则。
➤ 掌握把握机会的方法。

能力目标

➤ 有采取果断行动的意识。

教学工具

➤ 包括：多媒体电脑、PPT 教学课件、手机（学生自带，用于扫描二维码看视频或图片等教学资源）、草稿纸。

教学方法

➤ 包括：行动导向法、案例分析法、情景式探索活动法。

问题导入

创业机会无处不在，无时不在。优秀的人不会坐等机会，而是主动寻找并把握机会，将它变为商业价值；而软弱的人总是在找借口说没有机会，他们总是在喊：请给我机会。其实，生活中每时每刻都充满了机会，需要我们去把握。在进行下面的学习之前，请同学们先回答以下两个问题：

（1）把握创业机会的原则和方法有哪些？

（2）若有一个创业机会摆在你面前，你会怎样做？

知识链接

一、把握创业机会的原则

1. 抢占先机

机会总是眷顾那些积极主动的人，所以我们必须先要学会主动寻找机会。

2. 逆向思维

同样的事，少数人在做的时候是机会，很多人在做的时候便是竞争。所以，我们要善于运用逆向思维，抛弃从众心理，另辟蹊径发现新的商机。

3. 量力而行

在选择创业项目时，我们应尽可能地寻找适合自己经济能力的创业项目，在创业过程中不断积累自己的创业经验。

4. 智勇双全

10 个创业机会中可能有 9 个是不能成功的，我们一定要利用自己的智慧谨慎抉择，一旦决定，就不要怕失败。如果因害怕失败而不去尝试，就会错失好的创业机会。

二、把握创业机会的方法

1. 慎重考虑

任何创业都存在着或多或少的风险。所以，在创业之前要慎重考虑，客观评估创业机会，在全面了解外部环境和自身条件的情况下，给自己一个选择的机会，以最大限度避免创业失败的风险。

2. 果断决策

果断是一个人在面对抉择时表现出来的胆识。在处理平常事情的时候一般不需要魄力，但是当商机出现的时候，就得当机立断，充分利用好这个机会，不要错过好的发展机会。

3. 意志坚定

意志坚定是指做事执着、坚持不懈。并非所有的创业机会都能获得成功，但意志坚定的人会将失败当成锻炼自己的机会，并从中吸取教训，总结经验，然后再去寻找下一次的创业机会，直到获得创业成功。

4. 敢于拼搏

有些人喜爱稳定的工作，不愿承受创业的艰辛，即便有好的创业机会出现，也会因为种种理由，如资金缺乏、缺少技术、没有人脉等放弃创业，使机会悄悄从身边溜走。因此，当机会摆在面前时，创业者应不怕困难、敢于拼搏，牢牢把握它。

5. 诚信经营

诚信是获得发展的基础，是产生信赖、达成合作的基础，同时也是人与人、组织与组织、商家与消费者之间保持友好关系，互相推动发展，获得长期共荣的基础。在复杂多变、竞争激烈的社会中，只有诚信，才能使创立的企业持久发展下去。

创业案例及分析

将旅游景点植入游戏　动漫男孩一个创意赚 500 万元

办动漫培训班淘到第一桶金

冀志磊是山东潍坊人，2004 年考进桂林理工大学动漫专业，大一时就获得了很多奖项。2007 年，冀志磊发现了一个非常大的商机：动漫制作在当时的广西几乎是一片空白，一分钟的报价高达 20 万元，利润 14 万元，利润率达 70%，堪称暴利。

但在父母的劝说下，冀志磊暂时压住了创业的梦想，决定先完成学业。2008 年，终于毕业的冀志磊决定创办动漫培训班。开动漫培训班要买电脑、租场地等，投资至少要 30 万元，可当时他手上只有 5 000 元。然而，让所有人没想到的是，一年后，冀志磊在没有向别人借一分钱的情况下，就赚了近 100 万元。他是怎么做到的呢？

当时，冀志磊每天跑到学生宿舍楼贴小广告，上面注明动漫培训时间两个月，培训费用 8 000 元钱。他想先收学费，然后用学费买设备、请老师。可是两个月下来，一个报名的学生都没有。后来冀志磊逐渐发现了没人来的原因：虽说和北京等地动漫培训两万元的定价相比，冀志磊定价 8 000 元钱较低，可是很多同学还是接受不了。

没钱、没设备、没生源，冀志磊犹如走入了一条死胡同。积蓄早就花光了，他穷得连吃饭都成了问题，到底该怎么办呢？就在大家都觉得这件事根本做不了的时候，冀志磊却想到了一个谁都没想到的办法……

一个月后，冀志磊又贴出小广告，写明培训费 8 000 元，但是自带电脑者培训费 4 000 元。这一招一出，很多同学都抱着电脑去上培训班。2008 年 10 月，第一期动漫培训班开课，共招收 12 名学员。冀志磊铆足了干劲，两个月后，他的这期培训班在校园里一炮打响。冀志磊的教学很注重实用性，学员学完之后去企业里干活马上就能上手，等于出了校门就可以去找工作挣钱了。随着动漫培训班的名气打响，参加培训的人越来越多。

冀志磊一口气办了八期培训班，迅速收获了第一桶金——100 万元。

在困境中发现更大商机

其后，冀志磊创办了桂林首家动画制作公司——云尚动画制作有限公司，迈开进军动画文化产业的第一步。

"动画产业的链条是很长的，从原创设计到进入市场播出，有 30 多个环节。"冀志磊说，做动画，得顶着巨大的资金压力。原创动漫每分钟的成本 2 万元，光是这个数字就已经让不少动漫企业高呼"吃不消"。同时，由于动漫公司没有固定资产，融资难也成了摆在眼前的难题。"动漫产业市场竞争是很激烈的。大浪淘沙后，剩下的都是'珍珠'。"冀志磊亲眼看到一些小动漫公司因无力担负昂贵的制作费用而倒闭，因此如何在风浪中生存下来，是他首先考虑的问题。

由于在资金、设备、技术人才等方面根本无法和一些有实力的同行相比，拿不出好作品，尽管冀志磊东奔西突，公司发展却始终举步维艰。后来冀志磊还尝试过走多元化的路子，除动漫外，还做栏目包装、影视广告、装饰工程等，但都没赚到大钱。

2012 年 3 月的一天，冀志磊召开公司会议。他的一句话引发了一场轩然大波。当时公司员工分成两派，从下午一直吵到夜里 12 点，谁也无法说服对方。其实这样的争吵在其后的一个多月时间里几乎每天都在上演，而这一切都是因为冀志磊提出要把公司的主要精力转到一个和动漫毫无关联的行业——土特产品和旅游产品。在冀志磊的心目中，这个市场是块大蛋糕。而这个决定，后来却让超过一半的员工都辞职了。

冀志磊的公司在广西动漫行业数一数二，还获得了国家级动漫企业认证，有那么好的平台，为什么不坚持把动漫做大做强？公司里很多人无法理解老板的"胡整"，但只有他心里清楚，动漫行业已属于高资本、高风险的行业，自己的实力扛不住行业的竞争。

"旅游城市不缺的是什么？游客。桂林山水甲天下，游客一年几千万。我们是做动漫和设计、创意的，能不能把这些东西与桂林旅游结合起来，形成一种新的模式？"说起土特产店，桂林市大大小小的街道上随处可见。到底是什么商机，能让冀志磊从驾轻就熟的动漫生意转向这样的市场？冀志磊凭借动漫制作的优势，瞄准市场空白，投资 100 多万元，用动漫元素对传统的产品进行二次包装，设计新的产品。比如说米粉，它是一个小厨师的形象，很可爱，旁白是：桂林米粉欢迎你！

冀志磊本想把自己的土特产品和旅游产品打进市场，可是土特产店进店成本很高，进不去。另外，他的产品是二次包装，售价高、没渠道，根本卖不出去。

当时，市场开拓处于比较迷茫的阶段，连给员工发工资都成问题。不得已的时候，冀志磊得靠透支信用卡度日。有些同事为了帮助他，甚至把自家的房子做抵押贷款给他用，那段时间成了冀志磊人生中最灰暗的日子。

冀志磊意识到，如果攻不下销售这个"山头"，就会有全军覆没的危险。冀志磊开始琢磨：能否利用当地的景点赚钱？当地旅游业发达，可是要依靠这里的美景设景点赚钱，投资的门槛已经很高了，谈何容易？

冀志磊想到一个叫邵消梦的人，他是国内一家顶尖游戏公司的部门负责人。2012 年 8 月，冀志磊在北京一个动漫研修班上认识了他。这位大哥可是位"巨人"。两个月后，冀志磊借着 10 月份广西举办动漫节的机会，邀请邵消梦来到了桂林。动漫节落幕后，为了尽地主之谊，冀志磊主动邀请对方欣赏桂林美景。芦笛岩景点是冀志磊必须把邵消梦带去观赏的，因为那和他的财富计划有关。

芦笛岩因其千姿百态的钟乳石而闻名。初次游览桂林的邵消梦，从来没见过这么大的溶洞，对这种仿如仙境的美景感到异常震撼。邵消梦一路走一路夸，而每当他多发出一次感叹，冀志磊心里的把握就增加了一成。等到快出洞了，冀志磊问对方能不能把景点植入到游戏里面。当时国内还没有大型游戏公司把实景移植到游戏中，对于冀志磊这个大胆的提议，邵消梦既惊又喜，"芦笛岩的场景本身很美妙，符合仙境概念"。

冀志磊的点子也同样让景区负责人很兴奋，因为他想植入的这款网络游戏有 3 500 万玩家，推广价值很大。冀志磊的这个做法让大家皆大欢喜，而他也从中找到一条轻松赚钱的路子。

不花一分钱，打开旅游产品市场

2013 年 4 月 19 日，芦笛岩景区被正式移入了游戏的虚拟世界。120 家媒体帮冀志磊做芦笛岩的宣传，免费给他带来潜在游客。

冀志磊没有出一分钱，却促成了和景区及游戏公司的三方合作。根据协议，景区免费给他一个销售点，他终于给自己的土特产品找到了销售渠道。另外，他还得到了芦笛岩和网游公司授权，在桂林独家销售特许产品，进而进入旅游产品市场。

在云尚，90%以上的员工都是"80后"，甚至还有部分"90后"。这些时尚男女敢想敢干，创意多而新颖，这使得冀志磊很快就从桂林红火的旅游市场和自身的动漫专业背景中抓住了商机。在一对以桂林靖江王城为主题的抱枕上，景区内的独秀峰成了兼具贡院文化背景的吉祥物"文文"的帽子，而王城本身则成了代表皇室的吉祥物"龙龙"的皇冠。

还有桂林著名的叠彩山、象鼻山、伏波山等景区，成了动漫设计师们笔下的"叠彩妹""壮福象""伏波小子"。印有这些图像的马克杯、抱枕、书签、徽章等旅游纪念品在展示台上一字排开后，煞是惹人喜爱。

"过去很多来桂林游玩的人都会发现，能带回去送亲朋好友的特色礼品非常少。而我们公司的强项是在创意产品和动漫设计这方面，所以通过这两者结合，开发出桂林的一些个性旅游产品，既能让游客把桂林山水带回家，又能使我们自身扩大市场。"冀志磊说道。

冀志磊说，一种设计很有个性的马克杯，原来 10 元钱一只，经过他的二次包装，现在售价 40 元，还经常脱销。同样，其他商品的售价也翻了三四倍。

2013 年，冀志磊跟桂林市的芦笛岩、象山等十几个景区达成开设动漫旅游纪念品专卖店的合作意向，并把自己的动漫设计推广到 300 多家土特产店。他依靠资源整合，没花一分钱，不到半年就赚了 500 多万元！但冀志磊认为："桂林是好的牧场，不是好的战场。"立足桂林只是自己的第一步，未来他还要将这一模式推广开来，力争与国内甚至海外的景区达成合作。

来源：前瞻网

【案例分析】

"可能在常人看来是一些疯狂的想法，但实际上，通过冀志磊的一些具体的方案给你解释之后，你才发现其实是一个天才的创意。"这是史玉柱对冀志磊的称赞之词。冀志磊敢于想象、敢于行动，在遇到困境时更是敢于靠新创意走出困境，这使他获得了良好的创业机会，也使他成了青年学生创业的典范。

探索活动

寻找和把握机会

活动目的：

培养学生识别创业机会、把握创业机会的能力。

活动内容：

"心动不如行动"，有了好的想法就要认真地去实施。请同学们选择附近商店里的一种产品，采访至少 5 位购买这种产品的顾客，了解他们使用产品的主要问题（或他们不喜欢的方面），然后让他们描述他们认为理想的产品。访问 5 家生产这种产品的企业方代表，了解这些企业认为消费者在使用中会遇到的问题。根据以上了解提出解决方案。从这些问题中，你能发现商机吗？你如何把握这个商机呢？请写出具体的实施方案。

具体活动安排如下：

（1）3～5 人一组，选出一个小组负责人。

（2）每组选择一种产品，进行采访。

（3）采访完后，小组成员填写表 4-4。

表 4-4　工作任务表

产品	产生的问题	解决的方案	发现的商机

（4）根据商机写出具体的实施方案。

活动检测：

活动完后，教师可根据表 4-5 对学生进行评分。

表 4-5　探索活动评价表

评分标准	满分	实际得分	备注
发现商机	20		
商机具有创新性	20		
针对商机提出实施措施	20		
措施具有可操作性	20		
其他	20		
总分	100		

能力训练

通过以下问题启发创业想法，并列出具体的实施方案。

① 当地没有令人感到舒服的、可与朋友会面的休闲咖啡店。

② 当地的餐厅较多，菜品、服务相似，没有特色。

③ 社区服务不健全，离家近的菜店种类少、价格高。离家远的地方虽有个综合性的

蔬菜购买市场，种类多、价格低，但坐车需要花费 20 分钟。

④ 在当地的商店里，玩具品种比较少，顾客选择的余地不大。

评分标准：想法越多，越具有创新性，得分越高。

拓展延伸

扫码观看网上视频——《马云谈创业机会》。

推荐理由：

1999 年，马云创办阿里巴巴，建造了世界一流的网络王国，持续谱写着互联网时代的商业神话。2010 年 12 月，阿里巴巴集团主席、首席执行官——"60 后"的马云颠覆了往日"创业教父"的形象，与"80 后"激情互动，现身说法，与年轻人分享了面对创业机会时的执着坚定，回顾和探讨了自身的创业历程与经验。

扫一扫

马云谈创业机会

思考：

1. 你认为创业机会对创业有什么意义？

2. 马云是如何看待创业机会的？

创业实践

很多创业成功的实例说明，利用自身知识、专业优势或兴趣爱好进行创业是取得创业成功的有效途径之一。请同学们结合所学的专业知识，运用创新思维在相关行业寻找一份商机。具体操作步骤如下：

（1）同学们采用头脑风暴法寻找潜在的商机，商机越多越好，然后进行分析判断，选出一个适合创业的商机，并讨论出具体的实施方案。（提示：如电子商务专业的学生可尝试"互联网+"创业；机械类专业的学生可利用自己的发明创造进行创业；爱好餐饮的同学可创办创意餐厅等。）

（2）选取实验组，每 4～6 人为一组，按照方案进行创业实践。

（3）撰写实践总结。内容包括创业的实施效果、实践心得及体会。

知识小结

本模块主要讲了创业机会的来源、创业机会的识别和创业机会的把握。

创业机会是指在市场经济条件下，社会经济活动过程中形成和产生的一种有利于企业经营成功的因素。机会是创业的动力，能把创业者推上创业的舞台。在我们身边，潜藏着很多创业机会，需要我们去发现和识别。

识别创业机会本质上是获取、加工并处理信息的过程，关键在于获取别人难以接触到的有价值的信息，并挖掘信息背后的商业价值，从而发现创业机会。识别创业机会的方法主要有三种：一是通过系统分析发现机会；二是通过问题分析和顾客建议发现机会；三是通过创造发现机会。机会识别出来后，还需要对机会进行评价，以判断机会是否具有可行性。评价机会主要根据盈利时间、资金需要、投资收益等标准进行。

创业机会稍纵即逝，因此当机会摆在我们面前时，我们要果断采取行动以把握住机会。

思而后行有讲究

自我思考　　　　　　　　　　　　　>>>

　　创业一直都是勇敢者的游戏，但是我们细数那些创业成功者，便不难发现，创业是一场有准备的战场。知己知彼，百战不殆，当一次机会（项目、产品）出现时，创业者应进行充分的思考、分析，然后当机立断。

　　请同学们想一下：创业者在创业之前应做哪些准备？创业者如何识别和防范创业风险？创业者为什么要写创业计划书？

开篇故事

史玉柱的两次创业

一、史玉柱与巨人集团

史玉柱，安徽人，1989 年研究生毕业后"下海"，在深圳研究开发 M6401 桌面中文电脑软件，获得成功。1992 年，史玉柱率 100 多名员工，落户珠海。珠海给了史玉柱的巨人集团很多照顾：高科技企业税收全免；破例审批出国；户口一时转不过来，给他新办了一个珠海户口。

财经人物汇：史玉柱

巨人一下子发展了起来，史玉柱开始不满于只做巨人汉卡，他开始做巨人电脑，巨人电脑还没做扎实，史玉柱又看上了财务软件、酒店管理系统。史玉柱曾去美国考察，问投资银行未来哪些行业发展速度最快，投资银行说是 IT 和生物工程。史玉柱回国后立即上马了生物工程项目。他涉足的行业还有服装和化妆品，摊子一下铺到了六七个事业部。

1993 年，巨人仅中文手写电脑和软件的销售额就达到 3.6 亿元，成为中国第二大民营高科技企业。作为支持，珠海市政府批给巨人一块地，巨人准备盖办公楼。盖 72 层的巨人大厦需要 12 亿元，而史玉柱手中只有 1 亿元现金。史玉柱将赌注压在了卖"楼花"上。1993 年，珠海西区别墅在香港卖出十多亿"楼花"。可等到 1994 年史玉柱卖楼花的时候，中国宏观调控已经开始，对卖"楼花"开始限制，必须投资到一个数额才能拿到预售许可证，后来越来越规范，限制越来越多。史玉柱使出浑身的宣传本事，也只卖掉了 1 亿多"楼花"。

1995 年，巨人推出 12 种保健品，投放广告 1 个亿。史玉柱被《福布斯》列为中国大陆富豪第 8 位。脑黄金取代巨人汉卡成为巨人新的摇钱树。1995 年，仍然认为形势一片大好的史玉柱，往巨人大厦地下三层又花了 1 亿多元。

1996 年，巨人大厦资金告急，史玉柱贷不到款，决定将保健品方面的全部资金调往巨人大厦。此时，脑黄金每年已经能为巨人贡献 1 亿多利润。"我可以用脑黄金的利润先将巨人大厦盖到 20 层。卖掉这 20 层，再盖上面的。"让他没想到的是，保健品业务因资金"抽血"过量，再加上管理不善，迅速盛极而衰。

1997 年初，巨人大厦未按期完工，国内购"楼花"者天天上门要求退款。媒体也"地毯式"地报道巨人财务危机。不久，只建到地面三层的巨人大厦停工，巨人集团名存实亡。

二、史玉柱与征途网络

2004 年 11 月，上海征途网络科技有限公司正式成立。在进入网游之前，史玉柱曾经向专家咨询，也曾专门拜会一些行业的主管领导。结论是，至少在 8 年或者更长的时间里，网络游戏的增长速度会保持在 30% 以上。而在史玉柱看来，国人对娱乐的需求日益增长，中国游戏玩家的比例相对也较低，增长潜力巨大。因此，史玉柱断言：现在的网游肯定是一个朝阳产业。

史玉柱始终认为，网络游戏的成功靠的就是两个：钱和人。史玉柱不缺钱，多年的保健品业务积累和投资收益给史玉柱带来了巨大的资金积累。2004 年，放弃大型网络游戏研发的上海盛大的一个团队准备离开盛大并希望找一个合适的投资伙伴，并在与一个台湾的投资方接触。史玉柱听说此事之后，立刻找到这个团队见面，会谈之后，史玉柱投资 IT 的热情再度被点燃起来，决定投资。

在正式确定后，史玉柱自问：如果失败，其原因有可能来自哪些方面？一是产品，二是人员流失等。在一问一答中，史玉柱罗列出来了十几个项目要点，也一一找到了解决方法。

初做网游的史玉柱，无法全面同对手竞争，因此制定了一个"聚焦聚焦再聚焦"的策略。征途网络只做一款产品，只选择 MMORPG 类中的 2D 领域，史玉柱声称要做"2D游戏的关门之作"。从现在的结果来看，史玉柱的聚焦策略取得了一定程度的成功，《征途》的在线人数已经领先于直接竞争对手。

为了网络游戏的项目，史玉柱预先估计到最高可能会亏损两个亿，因此就在账上准备了 2 亿元人民币。但是，前期 4 000 万人民币投下去之后，《征途》很快就进入良性发展，在公测阶段便已经开始盈利。由此，史玉柱也就正式进入改变网游格局的征途。

在中国经济改革的浪潮中，史玉柱适时抓住了创业机会，无疑是具有传奇色彩的创业者之一。然而，在第一次创业时，史玉柱却因为没有处理好创业风险而导致"巨人危机"；在创建征途网络时，史玉柱提前找出了各种创业风险，并一一找到了解决的方法，从而保证了创业过程的顺利。

来源：凤凰网

第一节　市场分析不能少　➡

教学目标

知识目标

➢ 熟悉市场调研的内容。

➤ 掌握市场调研的方法。

➤ 掌握市场调研分析的内容。

能力目标

➤ 能对市场需求进行分析。

教 学 工 具

➤ 包括：多媒体电脑、PPT 教学课件、手机（学生自带，用于扫描二维码看视频或图片等教学资源）。

教 学 方 法

➤ 包括：行动导向法、情景式探索活动法、知识讲授法。

问题导入

识别和评估创业机会后，下一步开始选择创业项目，将机会转化为市场所需的产品。在选择创业项目前，必须经过充分的市场调研分析，以确定项目的可行性，提高创业的成功率。请同学们思考以下几个问题：

（1）市场调研的内容是什么？

（2）市场调研的方法有哪些？其优缺点分别是什么？

（3）调研完后，如何进行市场分析？

知识链接

一、市场调研的内容

市场调研是指对产品从生产、流通到消费领域所做的调研，调研内容包括消费者调研，产品的定价、包装、运输、销售环境、销售渠道、广告调研等。

进行创业的市场调研，主要是弄清楚以下一些问题：消费者对拟提供产品或服务的需求程度、各种类型消费者消费的可能性、消费者对拟提供产品或服务的价格的敏感程度、替代和互补产品或服务的市场供给状况、消费者对同类产品或服务的认知渠道和消费依据等。

二、市场调研的方法

1. 文案调查法

文案调查法又称二手资料调查法或间接调查法，是指利用企业内部或外部的现有文案资料，对调查问题进行分析研究的一种调查方法。文案调查法的资料来源有企业内部资料和企业外部资料两种。

❖ **企业内部资料**：包括业务资料、统计资料、会计资料及企业积累的其他资料。

❖ **企业外部资料**：是指由企业以外的机构记录或收集的资料，其来源可通过互联网、图书馆、政府机构、新闻媒体、研究机构和调查公司等获得。

2. 访问法

访问法是指通过询问的方式向调查对象了解市场情况的一种方法。采用访问法进行市场调查时，调查人员一般会向调查对象发放一份调查问卷，询问各种涉及他们行为、意向、态度和动机等方面的问题。

根据调查人员与调查对象接触方式的不同，可以将访问法分为入户访问、街头拦截访问、电话访问和网络访问。

（1）入户访问。入户访问是指调查人员在调查对象家中，依照问卷或调查提纲与调查对象进行面对面的交谈。入户访问的步骤如图 5-1 所示。

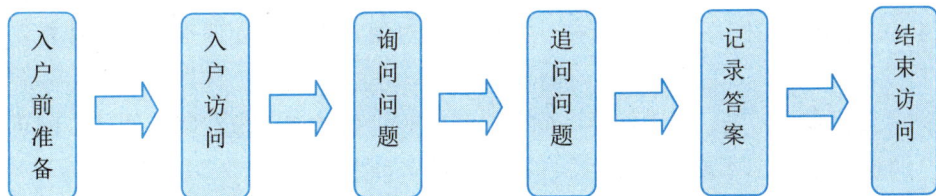

入户前准备 ➡ 入户访问 ➡ 询问问题 ➡ 追问问题 ➡ 记录答案 ➡ 结束访问

图 5-1　入户访问的步骤

（2）街头拦截访问。街头拦截访问是指在固定场所（如交通路口、生活小区、商场等）拦截被调查人员，对符合条件者进行面对面访问。街头拦截访问的步骤如图 5-2 所示。

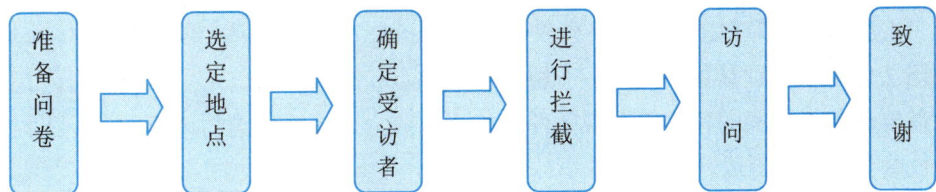

准备问卷 ➡ 选定地点 ➡ 确定受访者 ➡ 进行拦截 ➡ 访问 ➡ 致谢

图 5-2　街头拦截访问的步骤

（3）电话访问。电话访问是指调查人员通过电话对被调查者进行访问，包括传统电话访问和计算机辅助电话访问。

❖ **传统电话访问**：是指调查人员使用普通电话，按照随机拨号的方法，选中拨打的号码，并筛选调查对象，然后对照纸质问卷逐题提问，并用笔记录答案的过程。

❖ **计算机辅助电话访问**：是指调查人员戴着耳机式电话坐在计算机旁边，由计算机系统随机拨号，调查人员筛选调查对象，然后按照屏幕上显示的问卷，对被调查人员进行访问，并将答案直接输入计算机系统的过程，如图 5-3 所示。

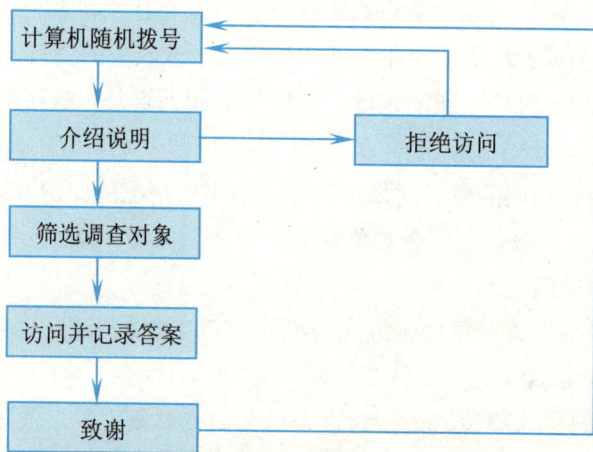

图 5-3　计算机辅助电话访问的流程

（4）网络访问。网络访问是指在互联网上针对调查问题进行调查设计、搜集资料并进行分析的活动。

❖ **网页问卷访问法**：网页问卷访问法是指将设计好的问卷放在网站的某个网页上，调查对象通过网络填写问卷，完成调查的一种方法。

❖ **电子邮件访问法**：电子邮件访问法是指通过电子邮件的形式将调查问卷发给调查对象，由他们填写后以电子邮件的形式反馈给调查人员的方法。

❖ **弹出式访问法**：弹出式访问法是指在网民访问网站的过程中，由网站自动弹出一个窗口，请网民参与访问的方法。

❖ **网上讨论法**：网上讨论法可通过多种途径实现，如 BBS 论坛、网络通信工具（ICQ）、网络实时交谈（IRC）、网络会议（Net meeting）等。

访问法包括很多种具体形式，每一种都有其优点和缺点，调查人员必须综合考虑调查项目的需要和调查机构的各种主客观条件，权衡利弊，选择最恰当的调查方法。不同调查方法的比较如表 5-1 所示。

表 5-1　各种访问方法的优缺点比较

项　　目	入户访问	街头拦截访问	电话访问	网络访问
数据收集速度	快	快	很快	最快
地域灵活性	中	中	高	很高
回答率	高	高	中	低
问题的多样性	高	高	低	中～高
问卷长度	长	长	中等	中等
曲解题目的可能性	低	低	中	高
调查员的影响程度	高	高	中	无
回访难易程度	难	难	易	较难
成本	高	高	中等偏低	低

通过表 5-1 我们可以看出，若需要及时搜集相关的一手资料，可采用电话访问法或网络访问法；若调查时需要灵活改变题目并对答题质量有较高要求，可采用入户访问法或街头拦截访问法；若希望调查的地域范围更广泛，可采用网络访问等。当然，上述访问方法也可以综合使用，以一种方法为主，并辅以其他的访问方法，扬长避短，以取得更好的效果。

3．观察法

观察法是指调查人员在现场通过自己的感观或借助影像摄录器材，直接或间接观察和记录正在发生的行为或状况，以获取第一手资料的调查方法。

观察法在市场调查中的应用主要体现在以下 6 个方面：

（1）对消费者身体动作的观察。例如，观察消费者的购物动作。

（2）对消费者语言行为的观察。例如，观察消费者与售货员的谈话。

（3）对消费者表现行为的观察。例如，观察消费者谈话时的面部表情或声音语调等。

（4）对空间关系和地点的观察。例如，利用交通计数器记录来往车流量。

（5）对时间的观察。例如，观察消费者进出商店及在商店逗留的时间。

（6）对文字记录的观察。例如，观察人们对广告文字内容的反映。

小知识

调研方法的选取

在调研方法的选取上，由于青年创业者受资金状况的限制，一般以间接资料（第二手资料）为主、直接资料（第一手资料）为辅，但对一些特别重要的市场信息，可以通过观察或者访谈等方法获得第一手的资料。当然，由于时间、精力、资金等方面的原因，可能会对调研结果的精确性产生一定的影响。如果青年创业者希望获得风险投资的支持，最好是委托专门的调查公司进行市场调查研究，这样，调研结果的精确性可以得到有效保障，更容易打动风险投资者。

三、市场调研分析

市场调研分析是对调研的内容进行分析，具体来说，包括以下几个方面的分析：

1. 市场需求分析

市场需求分析主要包括购买力分析、商品需求结构分析、消费人口结构分析、消费者购买动机分析和消费者购买行为分析。具体分析的内容见表5-2。

表5-2　市场需求分析表

分析方面	具体分析的内容
购买力分析	消费者的个人收入水平和家庭平均收入水平
	各类消费支出额占消费支出总额的比重
	消费者储蓄和信贷情况的变化
商品需求结构分析	属于日常消费需求还是住宅等资产消费需求
	属于生产资料需求还是消费资料需求
	为满足高收入人群还是为满足中低收入人群
消费人口结构分析	现有消费者和潜在消费者的数量及地区分布情况
	消费者的年龄、性别、职业、民族、文化程度
消费者购买动机分析	消费者为什么会购买
	消费者购买该产品是为满足其生理需要、安全需要、社交需要、尊重需要还是自我实现的需要
消费者购买行为分析	消费者对产品的品牌、性能、质量、款式和规格的要求
	消费者购买的时间
	消费者购买的地点
	消费者购买的方式
	谁负责购买

2. 产品分析

产品分析主要对拟生产的产品从特色、包装、服务、市场容量、价格等方面进行分析。通过对产品分析，主要弄清楚以下几个问题：

（1）产品在市场上有无同类产品？

（2）产品与市场上同类产品相比，特色是什么？

（3）产品的市场容量有多大？

（4）产品价格与同类产品相比，有无优势？

（5）产品的需求是否持续？

（6）产品的进入门槛是高还是低？是否容易被其他产品替代？

3. 销售渠道分析

销售渠道是指某种产品从生产者向消费者转移过程中所经过的通道或路径，主要包括以下三种：一是直接销售给消费者；二是通过产品经销商（如批发商、零售商）销售给消费者；三是委托代理商进行推销。上述三种销售渠道中哪一种最能有效地销售产品，则需要进行以下几个方面的调查分析：

（1）同类产品的销售渠道有哪些？创业企业建立的销售渠道能否满足销售产品的需要？

（2）市场上是否存在销售同类产品的权威性机构？如果存在，他们经销的产品在市场上所占份额是多少？

（3）产品的经销商经销此种产品的要求和条件是什么？他们是否愿意或有无能力接受新的货源？经销商除了经销产品以外，是否还承担其他促销业务，如广告宣传、售后服务等？

（4）经销此种产品的竞争情况如何？产品在每一环节的加价或折扣是多少？

4. 竞争对手分析

通过调查竞争对手的情况，了解其优势和劣势，以制定企业的竞争策略。一般来说，调查分析的内容主要包括以下几个方面：

（1）在全国或一个地区有哪些同类型企业，企业实力如何？所谓企业实力是指企业满足市场要求的能力，包括生产能力、技术能力和销售能力等因素。这些企业当中，谁是最主要的竞争者，谁是潜在的竞争者？

（2）主要竞争者的产品市场分布如何？市场占有率有多大？它对本企业的产品销售有何影响？所谓市场占有率是指本企业的某种产品在市场销售的同类产品中所占的比重，它反映了一个企业的竞争能力和经营成果。

（3）主要竞争者采取了哪些市场营销组合策略？这些营销组合策略发生作用后对企业的生产经营产生何等程度的影响？

5. 社会环境分析

❖ **政治环境**：分析政府对各个地区的经济政策，是否有相关的优惠政策或政府扶持。

❖ **经济环境**：分析当地的经济发展水平，主要包括能源和资源状况、交通运输条件、经济增长速度及趋势、产业发展状况、国民生产总值、通货膨胀率、失业率等。

❖ **法律环境**：了解国家或地方政府颁布的各项法律、法规，在经营中严格遵守。

❖ **文化环境**：分析社会阶层、民族、宗教、风俗习惯、受教育程度及价值观念等因素。文化环境在很大程度上决定着购买行为，影响着消费者购买产品的动机、方式和地点。

❖ **地理环境**：分析地理位置、气候及自然条件、运输条件、自然资源状况、生态条件等。

创业案例及分析

大学生热卖万件"光棍 T 恤"

杨锐是西华大学经济管理学院工商企业管理专业的学生。失恋的刺激让他意外发现"单身文化"这个巨大商机，创建了"单身派"服装品牌。随着首款主打产品"光棍 T 恤"一炮而红，他在半年内卖出 2 万多件 T 恤，销售额达 40 多万元，在网上被称为"最牛专科生"。把"光棍无罪，单身有理"奉为人生格言的杨锐，目前已申请了注册商标，誓将单身文化进行到底。

恢复单身萌生"光棍"创意

以恋爱为大学必修课的杨锐，在 2008 年末迎来了自己的初恋，可惜短暂的甜蜜只维持了一个月，便因性格不合与女友分手。恢复单身的他为了填补时间，在课余找了多份兼职，卖过微波炉，做过手机销售，连"男性礼仪"这种罕见的兼职也不放过。"当时成都政府举办文秘培训班，参会的都是女性，所以需要男性礼仪"，这段经历让杨锐记忆犹新。

尽管生活被排得满满的，但是情人节浓重的甜蜜气氛仍旧给了他不小的刺激，市面上充斥着情侣装、情侣表等各种情人专用商品，刚恢复单身的杨锐觉得，这种日子对于"打光棍"的同胞来说简直就是末日，如果有标榜单身的商品出售，这种仿佛被全世界抛弃的感觉或许会冲淡许多。学习商科的他马上抓住了这个瞬间的灵感，萌生了创立"单身派"服装品牌的想法。

有了创意，杨锐立刻行动起来，2009 年 3 月，他在网上查到一组数据：全国的剩男、剩女超过 6 000 万人，但目前市场上还没有一款为这个庞大的客户群量身定做的文化产品。同时，根据平时的调查发现，班上男生、女生比例是 3∶1，四川大学的男生、女生比例大约 6∶1，成都 30 岁前还是光棍的男性占大多数。这些数据让杨锐决定，他要率先占领这个空白的"光棍"市场，"我要向世界宣布我单身、我自由，我要向大家证明光棍也能'一个人活得精彩'"。

"光棍 T 恤"两周卖出 500 件

由于考虑到制作成本，杨锐选择制作最简单、便宜的 T 恤作为"单身派"首个主打产品。为了"把脉"消费者心理，他开始"招兵买马"，游说了 5 名志同道合的同学，罗列了包含"你愿意穿'光棍主题'的 T 恤吗？""你喜欢张扬还是含蓄方式表达单身身份？"等 12 个问题的调查问卷，在西华大学校园里做了一场市场调查。经

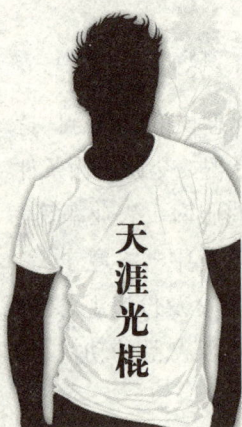

过 120 份的问卷"摸底"，杨锐惊喜地发现，有 80% 的被调查者愿意购买这种 T 恤。得到认可后，杨锐开始放开手脚，找来几个常做兼职、有些经济实力的伙伴，集资了几千元钱，到成都附近一家小工厂代工，生产 500 件白色 T 恤。最初的设计工作是由杨锐一个人搞定的，正面前胸用黑色草书书写四个字"天涯光棍"，意为"光棍走天涯"，象征自由的单身生活，左胸上方印有"单身派"的拼音缩写字母"dsp"标志，背面印有表示单身含义的英文"single"，"光棍 T 恤"由此诞生了。

最初的销售采取"两条腿走路"的方式，校园上门推销为主，周边小店寄售为辅。"我们从 50 多所高校中，选出十余所人气较旺的学校，每人负责两所及校园周边的小店。"杨锐回忆说，"没想到这次试水一炮打响，大家都觉得挺新鲜，每件 25 元的价格也很划算，不少学生一买好几件，送给朋友穿，就连情侣也来捧场，标榜个性。"首批 500 件"光棍 T 恤"上市两周，全部售罄。初战告捷的杨锐看到了"光棍品牌"的生命力，马上到成都当地工商部门注册了"单身派"商标，准备乘胜追击，推出系列产品。

光棍排资论辈设计网上竞标

为了不让"光棍 T 恤"失去消费者再度成为"光棍"，杨锐在细分市场上做足了功夫，开始给"光棍"们排资论辈。光棍中的"金领"当属才子佳人型，他们自封为单身贵族，很享受自由的现状；"白领光棍"表面心高气傲，实则凡心已动，在观望徘徊中；"蓝领光棍"则是在感情中比较弱势的，有的苦苦等待，有的为情所伤，还有的看破红尘，拒绝"脱光"。杨锐一边念叨他的"光棍经"，一边总结道："不同心理的光棍，对 T 恤的需求是不同的，我们在产品中设计的文字也不尽相同。"对于非诚勿扰的执着型，适合"光棍之路有多远走多远"的字样；受过情伤，不敢主动出击的保守型，则有"无情却似有情"T 恤相配；至于顺其自然的乐天派，则非"我来自 1111 年 11 月 11 日"这种自嘲方式莫属。

有了产品细分，接下来的工作就是设计。虽然自己亲自包办的第一款"光棍 T 恤"热卖，杨锐还是请来了四川大学、四川师大等高校服装系的学生为他操刀，并把他们设计出来的样稿挂在学校和成都各类论坛里，让消费者自己把关。网上"竞标"中人气最旺的设计才能拿去生产。

经过层层把关，"光棍 T 恤"越卖越火，小工厂逐渐负担不了庞大的订单，杨锐找到广东一家较大规模的制衣厂赶工，每单衣服都要上千件。同时，他利用网络寻找代理商，每个代理商负责一个区域的销售，截至目前，他通过 QQ 联系的代理商已达 500 多个，除了青海、西藏外，全国各省市均有代理。2009 年 5 月，"光棍 T 恤"进驻北京西单明珠大厦，共销售 1 000 多件 T 恤。从 4 月到 10 月半年期间，杨锐共卖出"光棍 T 恤"2 万多件，销售额达到 40 多万元。

招兵买马做单身文化"领头羊"

随着冬季的来临，单身派 T 恤暂告停产，杨锐介绍说："虽然目前设计的产品已有 30 多款，但还不涉及围巾、手套、帽子和冬装产品。"因此，当年冬天的任务有三个，第一是扩大设计团队，将目前的 20 多人扩充至 100 人左右，这样才能负担多元化产品的设计工作。第二是精简代理商，将目前的 500 多个代理精简至 100 多个，集中火力抢占最具消费潜力的市场。第三，希望能与大企业合作。杨锐解释说："以我们目前的人力、物力、财力，想要扩充产品线还有些难度，秋冬季服装在工艺上更加复杂，而我们的设计师都是高校的学生，能力毕竟有限。如果有成熟的专业团队加盟，会事半功倍。"

目前，"单身派"创业团队已入驻武侯区大学生创业园，杨锐开心地说："我们搭上了顺风车，创业园提供给我们一年的免费使用期，工商执照、场地、设备等费用全部免单。"

来源：四川新闻网-成都商报

【案例分析】

聪明人能在生活中找到创业灵感，像杨锐，失恋让他萌生了创业想法——卖"单身派"产品。为确定该想法是否具有可行性，他进行了充分的市场调研，通过分析最终确认了该想法的可行性，并将其产品定位于单身族的 T 恤，最终获得了创业成功。

探索活动

市场需求调研活动

活动目的：

让学生掌握市场调研的方法，培养学生市场需求分析的能力。

活动背景：

王梅是电子商务专业的学生，她的好朋友李萌即将过生日了，她想送给她一份特别的礼物。她到学校附近的礼品店看了一下，品种很多，让人眼花缭乱。但是都大同小异，不能体现送礼者的特殊心意，原因很简单，批量式的礼物生产，已经让礼物失去了其特殊的纪念意义。王梅希望礼品店里出售具有个性与独特意义的礼品，渴望在送礼物的同时把自己的新意和心意体现出来。

活动内容：

假设你要开办一个礼品店，针对那些有个性需求的消费者，你会如何经营？你的想法是否符合市场需要？请你对本校男生、女生的需求情况进行调查，了解他们在产品需求和消费动机等方面的差异。然后，根据调查结果分析开办礼品店的可行性。

具体操作步骤如下：

第一步：教师对学生进行分组，4～5 人为一组，选出一个小组负责人，明确成员分工和具体责任。

第二步：小组成员就上述背景资料进行分析讨论，提出一个营销方案。

第三步：进行需求调研。调研步骤见表5-3。

表5-3　调研步骤分解表

步骤	具体内容
第一阶段：设计	确定调研的目标和内容
	选择调研的方法
	调研问卷的设计（通过网络查阅相关资料，然后进行设计）
	选择抽样计划
第二阶段：实施调研	选择时间、地点并组织人员进行调研
	控制好调研的时间和质量
第三阶段：数据整理分析	对访问的数据进行处理
	对访问的数据进行分析
第四阶段：撰写报告	书面报告的撰写（每组出一份报告）

提示：学生可根据前面表5-2的内容来设计调查问卷。

第四步：学生撰写调研报告，并制作成PPT，小组负责人上台进行成果展示，教师进行点评。

活动检测：

训练结束后，教师根据表5-4所示的评分标准对学生进行评分。

表5-4　探索活动评分标准

评价项目	评分标准	满分	实际得分	备注
准备工作	积极参与讨论	10		
	所选的调研项目具有创意	10		
市场调研	分工明确、合理	10		
	设计的调查问卷涵盖需求分析的各项内容	15		
	按要求完成了调研工作	15		
成果展示	调研报告结构完整、条理清楚	15		
	PPT制作精美	10		
	讲解者表达流利、有独到见解	15		
总分		100		

能力训练

以小组为单位，从下列题目中任选一个，收集相关的二手资料，并设计互联网调查的方案和问卷，对收集的数据进行分析。

（1）青年学生网络游戏消费调查。

（2）青年学生接触校内上网情况调查。

（3）在校学生网络购物调查。

评分标准：调查方案详细具体（30 分），问卷结构完整、问题覆盖全面（30 分），分析准确合理（40 分）。

拓展延伸

通过市场调研、查阅资料等方式搜集 2～4 个创业项目，从市场需求、产品分析、销售渠道、竞争对手、社会环境等方面进行初步分析，寻找适合自己的创业项目。

第二节 风险管理应重视 ⏩

教 学 目 标

知识目标

➤ 熟悉创业风险的概念和来源。
➤ 掌握创业风险的识别、评估和防范。

能力目标

➤ 能进行风险评估。
➤ 能针对企业存在的风险找出有效的应对方法。

教 学 工 具

➤ 包括：多媒体电脑、PPT 教学课件、手机（学生自带，用于扫描二维码看视频或图片等教学资源）、草稿纸（用于拓展延伸）。

教　学　方　法 -

➤ 包括：行动导向法、知识讲授法、情景式探索活动法。

问题导入

创业有风险，但也有规避和防范的方法。风险规避和防范的第一步就是要正确、全面地识别可能面临的各种潜在风险。在进行下面的学习之前，请同学们思考以下几个问题：

（1）创业有什么风险？

（2）如何才能识别创业风险？

（3）创业者该如何防范创业风险？

知识链接

一、创业风险的概念

创业风险是指在创业过程中，由于创业环境的不确定性，创业机会与创业企业的复杂性，创业者、创业团队的能力与实力的有限性，而导致创业活动偏离预期目标的可能性及后果。

二、创业风险的来源

1. 资金风险

资金风险是指创业者或创业企业在理财活动中存在的风险。对创业所需资金估计不足，难以及时筹措创业资金，创业企业财务结构不合理、融资不当、现金流管理不力等可能会使创业企业丧失偿债能力，导致预期收益下降，形成一定的资金风险。一旦资金不足，企业日常运营就会非常困难，甚至会出现破产。

2. 竞争风险

创办企业要随时考虑如何面对竞争的问题。如果创业者选择的行业是一个竞争非常激烈的领域，那么在创业之初极有可能受到同行的强烈排挤。一些大企业为了吞并或挤垮小企业，常会采用低价销售的手段。对于大企业来说，由于规模较大或实力雄厚，短时间的降价并不会对它造成致命的伤害，而对初创企业而言则可能意味着彻底毁灭的危险。因此，考虑好如何应对来自同行的残酷竞争是创业企业生存的必要准备。

3. 技术风险

技术风险是指由于技术方面的因素及其变化的不确定性而导致创业失败的可能性。技术成功的不确定性，技术前景、技术寿命、技术效果的不确定性，技术成果转化的不确定性等，都会带来技术风险。

4．市场风险

市场风险是指由于市场情况的不确定性导致创业者或创业企业遭受损失的可能性。市场风险包括产品市场风险和资本市场风险两大类。市场供给和需求的变化、市场接受时间的不确定性、市场价格变化、市场战略失误等原因都会给创业活动带来一定的市场风险。

5．团队风险

现代企业越来越重视团队的力量。创业团队能使创业企业迅速地发展，但同时蕴含风险。一旦创业团队的核心成员在某些问题上产生分歧不能达到统一，极有可能会对企业造成强烈的冲击。创业团队在面临与股权、利益相关联的问题时，也容易出现问题。创业企业还要注意高素质业务骨干流失的风险。

课堂互动

"创业有风险，青年学生应不应该创业呢？"请同学们就上述问题展开讨论。

三、创业风险的管理

1．风险识别

风险识别是指在风险事件发生之前，风险管理人员在搜集资料和调查研究的基础上，运用各种方法对尚未发生的潜在风险进行系统归类和全面识别。其任务是查明各种不确定性因素和风险来源，预估各种风险事件的可能后果，确定哪些因素对创业构成威胁，哪些因素可能带来机会，为风险管理做好准备。

风险识别的具体方法主要有以下几种：

（1）业务流程法。以业务流程图的方式，将企业经营的全过程按其内在的逻辑关系制成流程图，针对流程中的关键环节和薄弱环节进行调查分析，找出可能存在的风险，并分析该风险存在的原因和可能造成的损失。

（2）咨询法。委托咨询公司或保险代理人对公司进行风险调查和识别，并提出风险管理方案，供经营决策者参考。

（3）现场观察法。通过直接观察企业的各种生产经营设施和具体业务活动，具体了解和掌握企业面临的各种风险。

（4）财务报表法。通过分析资产负债表、损益表和现金流量表等报表中的每一个会计科目，确定某一特定企业在何种情况下会有什么样的潜在损失及其成因。由于每个企业的经营活动最终要涉及商品和资金，所以这种方法比较直观、客观和准确。

2．风险评估

风险评估是指在风险识别的基础上，对可能发生的某类风险的预计、度量和后果估计等工作。在这一阶段，可按照相关风险发生的概率进行分类，评估出大概率风险、一般风险和小概率风险，同时对风险事件带来的损失规模进行分析，从而使风险分析科学化。把风险事件的发生概率、损失程度与其他综合因素结合起来考虑，确定风险发生的可能性及其危害程度，通过比较管理风险所支付的费用，决定是否需要采取风险控制措施及控制措施采取到什么程度，从而为管理者进行风险决策提供可靠的依据。

3. 风险防范

创业者评估风险后，若认为某类风险会给企业带来较大的损失，就会针对该类风险采取相应的防范措施。

（1）财务风险的防范。主要应对措施有：① 创业者要对创业所需资金进行合理估计，避免筹资不足影响企业的健康成长和后续发展；② 要学会建立创业企业的信用，提高获得资金的概率；③ 创业者或团队一定要学会在企业的长远发展和目前利益之间进行权衡，设置合理的财务结构，从恰当的渠道获得资金；④ 管理创业企业的现金流，避免出现现金断流造成财务拮据甚至破产清算的局面。

案例阅读

大学生要避免"激情"创业

6 个学习应用数学的好哥们在同一间大学宿舍住了 4 年，有苦同当，有福同享，培养了深厚的友情。毕业之后，由于就业压力大，工作也不好找，在赵哲的提议下，6 个人决定创业。因为赵哲家在江浙一带，这里的服装加工行业很兴旺，赵哲建议大伙一起办一间服装加工厂，主要给一些淘宝皇冠服装店生产定制服装。

大家集齐了资金，分配好各自的工作任务，进好机器，找好相关的技术人员，工厂就开动了。因为都是第一次，大家斗志很高，目标也很远大。起初遇到的麻烦很多，不过他们年轻敢闯，走了一些弯路也算撑了下来，但其实麻烦才刚刚开始。

首先，他们在工厂装修上投入资金过多，几乎占了创业资本的一半。而服装生产一般采用分期付款方式。每天大量的现金流出，而实际流入的现金根本无法维持工厂正常运转。公司注册资金又少，贷不到款。工人们是被优厚的薪资吸引去的，但工厂规模小，工人们对公司普遍不信任，所以工厂有一点风吹草动，立马就有工人表示要走。另一方面公司刚开始运营，产能也有限，一些大的淘宝皇冠店不放心把服装交给他们生产。

机器走走停停，半年之后，工厂仍旧没有什么起色，6 个小伙子却被累得够呛，立志创业的心也慢慢动摇了。

（2）竞争风险的防范。主要应对措施有：① 回归产品本身，产品或服务才是创业者的护城河。② 关注竞争对手和用户需求，找到竞争对手的弱点，为用户提供独一无二的产品价值。

（3）技术风险的防范。主要应对措施有：① 加强对技术创新方案的可行性论证，减少技术开发与技术选择的盲目性，并通过建立灵敏的信息预警系统，及时预防技术风险；② 通过组建技术联合开发体或建立创新联盟等方式减少技术风险发生的可能性；③ 提高创业企业技术系统的活力；④ 高度重视专利申请、技术标准申请等，通过法律手段减少损失出现的可能性。

（4）市场风险的防范。主要应对措施有：① 以市场及消费者的需求为生产的出发点；② 时刻关注市场变化，善于抓住机会；③ 广泛收集市场信息，并加以分析比较，制定有效的市场营销策略；④ 摸清竞争对手底细，发现其创业思路与弱点；⑤ 对各种成本精打细算，杜绝不必要费用；⑥ 健全符合自身产品特点的销售渠道网络；⑦ 以良好诚信的售后服务赢得顾客青睐。

（5）团队风险的防范。主要应对措施有：① 谨慎选择创业团队成员。② 形成团队的共同价值观和愿景。让所有团队成员对于"创业使命""共同目标"等关键命题达成一个共识，并用这些共识去指导整个团队和每个成员的行为。③ 制定团队规范和团队纪律。用良好的规范和纪律来约束团队的成员。

名人名言

美国通用电气公司的前总监杰克·韦尔奇说："指出谁是团队里最差的成员并不残忍，真正残忍的是对成员存在的问题视而不见，文过饰非，一味充当好人。"

创业案例及分析

出师未捷 欠债百万

还没有毕业就负债近百万？上海市第二中级人民法院对上海某高校学生秦坚民（化名）下达了一纸判决书，秦坚民将负连带赔偿责任，赔偿 95 万元。近百万的债务就这样板上钉钉地摆在他的面前。据悉，这是近年来学生创业遭遇的最严重的挫折之一。

两年多前，秦坚民还是一个在校的学生。他想为就业积累经验，便四处寻找实践机会。当时恰逢联通公司的 CDMA 正在扩张时期。当时联通公司与上海美天通信工程设备公司签订了销售代理协议，将以直销方式在校园发展用户。每台手机 700 元的补贴款和不菲的酬金让秦坚民动心了。获取这一信息后，他决定要尝试一下。他根据要求找到了上海想云科技咨询有限公司与美天公司签协议，在高校师生中发

展 CDMA 客户。

为尽快拓展校园市场，秦坚民还邀请了同学做他的助手，开始了他第一次的创业经历。吸引他成为校园代理的重要原因，就是联通公司提供的优厚条件。根据双方签订的《CDMA 校园卡集团用户销售协议书》，秦坚民可以以优惠的价格向大学校园内的客户销售 CDMA 手机，要求客户购买联通公司 UIM 卡入 CDMA 网，并至少使用两年。而作为报酬，秦坚民每发展一个客户，根据不同的业务种类，可以获得手机补贴费、业务酬金等，收入不菲。

高额回报和急于求成的心理让秦坚民忽略了合同中一个细节的重要性。合同规定，所发展的用户必须凭学生证、教师证原件和复印件才能购买这个 CDMA 的手机套餐业务，而外地生源的学生还必须有学校的担保。也就是说，严格的身份认证是联通公司这笔业务成功的关键，一旦发现有恶意登记的"黑户"存在，秦坚民就需要负责任。

学生们似乎都对这个问题并不在意。秦坚民和他的助手们在自己的学校里以直销形式发展客户，生意出奇地好。一开始，他们还像模像样地查看、登记学生证和教师证，但是后来这道程序就成了摆设。很多社会上的人得知校园里有便宜手机卖，便趋之若鹜。他们中的一部分别有居心地拿来各种假的身份证件，秦坚民和助手们却无暇审查身份，于是就埋下了祸根。

仅仅两个月的时间里，秦坚民就发展了 4 196 个客户，而其中有 1 000 多个客户是冒牌"校园客户"，他们中有无主户、不良用户和虚假用户 440 多户，他们大肆恶意拖欠话费，有的话费异常。上海联通公司无法通过身份登记寻找到这些客户，损失百万余元，因此将秦坚民告上了法庭。于是秦坚民还没有踏上工作岗位，便亏欠近百万元。

上海商报郁先生指出，在市场经济体制下，任何一单生意、任何一项经济活动都含有风险，都会有成功的希望和失败的可能。其成败取决于该项活动、生意责任人的事先判断、谨慎周到的运营、灵活应变的决断，还包括一些不可预测的因素。在公正公平的市场法则下，不论结果如何，都要由责任人来承担，这是市场经济所要求的。秦坚民的教训值得青年学生关注。

来源：上海商报

【案例分析】

面对诚信缺失、经营行为不规范及存在坑蒙拐骗的市场环境，涉世未深的青年学生因缺乏社会经验、工作经验和依法自我保护能力，难免会遭遇各种挫折。这要求青年学生克服浮躁、盲目、急功近利的心态，通过自身的努力去增强防范风险、适应社会的能力，防止上当受骗。

探索活动

加盟户外运动品牌的风险探索

活动目的：

培养学生风险评估和防范的能力，能针对企业存在的风险找出有效的应对方法。

活动内容：

随着户外运动的兴起，新兴户外运动品牌如雨后春笋，许多传统运动服装企业也嗅到了商机，纷纷开发出户外系列服装。选择一个你喜欢的户外运动品牌。如果通过加盟该品牌的方式进行创业，需要注意哪些风险？应采取哪些防范措施？（主要对加盟前、加盟过程中和加盟后的风险进行评估。）

具体操作步骤如下：

第一步：教师对学生进行分组，3～5人为一组，选出一个小组负责人。

第二步：小组成员就上述资料中提出的问题进行讨论，写一份约600字的分析报告。

第三步：小组负责人上台汇报讨论的结果。

活动检测：

活动结束后，教师可根据表5-5进行评分。

表5-5　探索活动评价表

评分标准	满分	实际得分	备注
能识别出不同阶段的风险	25		
能针对各种风险提出应对措施	25		
风险识别准确，措施合理有效	25		
能积极参与讨论、发表见解	25		
总分	100		

能力训练

假设你和你的合伙人一起创办了一个咨询公司。在经营过程中，你们两人在管理和营销决策方面经常出现分歧，且各自都觉得自己的想法是对的。由于两人意见经常不一致，矛盾越来越尖锐，你的合伙人经常不来公司，独自在外揽项目，且不经过公司的账目。请根据上述问题找出解决方案（至少2个），填写表5-6，并对每个方案进行分析。

表 5-6　探索活动评价表

解决方案	优势	劣势	是否可行

评分标准：方案越多，越具有可行性，得分越高。

拓展延伸

访谈一个创业者，了解他在创业和企业经营过程中遇到过哪些风险，他是如何规避和化解这些风险的。（在采访前，一定要做好充分的准备，提前了解受访的企业；在访问过程中，注意所提的问题一定要有针对性。）

第三节　创业计划要做好

教　学　目　标

知识目标

➤ 熟悉创业计划书的概念和基本结构。
➤ 掌握创业计划书的编写。

能力目标

➤ 能够制定创业计划。

教　学　工　具

➤ 包括：多媒体电脑、PPT 教学课件、手机（学生自带，用于扫描二维码看视频或图片等教学资源）、草稿纸。

教　学　方　法

➤ 包括：行动导向法、课堂互动法、情景式探索活动法。

问题导入

对于众多创业者来说，创业计划书是进行融资的必备文件。近年来，创业融资的程序日益规范，作为投资公司进行项目审批的正式文件之一，编写创业计划书已经成为越来越多创业者的"必修课程"。请同学们思考以下两个问题：

（1）创业计划书包括哪几部分内容？

（2）如何才能编写出一份高质量的创业计划书？

知识链接

一、创业计划书的概念

创业计划书又称商业计划书，是指创业者就某一具有市场前景的新产品或服务向风险投资者游说，以取得风险投资的商业可行性报告。

创业计划书是创业者叩响投资者大门的"敲门砖"，是创业者计划创立的业务的书面摘要，一份优秀的创业计划书往往会使创业取得事半功倍的效果。

二、创业计划书的基本结构

一份完整的创业计划书由封面、目录、正文和附录四部分组成。

1. 封面

封面也称标题页，可以放一张企业的项目或产品彩图或企业logo，但需留出足够的版面排列以下内容：创业计划书编号、标题、企业名称、项目名称、联系人及联系方式、公司主页、日期等。其中，标题明确了创业项目的名称，体现了创业企业的经营范围，标题一般在封面以醒目的字体标示出来，如《××创业计划书》。

扫一扫

创业计划书

2. 目录

目录是正文的索引，需要按照章节顺序逐一排列每章大标题、每节小标题，以及各章节对应的页码。初步写完创业计划书后，要注意确认目录页码与内容的一致性。例如，下面是《淘宝书店创业计划书》目录的部分内容：

目　录

名人名言

没有一个计划模型而贸然创业是十分危险的。

——田溯宁

3. 正文

正文是创业计划书的主要内容，包括摘要、主体和结论三大部分。

（1）摘要。摘要是整个计划书的精华和亮点，也是整个计划书的灵魂。摘要是企业的基本情况、竞争能力、市场地位、营销战略、管理策略，以及创业项目的投资前景及风险预测等方面的综合概述。

摘要是对整个创业计划书做出的精华式的总结，所以通常在计划书的主体完成后编写。一份出色的摘要应简短而精练，1～2 页纸即可。

小知识

摘要的关键问题

鉴于摘要在创业计划书中的重要地位，摘要一定要简明生动、精练贴切，不用面面俱到。试想一下，如果投资者在摘要中没有发现闪光点，创业计划书就有可能成为一叠废纸，扮演不了帮助创业者融资成功的角色；而摘要部分应提纲挈领，能吸引人继续读下去，同时让创业者有希望成功融资。一般来讲，写摘要时可围绕以下三组关键问题进行展开。

第一组问题：

你的创意由来和存在的理由是什么？

你的理念是什么？

你能准确客观地描述你的目标市场吗？你了解它们吗？

你能给你的目标客户带来什么价值？他们为什么接受？

你预计市场占有份额和增长率会是多少？

你最大的竞争者是谁？你会怎么办？

你需要多少投资？

第二组问题：

你预计需要多少融资？怎么安排资金？

销售额、成本及利润情况如何？

你会使用何种分销渠道？

你的核心能力是什么？

盈亏平衡点的时间是什么时候？

你有专利吗？如何保护它？

第三组问题：

你的团队能胜任吗？为什么？

你将如何分工？

你有行动时间安排表吗？列举行动计划。

为什么你是创业带头人？你能胜任吗？

（2）主体。主体是对摘要的具体展开。为了让读者一目了然，一般采取章节式、标题式的方式逐一描述。主体的内容具体包括企业介绍、市场分析、组织结构介绍、前景预测、营销策略描述、生产计划展示、财务规划和风险分析等。

（3）结论。结论是整个创业计划书内容的总结式概括。它和摘要首尾呼应，体现了文本的完整性。

4. 附录

附录是对主体部分的补充。受篇幅限制，不宜在主体部分过多描述的，不能在一个层面详细展示的，或需要提供参考资料、数据的内容，一般放在附录部分，以供参考。

创业计划书的附录一般包括以下内容：企业营业执照；审计报告；相关数据统计；财务报表；新产品鉴定；商业信函、合同等；相关荣誉证书等。

小知识

编写创业计划书的六个 C（六要素）

第一个 C 是 Concept，概念。概念指的是：你的计划书，要写得让别人可以很快地知道你卖的是什么。

第二个 C 是 Customers，顾客。有了卖的东西以后，接下来要考虑卖给谁，谁是顾客，要明确顾客的范围。例如，假定女人都是顾客，那 50 岁以上的女人和 5 岁以下的小女孩是否都是顾客，这一点需要界定清楚，即要明确适合的年龄层。

第三个 C 是 Competitions，竞争者。东西有没有人卖过？如果有人卖过，是在哪里？有没有其他的东西可以取代？这些与竞争者的关系是直接的还是间接的？

第四个 C 是 Capabilities，能力。要卖的东西自己会不会，懂不懂？例如开餐馆，如果厨师不做了找不到人，自己会不会炒菜？如果没有这个能力，至少合伙人要会做，再不然也要有品鉴的能力，不然最好不要做。

第五个 C 是 Capital，资本。资本可以是现金，也可以是资产，是可以换成现金的东西。那么资本在哪里？有多少？自有的部分有多少？可以借贷的有多少？这些都要很清楚。

第六个 C 是 Continuation，永续经营。当事业做得不错时，将来的计划是什么？

三、创业计划书具体内容的编写

1. 封面设计

封面是创业计划书的脸面，它首先呈现在读者面前，因此一定要有独特的风格。创业计划书的封面重在设计，要求设计者要有一定的审美能力和艺术天赋。有人认为别人看不懂的一定是独特的，其实这是错误的认知。封面一般以简约、明确为主，忌晦涩怪异。例如，图 5-4 所示的封面既突出了创业项目，又具有一定的审美性和艺术性，能使阅读者产生好感，眼前一亮，形成良好的第一印象。

图 5-4　广塑有限责任公司创业计划书封面

2. 企业介绍

企业介绍如同自我介绍，目的就是让投资者认识该企业。企业介绍中会涉及企业的基本概况（名称、组织形式、注册地址、联系方式等）、发展历史与现状、所提供的产品或服务的竞争力、未来的发展规划和目标等。其中，企业目标是企业要达到的效果，是企业发展的动力，在创业计划书中是亮点所在，因此必须下功夫写好。

3. 市场分析

市场分析在整个创业计划书中起着举足轻重的作用，主要包括市场需求分析、产品分析、竞争对手分析等内容。

扫一扫

如何写好创业计划书

（1）市场需求分析。详细的市场需求分析能够促进投资者判断企业目标的合理程度及他们承担的风险的大小。在对市场需求的分析中，创业者需要阐明这样的观点：企业处在一个足够大、发展前景非常广阔的市场需求中，并有足够的能力应对来自各方面的竞争。

（2）产品分析。在进行投资项目评估时，投资人最关心的问题之一就是：企业的产品能否及在多大程度上解决现实生活中的问题，或者，企业的产品能否帮助顾客节约开支、增加收入。因此，产品介绍是创业计划书中必不可少的一项内容。

在产品介绍部分，通常要回答以下问题：

① 顾客希望从企业的产品或服务中得到什么？

② 与竞争对手相比，企业提供的产品或服务有哪些优势与劣势？企业采取何种办法取长补短？

③ 企业拥有哪些专利与许可？企业为自己的产品采取了哪些保护措施？

④ 企业对新产品或服务有何规划？

⑤ 企业的产品或服务定价为何能给企业带来长效利润？

⑥ 该产品或服务如何拥有稳定的顾客群？顾客群一旦缺失，企业该如何应对？

需要注意的是，任何一个创业者在创业之初都会对自己提供的产品或服务充满信心，因此在创业计划书的写作中难免会有许多赞美之词。但是，企业的种种承诺都是应该兑现的，因此，对产品或服务的介绍一定要实事求是，不能夸夸其谈。

（3）竞争对手分析。竞争对手是这样一类企业：它们在市场上和你的企业提供着相同或类似的产品和服务，并且在配置和使用市场资源过程中与你的企业具有一定的竞争性。如何打败竞争对手，如何在竞争中胜出是每个企业家都需要考虑的问题。

进行竞争对手分析时，应该从以下几个方面入手：

① 你的竞争对手有哪些？你的主要竞争对手有哪些？你最大的竞争对手是谁？

② 你的竞争对手的优势在哪里？有什么新动向？

③ 竞争中你具备哪些优势和劣势？优势如何发扬，劣势如何消除？

④ 你能否承受竞争所带来的压力？

⑤ 你将采取什么策略战胜竞争对手？

4．人员及组织结构说明

企业管理的好坏直接决定了企业经营风险的大小，而高素质的管理人员和良好的组织结构则是管理好企业的重要保证。因此，风险投资者会特别注重对企业管理人员及组织结构的评估。

（1）主要管理人员介绍。介绍他们的详细经历和背景，以及他们的职责和能力。具体来讲，主要管理人员介绍包括个人基本信息（姓名、年龄、政治面貌等）、工作履历、受教育程度、主要经历、道德素养和综合素质。

（2）组织结构介绍。组织结构即企业管理架构。组织结构的关键是分工明确，各司其职。此部分内容具体包括：企业的组织结构图；各部门的功能与责任；各部门的负责人及主要成员；企业的薪酬体系；企业的股东名单，包括认股权、比例和特权；企业的董事会成员；各位董事的背景资料等。

5．市场预测

市场预测就是运用科学的方法，对影响市场供求变化的诸多因素进行调查研究，分析和预见其发展趋势，掌握市场供求变化的规律，为经营决策提供可靠的基础。

在创业计划书中，市场预测应包括：市场现状综述、市场需求预测、竞争厂商概况、目标顾客和目标市场、本企业产品的市场地位等。

创业者对市场的预测应建立在严密、科学的市场调查基础上。企业所面对的市场本来就有变幻不定、难以捉摸的特点，因此，创业者应尽量扩大收集信息的范围，重视对环境的预测并采用科学的预测手段和方法。创业者应牢记的是，市场预测不是凭空想象，对市场错误的认识是企业经营失败的最主要原因之一。

6．营销策略叙述

在创业计划书中，营销策略应包括：市场机构和营销渠道的选择、营销队伍建设和管理、促销计划和广告策略、价格决策等。

对于处于不同发展阶段的企业来说，其营销策略是不同的。对于创业企业来说，由于产品和企业的知名度低，很难进入其他企业已经稳定的销售渠道中去。因此，企业不得不暂时采取高成本、低效益的营销战略，如上门推销、大打商品广告、向批发商和零售商让利，或交给任何愿意经销的企业销售等。而对发展中的企业来说，一方面可以利用原来的销售渠道，另一方面也可以开发新的销售渠道以适应企业的发展。

小知识

营销计划的关键问题

第一组问题:

你的产品出厂价格是多少?

你希望最终的销售价格是多少?

你能控制最终价格吗?

定价的依据是什么?

在你的定价中,你的销售额是多少?利润是多少?

你的定价是合理的吗?为什么?

你的定价和营销战略是一致的吗?

如何应对市场价格混乱?

第二组问题:

目标客户中,哪些是最容易入手的?

你有多少条渠道?评价渠道的优劣情况。

在哪里可以买到你的产品?

你会通过哪些分销渠道来分别接近哪些目标客户?

你将如何让你的目标客户注意到你的产品?

你将如何与你的目标客户进行沟通?

你有一个很好聆听顾客心声的渠道吗?

你将如何争取第一批客户?

如何在竞争对手之前迅速占领市场?

你如何控制渠道?

如何管理一线推销员?

有广告计划吗?

第三组问题:

一线推销员是如何体现企业形象的?

广告和企业理念是一致的吗?

产品设计反映了客户价值吗?

7. 生产计划说明

生产计划作为创业计划书的重要组成部分,其作用在于使投资者了解企业的研究进度和所需资金。在这一部分,创业者应该明确业务流程。在业务流程中,创业者一定要明确其中的关键环节，要写明企业的基本运营周期及间隔时间，更要将季节性生产任务和生产中会遇到的问题及解决方案解释清楚。

　　具体来说，创业计划书中的生产计划应包括以下内容：厂房基本情况，包括地址、基础设施和基本配置情况；产品制造和技术设备现状；生产流程及关键环节介绍；新产品投产计划；生产经营成本分析；质量控制和改进计划及能力。

8. 财务规划描述

　　一份好的财务规划可以帮助企业降低经营风险，提高风险企业的评估价值，增强企业获取资金的可能性。财务规划一般要写未来财务整体规划。

　　未来的财务规划是建立在生产计划和营销计划基础之上的。严格来说，创业计划书中的前述内容都可作为企业制定未来财务规划的依据。有理有据，有适当的假设，是做好财务规划的前提。创业者要做的工作是：论述未来 3～5 年内的生产运营费用和收入状况，将具体财务状况以财务报表的形式展示出来。

　　要写好财务规划，创业者必须回答以下问题：

① 单件产品的生产成本是多少？利润是多少？

② 产品定价是多少？在固定时间段内产品的销售量有多少？

③ 雇佣哪些人生产、加工、销售产品？工资预算是多少？

小知识

　　财务规划需要财会方面的专业知识，要做到规划精细、账款明晰，最好由这方面的专业人员来撰写。专业人员能够避免财务报表漏洞百出，也能增强投资者的信任感。因此，创业管理团队中有熟悉财务的成员是非常必要的。

9. 风险分析

　　没有风险分析的创业计划书是不完整的，因为创业本身就带有一定的冒险性，创业过程中的风险也通常会让人始料不及。风险分析不仅能减轻投资者的疑虑，让他们对企业有全方位的了解，更能体现管理团队对市场的洞察力和解决问题的能力。在这一部分，创业者可以从以下几个方面进行阐述：

　　（1）市场风险。市场风险包括生产中可能遇到的问题、销售者未知的因素、竞争中难以预料的方面、顾客的不同需求与反馈等。

　　（2）技术风险。技术风险主要是技术研发中的困境，如技术力量不够强大、研发不到位、员工熟练程度不高、经验不足、研发资金短缺等。

　　（3）资金风险。创业者需要阐明可能出现的资金周转不畅和资金断流等问题，也要讲明万一企业遭遇清算的后果及遭遇清算后有无偿还资金的能力。

　　（4）管理风险。创业者要实事求是，不能刻意隐瞒管理方面的缺陷和漏洞，而要如实反映情况，诸如人手不足、经验欠缺、资源匮乏等。

（5）其他风险。企业的其他风险有很多，如政策的不确定性、经营中的突发状况、财务上的不确定因素等，都可以归入此类。

创业者的任务是，在对市场、技术、资金、管理等各方面风险进行分析之后，将这些风险及相应的解决方案用文字在创业计划书中清晰地反映出来。风险并不可怕，可怕的是没有应对风险的能力与对策。主动识别和讨论风险会极大地提高企业的信誉，使投资者更有信心。

小知识

周鸿祎：教您打造十页完美的创业计划书

第一页，用几句话清楚说明你发现目前市场中存在一个什么空白点，或者存在一个什么问题，以及这个问题有多严重，几句话就够了。例如，现在网游市场里盗号情况严重，你有一个产品能解决这个问题，只需要一句话说清楚就可以。

扫一扫

周鸿祎谈创业计划书

第二页，说明你有什么样的解决方案或者什么样的产品，能够解决这个问题。你的方案或者产品是什么，提供了怎样的功能。

第三页，说明你的产品将面对的用户群是哪些，一定要有一个用户群的划分。

第四页，说明你的竞争力。为什么这件事情你能做，而别人不能做？是你有更多的免费贷款，还是存储可以不要钱？这只是个比方。否则如果这件事谁都能干，为什么要投资给你？你有什么特别的核心竞争力？有什么与众不同的地方？所以，关键不在于所干事情的大小，而在于你能比别人干得好，与别人干得不一样。

第五页，再论证一下这个市场有多大，你认为这个市场的未来会是什么样。

第六页，说明你将如何挣钱。如果真的不知道怎么挣钱，你可以不说，可以老老实实地说，我不知道这个怎么挣钱，但是中国一亿用户会用，如果有一亿人用我觉得肯定有它的价值。想不清楚如何挣钱没有关系，投资人比你有经验，告诉他你的产品多有价值就行。

第七页，用简单的几句话告诉投资人，这个市场里有没有其他人在干，具体情况是怎样。不要说"我这个想法前无古人后无来者"这样的话，投资人一听这话就要打个问号。有其他人在做同样的事不可怕，重要的是你能不能对这个产业和行业有一个基本了解和客观认识。要说实话、干实事，可以进行一些简单的优劣分析。

第八页，突出自己的亮点。只要有一点比对方亮就行。刚出来的产品肯定有很多问题，要说明你的优点在哪里。

第九页，进行财务分析，可以简单一些。不要预算未来三年挣多少钱，没人会信。说说未来一年或者六个月需要多少钱，用这些钱干什么。

第十页，如果别人还愿意听下去，介绍一下自己的团队，团队成员的优秀之处，以及自己做过什么。

一个包含以上内容的计划书，就是一份非常好的创业计划书了。

创业案例及分析

完善的创业计划书让他获得了风险投资

王杰毕业后经过多年研究，在利用太阳能方面取得了一项重大突破。如果这项技术在实际中应用的话，前景会非常广阔。于是，王杰辞掉了原来的工作，准备创业。注册公司后，所有资金全部用尽，他已经无力再招聘职工、准备实验材料了，于是他想到了风险投资，希望通过引入合作伙伴来解决资金困难。为此，他多次与一些风险投资机构或者个人投资者洽谈。虽然王杰反复强调他的技术多么先进、应用前景光明，并保证投资他的公司将会获得很大的回报，但总是难以让对方相信，他对于投资人询问的重要数据（如市场需求量具体是多少，一年可以有多高的回报率等）也没有办法回答。

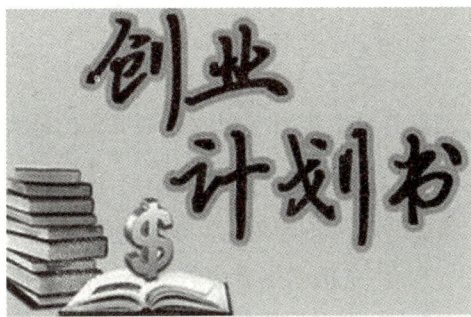

后来，一位做咨询管理的朋友提醒王杰，由于他的技术很少有人懂，而且没有创业计划书，所以没有人相信他。于是，在向相关专家咨询又查阅大量资料后，王杰开始从公司的经营宗旨、战略目标出发，对公司的技术、产品、市场销售、资金需求、财务指标、投资收益、投资者退出等方面进行分析和论证，在这个过程中，他还经常通过市场调查来获取资料。一个多月后他拿出了一份创业计划书初稿，在经过几位专家的指点后，他又对创业计划书进行了完善。凭着这份创业计划书，他很快与一家风险投资公司达成了投资协议，获得了资金支持，员工招聘问题也迎刃而解。如今，他的公司已经经营得红红火火。谈到经验，他说创业计划书不仅仅是写一篇文章，其编制的过程就是不断理清创业思路的过程，只有创业者自己的思路清楚了，才能让投资者、员工相信你。

来源：百度文库

【案例分析】

王杰拥有技术，其创业优势非常明显。但是，当他希望获得他人的风险投资时，由于没有一份像样的创业计划书，投资者无法了解其创业项目的前景和可行性如何，因而拒绝投资。对于很多创业者来说，一份具有可行性的创业计划书是融资最起码的条件。所以，创业者应重视创业计划书的撰写。

探索活动

参照模板编制《创业计划书》

活动目的：

培养学生撰写《创业计划书》的能力。

活动内容：

确定你的创业项目，编写创业计划书。具体实施步骤如下：

1. 将全班学生分成若干小组，每组 4～6 人，设组长一名。

2. 以小组为单位，寻找与自己所学专业相关的创业项目，或者从自己生活的环境中寻找创业项目。组长负责创业项目的最终确定。

3. 从网上搜索几篇优秀的创业计划书作为参考。

4. 各小组成员讨论创业计划书的基本结构与目录，组长负责最后敲定。

5. 组长对小组成员进行分工，每个成员编写创业计划书的一部分或几部分，最后由组长进行统稿并修改。

6. 创业计划书完成后，可以同学之间交换阅读，指出对方的优点及不足之处，相互促进。

创业计划书模板

创业计划书没有统一模板，但一般大同小异。

第一页：封面，主要包括企业名称、创业者姓名、填写日期、通信地址、邮政编码、电话、传真、电子邮箱等。

第二页：目录，列出正文中的大标题。

第三页：正文。具体如下：

一、企业概况

主要经营范围：

企业类型（在下面表格中勾选一项）：

制造业	零售业	批发业	服务业	养殖业	种植业	传统产业	其 他

二、创业者的个人情况

以往的相关经历（包括时间）：

教育背景及所学相关课程（包括时间）：

三、市场调查

销售或服务对象描述：

预计市场容量或本企业市场占有率：

市场容量的变化趋势：

本企业相对于竞争对手的主要优势：

本企业相对于竞争对手的主要劣势：

四、市场营销计划

1. 产品

产品或服务	主要特征

2. 价格

产品或服务	成本价	销售价	竞争对手的价格

3. 地点

（1）选址细节：

地址	面积（平方米）	租金或建筑成本

（2）选择该地址的主要原因：

（3）销售方式（选择一项）：

A. 最终消费者（   ）   B. 零售商（   ）   C. 批发商（   ）

（4）选择该销售方式的原因：

4. 促销

促销项目		成本预测	
人员推销		成本预测	
广　　告		成本预测	
公共关系		成本预测	
营业推广		成本预测	

五、企业组织结构

1．企业将登记注册为（选择一项）：

A．个体工商户　　　　　　　B．有限责任公司

C．个人独资企业　　　　　　D．合伙企业

E．其他

2．拟议的企业名称：

3．企业的人员组成（附企业组织结构图和员工工作职责）

职　务	月　薪
业主或经理	
员工 1	
员工 2	

4．企业将获得的营业执照、许可证

类　型	预计费用

5．合伙人与协议

项　目	合伙人 1	合伙人 2	合伙人 3
出资方式			
出资数额与期限			
利润分配和亏损分摊			
经营分工、权限和责任			
合伙人个人负债的责任			
协议变更和终止			
其他条款			

六、固定资产投入

根据预测的销售量，假设达到100%的生产能力，企业需要购买以下设备：

1. 工具和设备投入

名　称	数　量	单　价	合计（元）
总费用			

2. 固定资产折旧费

名　称	价　值	使用年限	年折旧费（元）

七、流动资金（月）

1. 原材料和包装

项　目	数　量	单　价	合计（元）
总费用			

2. 其他经营费用（不包括折旧费和贷款利息）

名　称	费用（元）	备　注
业主工资		
员工工资		
租　金		
营销费用		
维修费用		
保险费用		
登记注册费		
其　他		
总费用		

八、销售收入预测（12 个月）（针对生产型企业）

	销售产品或服务	1 月	2 月	……	12 月	合计
产品 1	销售数量					
	平均单价					
	季度销售额					
产品 2	销售数量					
	平均单价					
	季度销售额					
产品 3	销售数量					
	平均单价					
	季度销售额					
合计	销售总量					
	销售总收入					

九、销售和成本计划

	项　目	1 月	2 月	……	12 月	合计
销售	销售收入					
	增值税					
	销售净收入					
成本	业主工资					
	员工工资					
	租　金					
	营销费用					
	维修费用					
	保险费用					
	登记注册费					
	折旧费用					
	贷款利息					

续表

	项　目	1月	2月	……	12月	合计
成本	原材料 1					
	原材料 2					
	总成本					
	利润					
税费	企业所得税					
	个人所得税					
	其　他					
	净收入（税后）					

十、现金流量计划

	项　目	1月	2月	……	12月	合计
现金流入	月初现金					
	销售收入					
	贷　款					
	其他现金流入					
	可支配现金（A）					
现金流出	业主工资					
	员工工资					
	租　金					
	营销费用					
	维修费用					
	保险费用					
	登记注册费					
	折旧费用					
	偿还贷款本息					
	采购原材料 1					
	采购原材料 2					

	项 目	1月	2月	……	12月	合计
现金流出	其他列项					
	总成本（B）					
利 润						

活动检测：

活动结束后，教师可根据表 5-7 进行评分，并评选出表现最优秀的一组。

表 5-7 探索活动评价表

评分标准	满分	实际得分	备注
所选创业项目具有可行性与典型性	20		
所写的创业计划书具有可参考性	20		
小组成员分工合理、明确	20		
编写过程中能团结协作	20		
计划书终稿结构完整、内容丰富、条理清晰	20		
总分	100		

能力训练

根据创业计划书的撰写技巧，对在探索活动中撰写的创业计划书进行检查和修改，以加深理解创业计划书的撰写要求；然后以团队为单位，讨论如何展示本团队的创业计划，分工完成 PPT 的制作，以团队为单位，在课堂上展示创业计划书。

拓展延伸

将自己所写的创业计划书拿给教师、朋友、专家们看，认真倾听他们的意见和建议。

创业实践

选择若干家国内知名的电子商务网站，如淘宝网、易趣网、拍拍网等免费电子商务平台，进行创业演练。目的是使学生取得一系列电子商务实际运作的经验，提高学生的实际工作能力和应用管理水平。具体操作步骤如下：

（1）选择项目。进行前期调研、风险分析，确定合适的创业项目。

（2）在教师的指导下，选择若干个电子商务平台，进行用户注册、身份认证，申请开通网上银行。

（3）由学生自己联系货源、网上发布商品、申请网上开店，进行网上商店店铺的装修设计等。

（4）根据所学的知识进行网上商店的管理，包括营销推广、客户沟通、交易洽谈等。

（5）撰写实践总结。内容包括经营成果、出现的问题、实践心得及体会。

知识小结

本模块主要介绍了创业中的市场调查与分析、风险评估和防范、创业计划书的撰写等知识。

市场调查和分析是指在实施创业项目前，对企业产品或服务从市场需求、销售渠道、竞争对手等方面所进行的调研和分析。通过了解市场对产品的需求情况，确定或调整企业应采取的战略决策。

创业风险是指在创业过程中，由于创业环境的不确定性，创业机会与创业企业的复杂性，创业者、创业团队的能力与实力的有限性，而导致创业活动偏离预期目标的可能性及后果。创业风险主要来源于资金风险、竞争风险、技术风险、市场风险和团队风险。在进行创业前，创业者一定要对创业过程中可能发生的风险进行识别和评估，以决定是否需要采取风险防范措施。

创业计划书又称商业计划书，是指创业者就某一具有市场前景的新产品或服务向风险投资者游说，以取得风险投资的商业可行性报告。它包含封面、目录、正文和附录四部分。创业计划书是创业者叩响投资者大门的"敲门砖"，因此，创业者应重视创业计划书的撰写。

创业资源巧整合

自我思考 >>>

创业资源无处不在，而如何获取资源是创业成功的关键。自身是创业最基本的内在资源，要通过对自身资源的充分挖掘来实现；外部资源也是创业成功的关键资源，外部资源需要用更巧妙的方式去获取。

请同学们想一下：创业需要哪些内部资源和外部资源？如果企业不具备某类创业资源，该如何去获取？团队是非常重要的创业资源，那么，创业者如何才能组建优秀的创业团队？

开篇故事

"漫步者"的资源整合

张文东是国内第一多媒体音响品牌"漫步者"的老总。他靠4万元起家，在国内市场先后打败一些国际顶尖品牌，可谓是一项创举。张文东并不是一开始就做这行的，而是一毕业就留校当了老师。他平时喜欢听音乐，喜欢捣鼓电子产品，而且经常抱怨劣质音箱的音质。有一次，他和自己的学生肖敏决定自己动手做木质音箱。在他们做好功放后，张文东又设计了音箱外观。但音箱中的一个部件倒相管必须要使用塑料管，但他们又没钱专门开模，这时他突发奇想用柯达胶卷盒来替代这个部件。没想到大小正合适，如果把底儿切掉，就正好把木箱上的导音孔盖住，天衣无缝。他们就这样东拼西凑，第一台音箱终于诞生了。刚开始，张文东并没有打算将音箱商业化。但这时，张文东的弟弟突然找到他，希望介绍个活干，于是张文东就跟弟弟商量试着把音箱卖出去，弟弟也答应了下来。接着张文东凑了点钱，利用工作之余在单位里做了差不多100台音箱，音箱里的倒相管也都是用他弟弟满大街收来的柯达胶卷盒做的。柯达胶卷盒五分钱一个，结果北京的柯达胶卷盒几乎就快被收光了。张文东的弟弟每天骑着自行车，一次拉三套音箱，去20千米外的王府井百货大楼卖。生意逐渐有了眉目，张文东就联合学生肖敏，与弟弟3个人租了一间便宜的小平房，正式开始创业。他为自己的音箱起名为"漫步者"。在经历了无数艰辛后，张文东和他的创业伙伴最终实现了音响品牌的登顶。

相信张文东在企业取得市场认可之后再也没有使用过柯达胶卷盒作为音箱的零部件，但在那个特殊的创业时期，这种创业资源对张文东和他的音箱来说，起了巨大的作用。使用胶卷盒不仅节约了成本，获得了市场竞争优势，还令创业者的思维开阔了，拥有了梦想变为现实的信心。这对于创业者来说，是非常宝贵的财富。

来源：搜狐科技

第一节 创业资源知多少

教 学 目 标

知识目标

➤ 熟悉创业资源的概念、种类和整合。
➤ 掌握企业薪酬的构成和设计方法。

能力目标

➢ 能合理整合创业资源。
➢ 能设计企业薪酬。

教 学 工 具

➢ 包括：多媒体电脑、PPT 教学课件、手机（学生自带，用于扫描二维码看视频或图片等教学资源）、草稿纸（用于能力训练和拓展延伸）。

教 学 方 法

➢ 包括：行动导向法、情景式探索活动法、知识讲授法。

问题导入

创业就是把创业机会与创业资源的获取及整合相结合的活动，创业资源的获取和整合伴随着整个创业过程。对于大多数创业企业来说，创业资源在未整合之前，多是零散的，因此，创业者需要整合各种创业资源，以使它发挥最大的价值。在进行下面的学习之前，请同学们思考以下问题：

（1）创业资源包括哪些内容？
（2）怎样合理有效地整合人力、技术、行业等资源？
（3）在进行人力资源管理时，如何设计员工薪酬制度？

知识链接

一、创业资源的概念

创业资源是指企业创立及成长过程中所需要的各种生产要素和支撑条件，是创业企业在创造价值过程中所需要的特定资产。

对于创业者来说，只要是对其创业项目和创业企业的发展有所帮助的要素，都可以归入创业资源的范畴。创业者既要积累个人资源，也要善于创造性地整合社会资源，以创造有利于创业的良好条件。

二、创业资源的种类

按性质分，创业资源可分为人力资源、财务资源、物质资源、技术资源和组织资源。

❖ **人力资源**：不仅包括创业者及创业团队的知识、技能和经验等，也包括团队成员的专业智慧、判断力、视野和愿景，乃至创业者本身的人际关系网络。创业者是创业企业最重要的人力资源，其价值观念和信念是创业企业的基石，其所拥有的人际和社会关系网络使其能够接触到大量的外部资源。鉴于企业之间的竞争主要是人才之间的竞争，高素质人才的获取和开发便成为创业企业可持续发展的关键因素。

❖ **财务资源**：主要是指货币资源，通常是创业者向债权人、权益投资者筹集的资金。一般来说，创业初期及时筹集到足够的财务资源，是企业成功创办和顺利经营的前提条件。

❖ **物质资源**：是创业企业经营所需要的有形资源，如建筑物、设施、机器和办公设备、原材料等。一些自然资源如矿山、森林等有时也会成为创业企业的物质资源。

❖ **技术资源**：包括关键技术、制造流程、作业系统、专用生产设备等。技术资源大多与物质资源相结合，可以通过法律手段予以保护，部分技术资源会形成组织的无形资产。

❖ **组织资源**：一般是指企业的正式管理系统，包括企业的组织结构、作业流程、工作规范、信息沟通、决策体系、质量系统，以及正式或非正式的计划活动等，有时候组织资源也可以表现为个人的技能或能力。其中，组织结构是一种能够使组织区别于竞争对手的无形资源。

三、创业资源的开发与整合

创业者需要整合的资源包括人力资源、信息资源、财务资源、技术资源和行业资源等。

1. 人力资源

人才是创新之源，是企业最核心的竞争力，现代企业的竞争归根结底是人才的竞争。但要吸引、留住人才，也并非易事，必须在尊重人才的价值上下功夫。企业应根据自身发展，建立起一套人力资源规划体系。

（1）建立完善的企业薪酬制度，以吸引和激励人才。

（2）建立培训机制，让人才在企业里发挥其最大的潜能。

（3）善待员工，让员工有一种家的感觉。这种善待不仅是指精神上给予人才的满足，也要配以适当的物质利益。

（4）要量才而用，用人的长处，控制人的短处，将合适的人安排在合适的岗位上。

（5）分工尽可能明确，划分各部门的职责范围，各部门的业务最好不要出现交叉。

对中小企业而言，人才是可遇而不可求的。社会上的人才很多，但适合企业发展的并不多。因此，选择任用人才的关键在于用那些有潜力并且有强烈事业心、对企业事业有认同感的人才。中小企业整合人才资源最后落实在了培养人才方面，同时要千方百计留住企业的骨干人才。

2．信息资源

当今社会，信息资源对很多创业者来说就是成功的机遇，创业者应当像管理其他创业资源一样对信息资源加以管理整合。创业者在做决策时，要综合考虑竞争对手、政府、行业、合作伙伴、客户等方面的信息，只有知己知彼，才能做到有的放矢、抓住成功的机遇。

对于信息资源，既要开发与整合管理好外部信息资源，抓住好的机遇，又要开发与整合管理好内部信息资源，做好信息资源的规划。

3．财务资源

创业离不开资金的支持。创业者除了要合理评估和利用自身财务资源外，还要学会借力，能通过不同的渠道筹集到资金。需要注意的是，创业者在接受外部投资时，先要对投资者的基本情况如资质情况、业绩情况等进行全面掌握，再根据企业的实际情况在众多投资者中进行选择。

4．技术资源

在创业初期，创业技术是最关键的资源，它是决定创业产品的市场竞争力和获利能力的根本因素。做成功企业的核心是要有好的产品，而企业的产品必须做到专业化，这一点非常重要。要将产品在同一领域内做到最专业，技术上就要一直领先。若企业没有实力一直保持这样的技术优势，则可以整合企业之外的技术资源，例如，与科研院所、大专院校合作或与拥有领先技术的企业合作等。

5．行业资源

充分了解某行业，掌握这个行业的各种关系网，如竞争对手、供货商、经销商、客户、行业协会、行业展会等。同时，企业还要注重整合行业内竞争对手的资源，把竞争对手转化为合作伙伴。例如，同行之间或者产业上、下游之间的创业企业可通过策略联盟等方式整合资源，使人力资源、研发能力、市场渠道和客户资源等实现优势互补。

企业要想发展、壮大，就应该尽可能整合各种资源、采取各种合法手段积极务实地做好自己的这份事业。

四、创业资源的整合过程

创业资源的整合是一个复杂的过程，是创业企业对不同来源、不同层次、不同结构、不同内容的资源进行选择、汲取、配置、激活和有机融合的过程，以使之具有更强的条理性、系统性和价值性，并对原有的资源体系进行重构，摒弃无价值的资源，以形成新的核心资源体系。创业资源的整合过程可以分为资源扫描、资源控制、资源利用和资源拓展四个步骤。

如何整合创业资源

1. 资源扫描

创业者要知道自己的资源禀赋及企业所拥有的最初资源。将已有资源识别出来，包括己方所有有价值的有形资产和无形资产，如人才、技术、设备、品牌等，找到自己的资源优势和不足，同时认清哪些属于战略性资源，哪些属于一般性资源，还要确定资源的数量、质量、使用时间及使用顺序。

在扫描自身已有资源的同时，也要对外部环境进行扫描，及时发现创业企业所需的资源，确定自己所缺的创业资源可以从哪些渠道获得，以及谁拥有这些重要资源，并对各种资源渠道的获得难易程度进行排序；进而寻找利益交集，对资源所有者的利益需求进行深度分析，并与自己所拥有的资源进行比较，找到利益契合点。这通常需要创业者具有行业知识和一定的社会关系网络。创业者在初始创业阶段会利用与自己关系较近的资源网络，随着业务的向前发展再逐渐扩充这一网络。

2. 资源控制

资源控制的范围包括创业者自身拥有的资源、通过交易等形式可获得的资源，以及通过社会网络等形式可以控制的资源。在许多情况下，创业者自身拥有的资源（如教育、经验、声誉、行业知识、资金和社会网络等）存在于创业团队中。在特定的行业，创业团队中成员的社会网络资源和技术对于企业的成功至关重要。在获取资源的过程中，需要判断这种资源对实现企业的目标是否关键，并且创造性地设计出双赢的合作方案，形成长期互利关系。

3. 资源利用

在获取和控制大量资源的基础上，创业企业开始对这些资源进行配置和利用，将它们合理有效地配置到最能发挥其使用效益的地方去，从而体现出这些资源的价值。企业资源在未整合之前大多是零碎的、低效的，要发挥这些资源的最大使用价值、产生最佳效益，就必须运用科学方法对各种类型的资源进行细化、配置和激活，将有价值的资源有机地融合起来，使它们相互匹配、互为补充、互相增强。

在配置资源之后，新的资源或者说竞争优势就会形成，企业必须利用区别于其他企业的这种优势来赢得市场。资源在整合并转化为企业内部的独特优势之后，创业者需要协调各种资源之间的关系，匹配有用的资源，剥离无用的资源。通过协调，使资源的联系更加紧密，更加具有匹配性，形成"1+1＞2"的局面，并为下一步拓展奠定基础。

4. 资源拓展

资源拓展即将以前没有建立起联系的资源建立联系，将新获取的资源与已有的资源加以联结融合，进一步开发潜在的资源为企业所用，这也是企业持续竞争优势的根本来源。开拓创造过程能为创业企业带来新的能力，从而使其能够更充分地发现和掌握创业机会。

案例阅读

蒙牛借力

　　牛根生和他的创业团队把一个一无奶源、二无工厂、三无市场的"三无企业"发展成了年销售额达 21 亿元的大型企业，其成功的核心因素之一就是借力，主要表现在以下几个方面：

　　（1）逆向经营。面对困境，公司董事会在创业之初就确定了"先建市场，后建工厂"的发展战略，并通过"借鸡生蛋"迅速做大企业。

　　（2）虚拟联合。蒙牛与当地政府协商，让他们组织建奶站，与蒙牛签订常年供应合同。蒙牛品牌的影响和从不拖欠资金的信誉使当地政府放心，奶站是当地人自己出钱建的，自然尽心尽力，质量、数量都有保证，这样就实现了双赢。

　　（3）统一战线。蒙牛一直宣扬和伊利是兄弟，认为两家企业应相互促进，共建"中国乳都"的形象概念。

　　（4）国际化之梦。借助摩根士丹利、鼎晖、英联三大国际财团，蒙牛一直在寻找和搭建国际化发展的平台。

　　牛根生就是这样用别人的钱干自己的事，用智慧、灵活的战略、战术创造了奶制品世界的神话。

来源：中国商界

五、企业薪酬的设计

1. 薪酬的构成

　　薪酬是指企业根据成员所做的贡献（包括实现的绩效，付出的努力、时间、学识、技能、经验与创造）所付给的相应的回报，大体可分为工资、奖金、津贴和福利等几个方面。

　　（1）工资

　　工资是以货币形式直接支付给员工的劳动薪酬。狭义的工资指基本工资或标准工资；广义的工资包括基本工资、奖金、津贴、补贴、劳动分红等。这里所说的工资作狭义理解。在职务级别工资制度中，工资由以下四部分构成：① 职务工资；② 级别工资；③ 基础工资；④ 工龄工资。

　　（2）奖金

　　奖金也称奖励工资，是为员工超额完成任务或取得优秀工作成绩而支付的额外薪酬。其目的在于对员工进行激励，促使其继续保持良好的工作势头。奖金的发放可根据个人的工作业绩评定，也可根据部门和企业的效益来评定。

　　（3）津贴

　　津贴是为了补偿职工在特殊劳动条件下所付出的额外劳动消耗和生活费用而支付给

职工的劳动报酬。其特点是将艰苦或特殊的环境作为衡量的唯一标准，而与员工的工作能力和工作业绩无关。根据不同的实施目的，津贴可分为三类：

❖ **地域性津贴**：是指由于员工在艰苦的自然地理环境中花费了更多的生活费用而得到的补偿，比如林区津贴、艰苦生活津贴、高寒地区津贴等。

❖ **生活性津贴**：是指为了保障员工的实际生活水平而给予的补偿，如由于物价上涨而发放的肉禽补贴等。

❖ **劳动性津贴**：是指从事特殊性工作而得到的补偿，如夜班津贴、高温津贴等。

（4）福利

福利是指单位提供的福利设施（如员工食堂、幼儿园、俱乐部、图书室等）和个人福利（如职工上下班交通补贴、伙食补贴、法定福利等）。员工的薪酬涉及多方面的因素，向员工支付多少报酬、如何支付、什么时间支付都是管理者需要认真研究的重要问题。

2．薪酬的设计

要设计出科学合理的薪酬体系和薪酬制度，一般要经历以下几个步骤：

第一步：职位分析。职位分析是确定薪酬的基础。首先，企业管理层应结合企业经营目标，在业务分析和人员分析的基础上，明确部门职能和职位关系。然后，人力资源部和各部门主管合作编写职位说明书。

第二步：职位评价。通过比较各个职位的重要程度得出工资级别。建立统一的职位评估标准，使不同职位之间具有可比性，为确保工资的公平性奠定基础。

第三步：薪酬调查。企业在确定工资水平时，需要参考劳动力市场的工资水平。企业可以委托比较专业的咨询公司进行这方面的调查。调查对象最好是选择与自己有竞争关系的企业或同行业的类似企业，重点考虑员工的流失去向和招聘来源。

第四步：薪酬结构设计。许多企业在确定人员工资时，往往要综合考虑三个方面的因素：一是其职位等级，二是个人的技能和资历，三是个人绩效。在工资结构上与其相对应的分别是职位工资、技能工资和绩效工资。也有的将前两者合并考虑，作为确定一个人基本工资的基础。

❖ **职位工资**：由职位等级决定，它是一个人工资高低的主要决定因素。职位工资是一个区间。企业可以从薪酬调查中选择一些数据作为这个区间的中点，然后根据这个中点确定每一职位等级的上限和下限。例如，在某一职位等级中，上限可以高于中点20%，下限可以低于中点20%。

❖ **技能工资**：在同一职位等级内，根据职位工资的中点设置一个上下的工资变化区间，用来体现技能工资的差异。这就增强了工资变动的灵活性，使员工在不变动职位的情况下，随着技能的提升、经验的增加而在同一职位等级内逐步提升工资等级。

❖ **绩效工资：** 是对员工完成业务目标而进行的奖励。绩效工资可以是短期性的，如销售奖金、项目浮动奖励、年度奖励，也可以是长期性的，如股份期权等。此部分薪酬的确定与企业的绩效评估制度密切相关。

总而言之，确定职位工资，需要对职位做评估；确定技能工资，需要对人员资历做评估；确定绩效工资，需要对工作表现做评估；确定企业的整体薪酬水平，需要对企业盈利能力、支付能力做评估。每一种评估都需要一套程序和办法。所以说，薪酬体系设计是一个系统工程。

创业案例及分析

"80后""石油女孩"的创业故事

陆玲玲是一家珠宝定制店的店主，刚到而立之年。虽然她在成都盐市口的第一个店面运营没多久，但她早就有了自己的一套生意经："个性化的定制方式及高性价比，使很多人开始选择定制珠宝。"

谈门槛　需要专业知识及相关的人脉资源

珠宝是奢侈品，而珠宝定制更需要专业的知识。想要在这一行创业，除了必备的专业知识以外，还要具备相关的资源，如渠道、人脉、圈子、客户资源等。显然，陆玲玲在这方面有了自己的优势。"之前在北京做过这样的工作，了解了不少渠道，也积累了一定的人脉和资源。现在，很多客户就是以前积累起来的，而新客户也多数是通过老客户介绍而来的。"

算投入　店铺成本300万元，原料花销占大头

有了客户目标后，财力也是一个重要因素。店面虽小，但成本也要300万元左右。其中，货物原料花费200多万元，店面装修50多万元，其他的就是店铺租金、人员聘用等费用。陆玲玲笑称："虽然看起来费用较多，但风险较小，即使经营失败，宝石还是可以转卖，损失的无非是租金、水电等费用，而这些相对较少。""现在每月的支出五六万，营业收入基本上能够保证日常的开支；如果在旺季，收入是现在的2～3倍，一年平均下来收入还是近100万元。现在钻石的销售占了90%左右，大概一年半时间就能收回成本。"相对于钻石来说，陆玲玲更看好宝石的销售市场："宝石价格要低于钻石，而且种类也较多，顾客有更多的选择。"

看市场　北京竞争激烈，成都才是蓝海

如果将珠宝定制市场比喻成海洋，那么北京市场就是红海，竞争激烈，成都市场则是蓝海，发展空间很大。"在成都刚起步，市场还没有被充分地开发。"虽然前景很好，但陆玲玲目前并没有开分店的打算。"我们打算打造成优质的精品会所，同时，为方便外地客户，我们的网站也正在建设，不久就能够开通。"

生意经　比商场便宜 30%，面向特定群体

陆玲玲认为自己是靠个性化定制和高性价比取得与知名珠宝品牌的非对称优势，"我们提供的是个性化的珠宝定制，根据客户的需求进行设计，而且，因为提供的是裸钻的设计加工，比商场要便宜 30%，性价比更高"。

小店商品的款式都是自己设计的，独特的设计、繁多的款式及经常更新，是小店的取胜之道，"我考察过本地其他的珠宝定制店，可以说，我们的款式设计是最丰富的，有 300 多种，而且宝石的品类也非常丰富"。

珠宝定制需要有准确的定位，特定的客户群体使小店在各个方面更有针对性。小店面向的是高端客户群体，主要是 25～40 岁这一年龄段及结婚的人群。"成都是一个时尚城市，人们的消费能力高，经济发展好。而且，现在的年轻人喜欢这样的个性化消费，而成功人士也喜欢享受生活。"

拥有明确的客户群体，也需要有针对性的营销策略。通过与高级会所、婚庆影楼、电影院及美容院等合作，这种互利共赢的模式有利于提高小店的知名度，同时也更有针对性，"我们冠名了一家影院的 VIP 厅，而与婚庆影楼的合作，也是通过拉拢客户提成的方式进行"。这位"80 后"美女竟然能坚持下来，打破了女孩原先所不敢想象的创业成功故事记录，并受到不少消费者的喜爱。

人物背景　珠宝店主曾经是"石油工人"

30 岁的陆玲玲进入珠宝定制这一行业也已经有四年多时间了。"我以前是做石油的，因为当时将妈妈的戒指弄丢了，经一个姐姐介绍，接触到珠宝定制这一个新鲜的行业。"对于自己这样机缘巧合地进入珠宝定制行业，陆玲玲现在仍旧忍不住笑。"认识了在北京开珠宝定制店的李姐，然后我们开始聊起来，感觉这个行业很好，李姐让我过来，然后我就进来了。"

转行之后，陆玲玲开始深入地了解这个行业，也通过在北京的工作积累了客源、人脉、渠道、专业知识等资源，这为后来在成都开店打下了良好的基础。"我喜欢这件事，也喜欢这样的发展模式。之后在与成都的朋友聊天的时候，我们都感觉成都的市场前景很好，于是合作在成都开了这家店。"

北京积累下来的资源为成都小店的开张提供了保证。同时，家人的支持也让陆玲玲没了后顾之忧。"爸爸当时说，你现在年轻，想做什么就做吧。"

来源：青年创业网

【案例分析】

通过这位普通的"80后"创业成功的案例，我们可以了解到，任何创业都需要一定的资源做保证。珠宝定制是较为专业的行业，要进入这个行业，不仅需要专业的知识，同时，固定的客源及人脉也是必不可少的因素。

探索活动

企业薪酬设计

活动目的：

通过活动使学生掌握企业薪酬设计的方法和技巧。

活动背景：

A 公司成立于 2014 年，主营业务是销售建筑装饰材料。公司成立几年来，老板一直觉得员工总体素质不高，骨干员工留不下，好的员工招不进来，员工流动率长期居高不下，在职员工的工作积极性也普遍下降。2015 年，销售部的几名骨干员工集体辞职，给公司的经营造成了很大的冲击，公司不得不招募新兵。公司领导意识到公司存在严重的危机，决定请管理顾问公司重新进行梳理。管理顾问公司经过调查发现以下问题：

（1）员工工资水平普遍低于同行业水平。

（2）员工工资的确定由公司领导说了算，没有一定的体系，随意性很强。

（3）员工工资几年没变化，公司发展了，但员工工资却没有多大变化，销售人员尤其如此。

活动内容：

请你为 A 公司设计一套合理的薪酬体系。

提示：

（1）员工的工资分为两个部分：基本固定工资和绩效工资。

（2）基本固定工资考核员工出勤情况、纪律情况等基本工作因素。

（3）绩效工资分为个人绩效和公司绩效。个人绩效只与员工本人的工作绩效相联系，考核其工作量、工作成绩、基本表现、基本技能。公司绩效考核的是整个公司的经营业绩。

（4）工资级别。根据员工的职务级别与技术级别划分工资级别。

活动检测：

活动结束后，教师可根据表 6-1 进行评分。

表 6-1　探索活动评价表

评分标准	满分	实际得分	备注
薪酬分基本工资和绩效工资	25		
薪酬根据不同的岗位划分不同等级	25		
薪酬各级别的工资差异合理	25		
其他	25		
总分	100		

能力训练

假设你是一名即将毕业的学生，准备毕业后自主创业。请根据你选择的创业机会，分析以下问题：

（1）写出创业所需要的资源和需要继续获取的资源。

（2）写出你准备获取资源的途径和方法。

（3）估算创业所需要的资金。

评分标准：能列出企业所需要的资源（30分），能列出获取资源的途径和方法（30分），列出的途径和方法具有可行性（40分）。

拓展延伸

了解一个创业失败的案例，分析创业者失败的原因，重点分析在创业资源和创业模式方面导致其失败的因素。

第二节　团队建设是关键

教 学 目 标

知识目标

➤ 了解创业团队的概念、组成要素。

➤ 掌握组建优秀团队的要点。

➤ 掌握企业员工招聘和甄选的流程。

能力目标

➤ 能够分析创业团队要素。

▷ 能够招聘与甄选优秀员工。

教 学 工 具

▷ 包括：多媒体电脑、PPT 教学课件、手机（学生自带，用于扫描二维码看视频或图片等教学资源）、草稿纸（用于能力训练和拓展延伸）。

教 学 方 法

▷ 包括：行动导向法、课堂互动法、情景式探索活动法。

问题导入

企业的创建者可以是个人，也可以是团队。通常是一些有着共同愿景和价值观的人，怀着对梦想的渴望而走到一起，形成了最初的创业团队。他们通过对资源和生产要素的重新组合，来开发自己的产品或服务，满足市场人们的某种需求，这时，企业就诞生了。在进行下面的学习之前，请同学们思考以下问题：

（1）为什么投资者特别重视团队建设？

（2）组建团队只是为找到志同道合的人吗？

（3）组建团队应注意什么？

知识链接

一、创业团队的概念

团队就是合理利用每一个成员的知识和技能协同工作，以解决问题、达到共同目标的共同体。而创业团队就是由少数技能互补的创业者组成，为了实现共同的创业目标，为达成高品质的结果而努力的共同体。

二、创业团队的组成要素

创业团队需具备目标（Purpose）、人（People）、定位（Place）、权限（Power）和计划（Plan）五个重要的组成要素，简称"5P"。

1. 目标

创业团队应该有一个既定的共同目标，为团队成员导航，知道要向何处去。没有目标，这个团队就没有存在的价值。目标在创业企业的管理中以创业企业的远景、战略等形式体现。

> **名人名言**
>
> 创业要找最合适的人，不一定要找最成功的人！
>
> ——马云

2. 人

人是构成创业团队最核心的力量。三个及三个以上的人就形成一个群体，当群体有共同奋斗的目标时就形成了团队。在一个创业团队中，人力资源是所有创业资源中最活跃、最重要的资源。应充分调动创业者的各种资源和能力，将人力资源进一步转化为人力资本。

目标是通过人员来实现的，所以人员的选择是创业团队中非常重要的一个环节。在一个团队中可能需要有人出主意，有人定计划，有人实施，有人协调不同的人一起工作，还要有人监督创业团队工作的进展，不同的人通过分工来共同完成创业团队的目标。

3. 定位

创业团队的定位包含两层意思：

（1）创业团队在企业中处于什么位置，由谁选择和决定团队的成员，创业团队最终应对谁负责，创业团队采取什么方式激励下属。

（2）成员在创业团队中扮演什么角色，是制订计划还是具体实施或评估。是大家共同出资，委派某个人管理；还是大家共同出资，共同参与管理；或是共同出资，聘请第三方（职业经理人）管理。这体现在创业企业的组织形式上，也就是说企业是合伙企业还是公司制企业。

4. 权限

创业团队中领导人的权力大小与其团队的发展阶段和创业企业所在行业相关。一般来说，创业团队越成熟，领导者所拥有的权力相应越小；在创业团队发展的初期，领导权相对比较集中。

5. 计划

创业团队的计划包含两层意思：

（1）由于目标的最终实现需要一系列具体的行动方案，因此，可以把计划理解成达到目标的具体工作程序。

（2）只有在有计划地操作下，创业团队才会一步一步地贴近目标，并最终实现目标。

扫一扫
马云谈创业团队

三、组建优秀创业团队的要点

由于组建创业团队的基石在于创业远景与共同信念，因此创业者需要提出一套能够凝聚人心的远景与经营理念，从而形成共同的目标与企业文化。一般而言，要组建一个优秀的创业团队，应特别注意以下几点。

1. 彼此了解

创业团队的所有成员都应该相互非常熟悉，知根知底。"知己知彼，百战不殆"，在创业团队中，团队成员都应非常清醒地认识到自身的优劣势，同时对其他成员的长处和短处也一清二楚，这样可以很好地避免团队成员之间因为相互不熟悉而造成的各种矛盾、纠纷，从而强化团队的向心力和凝聚力。

需要注意的是，我们这里所说的了解是真正的了解，而不是表面上的了解。例如，尽管许多青年学生创业时选择的合作伙伴都是亲戚、同学、朋友、校友等，但还是很快就失败了，其根本原因在于：虽然他们选择的合作伙伴都是"熟人"，但是他们对这些"熟人"并没有真正了解。

2. 相互信任

信任是解决分歧、达成一致的唯一途径。青年学生创业团队不仅要志同道合，更需彼此信任。最初创业时，要把最基本的责、权、利说得明白透彻，尤其股权、利益分配，包括增资、扩股、融资、撤资、人事安排及解散等。这样在企业发展壮大后，才不会出现因利益、股权等的分配分歧产生矛盾，最终导致创业团队解体的局面。

3. 理念一致，目标相同

首先，所有团队成员都必须认同大家共同确定的创业目标、分配制度、管理制度、企业发展战略、经营理念、企业文化等，都必须保持对企业长期经营的信心。

其次，所有团队成员都必须认识到团队是一体的，所有成败都是整体的而非个人的。大家必须能够同甘共苦，必须将团队利益置于个人利益之上。团队中没有个人英雄主义，每位成员的价值表现为其对团队的贡献。大家愿意牺牲短期利益来换取长期的成功果实，而不计较短期的薪资、福利、津贴等。

再次，所有团队成员都必须对工作抱有满腔激情，必须要有每天长时间工作的准备。任何人不管其专业水平多么高，如果没有激情，将无法适应艰苦的创业生活。

最后，所有团队成员均应了解企业在成功之前将会面临的挑战，并承诺不会因为一时困难而退出。如确有特殊原因需提前退出团队，必须将股权优先转让给团队成员。当企业面临困难时，大家必须齐心协力，共同面对，一起解决。

4. 取长补短，相得益彰

从人力资源管理的角度来看，建立优势互补的创业团队是保持创业团队稳定的关键。研究表明，大多数创业团队组成时，并未充分考虑到成员专业能力的多样性，大多是因为有相同的技术能力或兴趣，至于管理、营销、财务等能力则较为缺乏。

因此，要使创业团队发挥最大的能量，在创建团队时不仅要考虑成员之间的关系，更重要的是考虑成员特点之间的互补性，如彼此之间性格、经验、专长、技术等的互补，以此来达到团队的平衡。

一般来说，一个优秀的创业团队必须包括以下几种人：

（1）一个很好的"领袖"。此人必须能够高瞻远瞩，能够为企业制定明确的战略、战术；必须有很好的人品，处事公正，能

扫一扫

唐僧是如何领导团队的

够服众，能够团结整个团队；还必须具有很好的协调能力，能够及时化解团队成员的矛盾。

课堂互动

> 以中国古典文学名著《西游记》中的唐僧师徒为例，阐述创业中领导者的重要性，以及领导者的魅力所在，目的是使准创业者明白自己肩负的责任。

（2）一个很好的"管家"。此人主要负责企业的日常运营及各项规章制度的制定。由于企业日常事务非常琐碎，因此，此人必须心思缜密、工作细致。

（3）一个很好的"财务总管"。资金是企业的生命线，因此，创业团队中最好有一个好的"财务总管"，能合理地安排企业收支，帮助企业融资。

（4）一个很好的"营销总监"。我们经常说，产品是基础，营销是龙头。如果营销不行，产品就不能变成钱，企业只有关门大吉。

此外，如果创业企业是一个技术类企业，可能还需要一个很好的技术专家，帮助企业不断地将技术或产品推陈出新，始终处在行业的前沿。

四、企业员工的招聘与甄选

员工招聘与甄选的步骤如下：

第一步：明确招聘需求，拟定招聘计划。企业招聘员工时，需考虑以下几点：哪些岗位需要招聘员工；这些需要招聘的员工应具备哪些技能和其他要求；各个岗位需要招聘的具体人数；要向这些招聘的员工支付多少工资。

第二步：发布招聘信息。信息包括招聘的岗位、人数、岗位职责和岗位要求等内容。

第三步：分析申请表。企业需要参照岗位职责的要求来招聘人员，不但需要考虑员工的专业技能，还要把握员工的素质与品行。一般要进行面试甚至笔试，而不要仅凭个人简历就做出招聘决定。

第四步：选拔人员进行笔试和面试。一般来说，企业可能更注重研发人员的专业知识水平，所以可将笔试部分赋以较大的权重；而招聘营销人员时，企业可能更加注重应聘者在面试过程中表现出来的能力，所以要加大面试部分的考核。

面试时，可通过以下技巧性的问题，掌握应聘人员的基本情况：

（1）请介绍你原来的工作经历，谈谈你有哪些知识技能？

（2）你为什么想来本企业工作，你希望得到什么职位？

（3）为什么要离开原来的单位？如何评价你原来的工作？请提供原单位同事、你的主管和你属下的联系方式（可以听听他们的评价）。

（4）你以前的工作经历中最满意的地方是什么？最不满意的地方是什么？

（5）你认为你有哪些优点和缺点？

（6）如果有人对你态度不好，你会做出怎样的反应？

（7）你是怎样支配业余时间的？有什么兴趣爱好？

除了一般的提问之外，还可以利用专业的职业测评技术，评价应聘人员的各种素质和能力，这能更加科学地帮助企业判断应聘者是否符合岗位的需要，是否有良好的意愿来本企业工作。

第五步：甄别录用。通过层层筛选后，招聘人员对应聘者的专业知识及能力都有了大致的了解。在综合考虑应聘者的笔试和面试成绩后做出是否录用的决策。

创业案例及分析

资金不够一起凑，仨"90后"上演长春版"中国合伙人"

在电影《中国合伙人》中，"土鳖"成东青、"海龟"孟晓骏和"愤青"王阳，因为拥有同样的梦想而一起打拼事业，共同创办英语培训学校，最后功成名就实现梦想。在长春，有三个"90后"也上演着"中国合伙人"式的故事，他们合伙开了一家科技公司，目前正在研发一种智能激光清雪设备，还梦想有一天公司能上市。

创业梦　仨"90后"组成"中国合伙人"

郑某，女，1991年生；小宿，男，1993年生；刘某，男，1991年生。据介绍，郑某有过在世界500强企业工作的经历，而另外两名男孩则有过海外求学经历。郑某跟小宿是多年的好朋友，而小宿和刘某则是同学，创业前他们经常小聚。

三个人中，郑某性格最爽朗，但骨子里却没有那两位从国外"镀金"回来的放得开。"跟他们俩接触，我思想转变挺大的。"郑某坦言，她以前做事情，总是先考虑赚钱。"物质的东西在意多一些。"但小宿和刘某聊的都是"回馈社会""改变世界"这些让她激情澎湃的话题。三个人都有着共同的创业梦。2014年，他们成立了一家科技有限公司，组成了"中国合伙人"。

创业初　生意陷困境一起喝酒三天

创业之初，他们有着共同的想法：把国外较为先进的技术带回来，再创新变成真正有意义和价值的产品。他们研发的第一个产品是车载健康枕，资金是创业中遇到的最大难题。三个人倾囊而出，凑了近40万元，作为公司的启动资金。2014年年末，在第一批产品投入生产之前，资金链断了。三个人再凑，两个男孩去跟朋友借钱，郑某则把房子抵押到银行去贷款。他们想的是：产品生产出来之后，两三个月资金就能回笼，借的钱就可以还上了。

但由于对市场了解不够，健康枕生产出来之后，销量跟他们想象中的差很远，价格也达不到预期。产品销不出去，资金全押在里面，生意陷入困境。"我们三个真想坐在地上哭啊！"郑某说，"我们在一起喝了三天的酒，把我爸的一桶 10 斤的酒全喝光了。"发泄完后，三个人又重新上路。"从没动摇过，我们在一起聊的，只是总结经验，研究怎么把东西卖出去。"郑某说。

创业帮　生意不错感情仍然很好

公司刚成立时，股东只有郑某和小宿，刘某只是来帮忙。哥们儿式合伙，仇人式散伙，是许多企业最常见的聚散模式，也是三个人最为担心的。"生意没做成，朋友还掰了，这是我们最不愿看到的结果。"郑某说。

现在，他们共同创业已有三年时间了，生意不错，感情仍然很好。郑某骨子里挺"男人"，比较直，有什么说什么；刘某性格也比较急躁，但一般不发火，比较严谨；小宿性格平和，有耐心，能包容人。"我们经常一起工作到很晚，但总能说说笑笑的，很开心，感觉像在一个宿舍生活一样。"郑某说。

创业路　正在研发激光清雪设备

目前，刘某正在北京开展业务。小宿是技术负责人，他介绍了目前研发的智能激光清雪新技术。小宿说，长春这两年冬天雪很大，机械除雪对路面会造成破坏，而且融雪剂对路面及树木也有伤害。他们研发的智能激光清雪设备，激光束离地 50 厘米即可清雪。它的优势是：第一，能耗小，只相当于一个电吹风；第二，不需要任何融雪剂，对路面不造成任何破坏；第三，能解决机械清雪解决不了的问题，可以清除冰雪混合物；第四，可以清除电线杆上的纸质小广告及外墙上的涂鸦等。目前这项技术已经通过认证，样机很快就会出来。这项技术在全世界都是很新的，现今能将激光清洁产业化的国家只有法国、德国和美国三个。

创业经　想创业要跟着政策走

创立半年后，公司进入创业园，这时他们才发现以前走了不少的弯路。"我们刚开始回国的时候，只知道埋头苦干，没有去看政府的政策，后来才知道这样越做越错。"郑某说，创业困难无非就是三点：资金、人才和市场。他们经历了许多创业者都经历的错事——不懂市场。"只知道自己有技术，但不去考虑后果，没有试水的经验。"郑某说，进驻创业园之后，享受到了较低的房租价格，后来干脆申请了房租减免。另外，政府有关部门还会帮助申请一些创业贷款及业务指导，这些都是之前他们不了解的。

来源：凤凰网

【案例分析】

正所谓"物以类聚，人以群分"，如果我们身边聚集的都是一些有价值的人，那么我们的价值也能从他们身上得到体现，这种团队的合作精神非常值得称道。本案中，三个合伙人遇到挫折后能够很快调整心态，重新振作；性格互补，创业三年感情仍然很好；敢冒风险，敢于引进最新技术；善用政策，跟着政策走。这些都是他们创业成功值得借鉴的经验。

探索活动

模拟公司招聘的面试环节

活动目的：

使学生掌握企业员工招聘和甄选的流程。

活动内容：

以小组为单位，4～5人一组，模拟公司招聘的面试环节。

考场设置：布置面试场所，如摆放考官座位牌、水杯等。

人员设置：每小组设置主考官一名，应聘人员3～4人。小组自行设计招聘职位。

面试过程：

（1）学生轮流进入"考场"面试。

（2）主考官要求应聘者用1分钟时间做一个自我介绍。

（3）主考官针对应聘者的简历进行提问及追问。

（4）让应聘者主动提出问题，面试官进行解答。

（5）每个应聘者面试时间控制在5分钟左右。

（6）"考官"根据"应试人员"各方面的表现，客观评分，最后进行综合评价。

活动检测：

活动结束后，教师可根据表6-2进行评分。

表6-2　探索活动评价表

评分标准	满分	实际得分	备注
掌握招聘流程	20		
能合理设置公司职位	20		
语言表达能力强	20		
仪表端庄、举止得体	20		
应变能力强	20		
总分	100		

能力训练

假设你自己创办了一个小公司，雇了 4 名员工（2 名全职、2 名兼职）。你的这些员工都很可靠，只是有一名全职员工虽然工作做得不错，但经常迟到，还总是请假。这种情况影响了其他员工，并且影响到了整个公司的士气和规范管理。根据上述问题，找出解决方法。

评分标准：找出的解决办法越多、越具有可行性，得分越高。

拓展延伸

如果你是一个团队领导者，将如何组建一个优秀的创业团队。请以小组为单位进行讨论，并做出以下说明：

（1）创建企业的类型、经营范围和消费群。

（2）对团队中每人的工作和职责进行描述。

（3）每个成员在创业过程中将如何做到相互配合。

第三节 创业资金哪里来

教 学 目 标

知识目标

➢ 掌握创业资金的来源渠道。

能力目标

➢ 能够根据实际情况估算创业所需的资金，并选择合适的融资渠道。

教 学 工 具

➢ 包括：多媒体电脑、PPT 教学课件、手机（学生自带，用于扫描二维码看视频或图片等教学资源）、草稿纸（用于能力训练和拓展延伸）。

教 学 方 法

➢ 包括：行动导向法、情景式探索活动法、知识讲授法。

问题导入

对于一个胸怀大志并拥有先进技术或很好创意的创业者，若没有创业资金支持就无法实现自己的想法。因此，如何有效获取资金是每一位创业者极为关注的问题之一。现在，请大家思考：创办企业的第一桶金从何而来？

知识链接

一、创业资金的来源渠道

具体来讲，创业资金的来源主要有私人资本融资、机构融资、风险投资、天使投资和政府扶持基金。

1. 私人资本融资

（1）个人积蓄

创业者的个人积蓄是创业融资最根本的来源。几乎所有的创业者都向他们新创办的企业投入了个人积蓄。当然，对许多创业者来说，个人积蓄的投入虽然是企业融资的一种途径，但并不是根本性的解决方案。一般来说，创业者的个人积蓄对于创业企业而言总是十分有限的，特别是对于新创办的大规模企业或资本密集型的企业来说，几乎是杯水车薪。

扫一扫
创业资金的来源渠道

（2）向亲友融资

向亲友融资也是创业融资的重要渠道，在创业中起着重要的支持作用。特别是在中国，以家庭为中心形成的亲缘、地缘、商缘等社会网络关系，对包括创业融资在内的许多创业活动产生着重要影响。家庭成员和亲朋好友由于与创业者个人的关系而愿意投入资金，从而成为创业企业十分常见的融资方式。

2. 机构融资

（1）向银行借款

比较适合创业者的银行借款形式主要有抵押贷款和担保贷款两种。

① 抵押贷款是指借款人以其所拥有的财产做抵押，作为获得银行贷款的担保。在抵押期间，借款人可以继续使用其用于抵押的财产。

② 担保贷款是指借款人向银行提供符合法定条件的第三方保证人作为还款保证的借款方式。当借款方不能履约还款时，银行有权按照约定要求保证人履行或承担清偿贷款连带责任。其中较适合创业者的担保贷款形式有自然人担保贷款和专业公司担保贷款两种。自然人担保贷款是指自然人提供担保取得贷款；专业公司担保贷款是指由担保公司提供担保取得贷款。

（2）向非银行金融机构借款

非银行金融机构是指以发行股票和债券、接受信用委托、提供保险等形式筹集资金，并将所筹资金用于长期性投资的金融机构。根据法律规定，非银行金融机构包括经银监会批准设立的信托公司、境外非银行金融机构驻华代表处、农村和城市信用合作社、典当行、保险公司、小额贷款公司等机构。

（3）交易信贷

交易信贷是指企业在正常的经营活动和商品交易中，由于延期付款或预收货款所形成的企业间常见的信贷关系，通常也称为商业信用。企业在筹办期及生产经营过程中，均可以通过交易信贷筹集部分资金。如企业在购置设备或原材料的过程中，可以通过延期付款的方式，在一定时期内免费使用供应商提供的部分资金。

（4）融资租赁

融资租赁是指出租人根据承租人对租赁物件的特定要求和对供货人的选择，出资向供货人购买租赁物件，并租给承租人使用，承租人则分期向出租人支付租金，在租赁期内租赁物件的所有权属于出租人所有，承租人拥有租赁物件的使用权。租期届满，租金支付完毕并且承租人根据融资租赁合同的规定履行完全部义务后，租赁物件所有权即转归承租人所有。

融资租赁既可以使企业按期开业，顺利开始生产经营活动；又可以解决创业初期资金紧张的局面，节约创业初期的资金支出。

课堂互动

> 尝试从不同角度对中小企业或新创建企业予以分类，看看哪一类中小企业最渴望融资且难以融到资金，然后结合实例讨论融资难的原因。

3. 风险投资

风险投资又称创业投资，是指由专业机构提供的投资于极具增长潜力的创业企业并参与其管理的权益资本。风险投资的投资对象多为处于创业期的中小企业，而且多为高新技术企业或现代服务业。投资期限通常为3～5年，投资方式为股权投资，一般会占被投资企业15%～30%的股权，而不要求控股权，也不需要任何担保或抵押，但可能对被投资企业以后各阶段的融资提出一定的权利。风险投资人一般积极参与被投资企业的经营管理，提供增值服务。由于投资目的是追求超额回报，当被投资企业增值后，风险投资人会通过上市、收购兼并或其他股权转让方式撤出资本，实现增值后的回收。

4. 天使投资

天使投资是一种非组织化的创业投资形式，是指自由投资者（个人）或非正式风险投资机构（团体）对有发展前景的原创项目构思或初创期小企业进行早期权益性资本投资，以帮助这些企业迅速启动的一种民间投资方式。目前我国天使投资的规模还非常有限，这种投资文化依然缺乏，相应的制度环境也不健全。

天使投资的主要特征如下：

（1）天使投资的金额一般较小，而且是一次性投入，它对创业企业的审查也并不严格。它更多的是基于投资人的主观判断或者由个人的好恶决定的。通常天使投资是由个人投资，是个体或者小型的商业行为。

（2）很多天使投资人本身是企业家，了解创业者的难处。他们不一定是百万富翁或高收入人士，很可能是邻居、家庭成员、朋友、公司伙伴、供应商或任何愿意投资公司的人士。

（3）天使投资人不仅可以带来资金，同时也能带来一定的资源网络；如果他们是知名人士，还可提高公司的信誉和影响力。

5. 政府扶持基金

创业者还可以利用政府扶持政策，从政府方面获得融资支持。随着我国经济的发展，政府对创业的支持力度无论从产业的覆盖面，还是从政府对创业者的支持额度等方面都有了很大进展，由政府提供的扶持基金也在逐步增加。

扫一扫

创业贷款的申请

二、创业资金估算

合理地筹集创业所需资金是对创业者最为基本的素质要求，也是其创办企业的前提。筹集不到足额资金会使企业出现资金断流，甚至被迫清算；筹集的资金过多，又会导致资金的闲置，产生机会成本，导致企业经营效益低下。因此，创业者一定要能够对创业所需资金进行科学估算。

青年学生创业普遍选择小本投资项目，主要从以下几方面进行创业资金的估算，见表6-3。

表6-3　投资资金估算表

行次	项目	数量	金额	行次	项目	数量	金额
1	房屋、建筑物			10	广告费		
2	设备			11	水电费		
3	办公家具			12	电话费		
4	办公用品			13	保险费		
5	员工工资			14	设备维护费		
6	创业者工资			15	营业税费		
7	业务开拓费			16	开办费		
8	房屋租金			17	……		
9	存货的购置支出				合计		

创业案例及分析

靠个人积蓄创业的青年学生彭某

彭某上学期间利用周末或节假日到上海市徐汇区的"百脑汇"里打工，为客户组装电脑。在装机过程中，他学会了组装计算机的流程并找到了销售电脑的渠道，同时也掌握了一些营销技巧。他率先在电脑城里打出了"整体装机只挣 100 元""元部件价格全透明"的广告，消费者看到后纷纷去他所在的店铺装机。一时间，生意好到一个人忙不过来了。

彭某不甘心于一直给别人打工，想开创自己的事业。于是，他用打工积累的钱租了一个摊位，请了几位工人，开启了自己的电脑维修、装机服务。到 2009 年毕业那年，他的资产已经超过了 20 万元人民币。他把这些资金作为启动资金，利用自己在学校所学的安防技术专业知识，注册了上海迅敏安防技术服务有限公司。截至 2016 年，彭某的企业的注册资本增资到 1 000 万元人民币。

【案例分析】

积累个人的创业资金对于创办企业尤为重要。很多成功的创业者，在创业初期都是通过个人积蓄或向亲友借款以筹得创业资金的。本案中，彭某通过努力工作，积累了一些积蓄，并将其作为启动资金，创办了自己的公司，并取得了创业的成功。

探索活动

制订融资计划

活动目的：
培养学生估算创业资金、编写融资计划书的能力。
活动内容：
王梅想成立一个培训学校，请你根据公司实际业务情况，确定公司的启动资金。以下为具体实施步骤。
第一步：教师对学生进行分组，每组 4～6 人，选出一个小组负责人。
第二步：上网查找创业项目所属行业的资金运作特点。
第三步：小组讨论以下问题：① 创业需要多少资金？具体包括哪些支出？（填写表6-4）② 通过什么渠道获得这笔资金？③ 该融资方案是否符合企业发展战略和发展阶段？④ 在融资前，应做好哪些准备工作？

表6-4　资金估算表

行次	项目	数量	金额	行次	项目	数量	金额
1	房屋租金			9	电话费		
2	办公家具和设备			10	保险费		
3	办公用品			11	设备维护费		
4	员工工资			12	营业税费		
5	业务开拓费			13	开办费		
6	交通工具购买费			14	……		
7	广告费				合计		
8	水电费						

第四步：拟定融资计划。

第五步：将融资计划制作成PPT，由小组负责人上台演讲。

第六步：教师对活动进行点评。

活动检测：

活动结束后，教师可根据表6-5进行评分。

表6-5　探索活动评价表

评分标准	满分	实际得分	备注
掌握行业资金运作特点	20		
创业资金估算合理	20		
明确各融资渠道的优缺点	20		
能提出有效的融资方案	20		
融资计划内容完整、具有可操作性	20		
总分	100		

能力训练

以小组为单位，选择当地一家大型银行的中小企业部、一家城市或农村信用合作社、一家开展贷款业务的典当公司或财务公司、一家风险投资公司，联系其负责人或相应工作人员进行访谈，比较这些机构在创业融资方面的规划和具体做法。

评分标准：积极参与实施（20分），能说出各机构在创业融资方面的规划（40分），能说出各机构在融资方面的优缺点（40分）。

拓展延伸

你通常可以用哪几种方式获得创业资金？尝试用头脑风暴的方法想出几种更巧妙的获得创业资金的方法。

创业实践

整合校内外资源、组建创业团队开展创业活动或参加创业竞赛，申请创业立项。请同学们在下列项目中选择一个：

（1）选择校内创业。

（2）选择校外创业。

（3）参加"挑战杯"创业大赛。

（4）参与各级"创新、创业计划"立项中的创业项目。

根据创业项目组建创业团队，创业团队应有共同的创业目标，相互之间能够取长补短，彼此信任。

知识小结

本模块主要介绍了创业资源的整合、创业团队的建设和创业资金的来源渠道。

创业资源是指企业创立及成长过程中所需要的各种生产要素和支撑条件，是创业企业在创造价值过程中所需要的特定资产，包括人力资源、财务资源、技术资源和行业资源。由于企业的资源是有限的，因此，企业要学会借用外力，创造有利于创业的条件。

团队建设在创业过程中起着关键作用。优秀的创业团队具有很强的凝聚力，能带领公司创业成功。因此，创业者要会识别人，能将有着共同目标、不同能力的人聚在一起，实现优势互补，实现"1＋1＞2"的聚合效应。

创业离不开资本，创业者要使企业成立并能正常运营，筹集资本是不容回避的一个问题。一般来说，创业资本的筹集渠道主要有：私人资本融资、机构融资、风险投资、天使投资、政府扶持基金。

走好创业第一步

自我思考　　　　　　　　　　　　　　>>>

　　正准备创业的你，是否还在为申报公司、选择场所、拟定制度、创建品牌等问题而苦恼？本模块将对上述问题一一进行讲解，以帮助创业者走好创业第一步。

　　请思考，你认为企业选址应考虑哪些因素？申报企业应遵循哪些流程？企业是否需要创立品牌？企业怎样做才算是合法经营？

开篇故事

黄太吉：以 O2O 模式卖煎饼

在很多人的固有思维模式里，卖煎饼是一个上不了"台面"的行当。但在北京有一家 13 平方米的煎饼店，全店 13 个座位，煎饼果子能从早卖到晚，买店内的猪蹄还需要提前预约。按目前的收益推算，一年能实现 500 万元人民币的销售额，被风险投资机构估价 4 000 万元人民币。这家店就是"黄太吉"。

IT 男卖煎饼

"黄太吉"的老板叫赫畅，从 22 岁起，他先后担任过百度、去哪儿、谷歌等品牌的用户体验管理工作，26 岁与英国传奇广告教父萨奇兄弟创办 4A 数字营销公司，28 岁创建数字创意公司 DIF。"黄太吉"是他的第三次创业。

在互联网行业待过的赫畅，穿着时髦，开着跑车，一般人不会想到，他对煎饼果子情有独钟。赫畅说这源于他从小就爱吃，自己做饭也不错，他认为吃自己做的东西是一件挺幸福的事，所以一直梦想着拥有一家餐馆。但因为忙，这个梦想一直被搁置着。

在几番跳槽之后，赫畅特别想做点自己想做的事。就在这时，他认识了他的妻子，也就是现在"黄太吉"的老板娘，一个地道的天津姑娘。随后赫畅开始经常往返于北京和天津之间。由于老婆是天津人，他俩都喜欢吃煎饼，所以两人对做煎饼这件事达成了共识。

两个人经过商量，决定做一家煎饼铺，但店铺形式区别于传统意义上的街头店，他希望能够颠覆"煎饼"之前在人们脑海中的印象，于是他决定把煎饼店开进北京的 CBD。经过三四个月的紧张筹备，就在一切准备就绪随时可以开业时，店铺的名字却还没有想好，如何起个朗朗上口又便于记忆的名字，这着实让做了多年品牌管理的赫畅伤了不少脑筋。

"黄太吉"这个名字是赫畅晚上做梦时梦见的名字。由于赫畅是来自于哈尔滨的满族人，他的满族姓氏为赫舍里，于是他将小铺起名为"黄太吉"，取"皇太极"的谐音。名字取好后，他紧接着就开始筹划着开业。作为一个没有任何餐饮从业经验的人，为了保险起见，赫畅特意选了一个周末作为开业的日子，他依稀记得开业当天大概卖了几百元钱。

开店有妙招

"黄太吉"的主要服务对象是白领。天天为每顿饭吃什么头疼的上班族，对食品的要求主要在于是否物美价廉、卫生放心，同时还要对这种食品有熟悉感，不能稀奇古怪。此外还要有些附加值，这就要求就餐环境舒适、品牌有格调。当过白领的赫畅对此深有体会。

"在用料上，我们坚持用有机生菜、纯绿豆面、无矾现炸油条。"赫畅说，"相对于'用好料'，其实我们最想强调的其实是后面'老味道'这部分，煎饼、豆腐脑、油条，这'老三样'是店里的主打商品，也是食客们点击率最高的产品，我希望把那些老味道赋予新的生命，在被西化的中国快餐市场树立新的标杆。"

因为"黄太吉"店址所在的地段女孩子很多，赫畅就又开发了两款甜品：南瓜羹和紫薯芋头泥，再加上之前为了丰富口味而加入的东北卷饼、麻辣烫和四川凉面，以及针对爱吃肉食的吃客所推出的限量定时供应的秘制猪蹄，这就构成了整个"黄太吉"产品系列。

为了让写字楼里的白领觉得在"黄太吉"吃煎饼和在星巴克喝咖啡是一样的，赫畅又想出了一些办法：在店面装潢上略带港式茶餐厅的格调；背景音乐包含了流行、爵士、蓝调等；店面陈设中除了盆景外，还有来自世界各地的新奇玩意儿，比如华盛顿国家天文博物馆的阿波罗登月杯、巴黎的斑牛雕塑、日本的招财猫，以及纽约的爱因斯坦玩偶。此外，店内还有免费的 WIFI，白领们一边上网，一边品甜食，格调一下变得优雅起来。白领们在舒适的用餐环境中吃着放心的食品，对产品的价格并不敏感，很少有人会关注食品价格到底是多几元还是少几元钱。

"微时代"的受益者

"黄太吉"的店面并不在国贸 CBD 最醒目的位置，大多数客人都是慕名而来，这一切都源于"黄太吉"传统美食的微博，其粉丝数量已将近 25 000 人。关注微博—饭前互动—垂涎三尺—跃跃欲试，是很多人来到这里的过程。

在被问及"黄太吉"为什么成功时，赫畅认为很大程度上得益于互联网。

赫畅认为除了好玩和具有话题性外，和消费者之间是否存在积极紧密的互动也是成败的关键，而互联网让这一切成为现实。食客在饭前、饭后与老板微博互动，第一时间将意见和感受反馈给商家，这是难能可贵的。同时食客利用互联网分享照片美图，等于免费为"黄太吉"做了宣传。值得一提的还有跨平台式交流，老板十分了解年轻人的生活方式，几乎利用了所有社会化媒体平台营销，不仅有微博、大众点评，还有即时通信工具，如微信、陌陌，通过这些途径来订餐和推送促销信息。

赫畅称，从开业至今，"黄太吉"共收到过约 7 万条微博评论，他会在第一时间逐一回复每一条微博的评论。赫畅认为这么做的动机不仅仅是互动，更重要的是用心和顾客沟通，迅速、及时的回复是诚意的一种体现。

不做加盟做直销

从 2012 年中旬开业至今，"黄太吉"不仅仅得到了众多食客拥趸，更吸引了很多投资人的注意，据赫畅称，目前主动找上门来的包括经纬创投、创业工场等国内众多知名风投，每天打电话来寻求加盟的人更是络绎不绝。

关于被问及最多的加盟，赫畅有自己的想法："黄太吉"只做直营，不做加盟。这样更利于管理和监督品质，他希望把"黄太吉"这个品牌做得尽可能长远。

赫畅同时透露，未来"黄太吉"每家店铺的菜单不会完全相同，每家店铺会根据不同地区的特点研制新的特色产品，不同的店铺只会保留那些经典款的产品，他认为这样做更有趣，也让食客们对不同的店铺有不同的念想。

"黄太吉"善于利用互联网平台进行营销，使得"黄太吉"改写了传统美食的新传奇！

来源：新浪科技

第一节 依法依规做企业

教 学 目 标

知识目标

➢ 熟悉企业组织形式的特征与设立条件。
➢ 掌握企业选址的策略与技巧。
➢ 熟悉企业的申办流程。

能力目标

➢ 能够根据实际情况选择合适的企业组织形式。
➢ 能够模拟进行企业的申办。
➢ 能够根据实际情况进行企业选址。

教 学 工 具

➢ 包括：多媒体电脑、PPT 教学课件、手机（学生自带，用于扫描二维码看视频或图片等教学资源）、草稿纸（用于能力训练和拓展延伸）。

教 学 方 法

➢ 包括：行动导向法、知识讲授法、情景式探索活动法。

问题导入

创业者组建了创业团队，通过市场分析找到了创业机会，制定了创业计划书，获得了创业资金后，就可以开始正式成立企业了。在创建企业时，请同学们思考以下问题：

（1）创业者注册一家什么样的公司合适？

（2）影响企业选址的因素有哪些？

（3）申办企业要遵循哪些步骤？

知识链接

一、企业组织形式的选择

创业过程是一个建立组织和组织逐渐成长、发育的过程。创业第一步，除了做好资金、资源、心理等准备之外，极为重要的一件事就是针对自身情况，选择一个合适的组织形式。一般来说，创业者选择的企业组织形式有个人独资企业、合伙企业和公司企业三种。

1. 个人独资企业

个人独资企业是最为简单的企业组织形式，是指依照《个人独资企业法》在中国境内设立的，由一个自然人投资，财产为投资人个人所有，投资人以其个人财产对企业债务承担无限责任的经营实体。

个人独资企业是非法人型企业，个人独资的财产属投资人个人所有，在企业财产无法清偿债务时，由投资人以个人独资企业以外的财产承担。个人独资企业尤其适于初涉市场、资金实力有限的创业者。

根据《个人独资企业法》规定，设立个人独资企业应当同时具备下列条件：

（1）投资人为一个自然人。

（2）有合法的企业名称。

（3）有投资人申报的出资。

（4）有固定的生产经营场所和必要的生产经营条件。

（5）有必要的从业人员。

2. 合伙企业

合伙企业是指按照《合伙企业法》在中国境内设立的，由各合伙人订立合伙协议，共同出资、合伙经营、共享收益、共担风险，并对合伙企业债务承担无限连带责任的营利性组织。

合伙企业也是非法人型企业，不具备法人资格。在现代企业中，合伙企业所占比例很高，中外实践证明，合伙企业是一种灵活、简便又不失一定规范和规模的企业组织形式。

设立合伙企业，应当具备下列条件：

（1）合伙人应当为两个或两个以上的具有完全民事行为能力的人。合伙企业设立时，无民事行为能力的人与限制民事行为能力的人不得作为合伙人；法律、行政法规禁止从事营利性活动的人不得成为合伙企业的合伙人，如国家公务员。合伙人都应当依法承担无限责任，不存在承担有限责任的合伙人。

（2）合伙企业必须有书面合伙协议。合伙协议是由各合伙人协商一致，明确各合伙人权利义务的法律文件。合伙协议应采取书面方式订立，经全体合伙人签名、盖章后生效。合伙人依照合伙协议享有权利，承担义务。合伙协议生效后，全体合伙人经协商一致，可以进行修改或者补充。

3．公司企业

（1）有限责任公司

由于公司是所有企业组织形式中最成熟、最规范、最先进的，所以，不少投资者在进行投资时都选择了公司这一企业组织形式。根据我国《公司法》（2013年12月28日修订）规定，设立有限责任公司，应当同时具备下列条件：

① 股东符合法定人数。

② 有符合公司章程规定的全体股东认缴的出资额。

③ 股东共同制定公司章程。

④ 有公司名称，并建立符合有限责任公司要求的组织机构。

⑤ 有公司住所。

（2）股份有限公司

股份有限公司是指将公司全部资本分为等额股份，股东以其所持股份为限对公司承担责任，公司以其全部资产对公司的债务承担责任的企业法人。设立股份有限公司，应当具备下列条件：

① 发起人符合法定人数。

② 有符合公司章程规定的全体发起人认购的股本总额，或者募集的实收股本总额。

③ 股份发行、筹办事项符合法律规定。

④ 发起人制定公司章程，采用募集方式设立的经创立大会通过。

⑤ 有公司名称，建立符合股份有限公司要求的组织机构。

⑥ 有公司住所。

各种组织形式没有绝对的好与坏之分，对创业者而言，需要考虑的是选择哪种组织形式更有利于创业企业的生存与发展。各种组织形式的优势与劣势的比较分析如表7-1所示，创业者必须选择合适的组织形式。

表 7-1　各种组织形式的优势与劣势

组织形式	优势	劣势
个人独资企业	① 企业设立、转让和解散等行为手续简便，仅向登记机关登记即可，且费用低； ② 创业者拥有对企业的控制权； ③ 企业经营灵活性强，可迅速对市场变化做出反应； ④ 利润归创业者所有，不需与他人分享； ⑤ 只需缴纳个人所得税，无须双重纳税； ⑥ 在技术和经费方面易于保密	① 创业者承担无限责任； ② 不易从企业外部获得信用资金，筹资困难； ③ 企业寿命有限，易随着创业者的退出而消亡； ④ 企业的成功更多地依赖创业者的个人能力； ⑤ 创业者投资的流动性低
合伙企业	① 企业设立较简单和容易，费用低； ② 企业经营具有高度的灵活性； ③ 企业资金来源较广，信用度较高	① 合伙人承担无限连带责任； ② 财产转让困难； ③ 融资能力有限，企业规模受限； ④ 企业往往因关键合伙人的意外或退出而解散； ⑤ 在合伙人对企业经营有分歧时，决策困难
有限责任公司	① 股东对公司只承担有限责任，风险小； ② 公司具有独立寿命，易于存续； ③ 公司所有权与经营权分离，聘任经理人管理，更能适应市场竞争； ④ 以出资人的出资额为限承担公司的经营风险； ⑤ 促使公司形成有效的治理结构； ⑥ 多元化产权结构有利于科学决策； ⑦ 可吸纳多个投资人，促进资本集中	① 公司设立程序比较复杂，费用较高； ② 税收负担较重，存在双重纳税问题； ③ 不能公开发行股票，筹集资金的规模与渠道受限； ④ 产权不能充分流动，资产运作受限
股份有限公司	① 股东只承担有限责任，风险小； ② 公司具有独立寿命，易于存续； ③ 公司产权可以股票形式充分流动； ④ 可聘任职业经理人管理，管理水平较高； ⑤ 筹资能力强	① 公司创立程序复杂，费用高； ② 税收负担较重，存在双重纳税问题； ③ 政府限制较多，法规要求比较严格； ④ 因公司要定期报告其财务状况，使公司的相关事务不能严格保密

二、企业营业场所的选择

1. 影响企业选址的因素

创业者选择企业经营地址时，需考虑政治因素、经济因素、技术因素、社会文化因素、自然因素及人口因素等，其中经济因素和技术因素对选址决策起着基础作用。

（1）政治因素

选择企业地址时，创业者应重视对政府在市场发展、产业发展等方面相关规定的研究。研究政府已经出台的法律法规对企业产品或服务、销售价格和营销策略等产生的影响，使企业经营管理合法化；研究政府在不同时期发展产业的重点和优惠政策，可将企业建在政府支持该产业的地区，使企业抢占市场先机。

（2）经济因素

经济因素决定了企业预选地区的购买力，一般反映在该地区消费者的银行存款、收入水平、家庭总收入等指标上，这些数据与该地区的经济是否发达有密切关系。创业者还应注意考察企业预选地区的商业环境，是否形成了具有竞争力的企业集群。创业者将地址选择在相关联企业比较集中的地区是比较容易获得成功的。

（3）技术因素

以科技研发与生产为方向的高科技企业在选址时，创业者可考虑将企业建在某地区的技术研发中心附近，或建在新技术信息快速传递的地区。创业者可及时了解和掌握国内外新技术发展变化的新规律、新特点和新趋势，避免技术本身进步的难以预测性和技术市场变化的不确定性给高科技企业带来的不利影响。

（4）社会文化因素

选择企业地址时，创业者应考虑企业地址所在城市的影响力、所在地区的社区文化与商业文化；分析企业产品或服务目标消费群体的文化品位与消费心理。不同文化背景的消费者，由于生活态度与价值取向的差异，使得他们对健康、营养、安全与环境等的关注程度不同，这会直接影响企业产品或服务的市场需求与市场拓展。

（5）自然因素

创业者应该关注所选地址的地质状况、水资源的可用性、气候变化等自然因素是否符合企业生产与经营的客观需要。同时，应考虑地理环境对选址是否有利，一是交通便利与畅通的程度，交通条件便利与否对企业的营销有很大影响；二是所选地址周围的卫生与硬件设施情况及繁华程度，若企业地址选在卫生环境好且位于车站附近、商业区或人口密度高的地区或同一行业集中的地区，将具有较大的优势。

（6）人口因素

创业者应该对可能成为企业的消费群体有所了解。要重点了解该地区的人口结构、人口数量及人口稳定状况，以及消费者的职业与收入状况；还要了解消费者的购买习惯、消费能力等情况。人口因素往往反映该地区的市场需求及市场容量。一般情况下，企业地址附近的人口越多、越密集，对企业的经营发展就越好。例如，要开一家音像店，创业者就要了解该地区是否青少年居多，因为该群体购买音像制品的数量最多。

扫一扫

星巴克咖啡的选址

课堂互动

爱喝咖啡的人大概都听说过星巴克（Starbucks），星巴克是当下青年男女热衷的咖啡品牌之一。请同学们讨论一下星巴克咖啡的选址策略。

案例阅读

产品的价格取决于环境

孙小茜 2007 年从东华大学毕业时，在网上看到了郎咸平教授的一次演讲，他说，他在祖国大陆和台湾地区的两所大学里分别做了一个有关"大学毕业后干什么"的调查。祖国大陆的名牌大学毕业生大多都填"我要当 CEO"，而在台湾地区，大学毕业生大都填"我要开咖啡馆"。于是孙小茜便在亲友的协助下，在上海佳木斯路上一个幽静的地段开了一家两层共计 60 多个座位的咖啡馆，环境优雅舒适，很有品位和格调。

但是，过了一段时间，她发现她的咖啡就算 18 元一杯，顾客都因嫌贵而很少光临，而在徐家汇，一杯同样的咖啡 48 元却招来了不少顾客。后来她才发现，是她咖啡馆所处的地区消费能力不行，而且周边的社区以老住户的上海本地居民居多。在家的大多是退休的老人，而工作的人又无暇光顾，回到家已是晚上了。所以因为地段不好，且价格提不上去，效益也一般。

最后，她把咖啡馆承包给一对夫妇，自己应聘去了一家室内设计公司，回到了自己大学的专业上。咖啡馆在这对夫妇的经营下，已经变成棋牌室的风格了。

2. 企业选址的策略和技巧

科学而行之有效的选址对企业的成长至关重要，因此，创业者必须掌握企业选址的策略和技巧。具体应注意以下几个方面：

（1）在收集与研究市场信息的基础上选址。市场信息对企业选址的影响是不可忽视的，决定着创业者能否正确地做出选址决策。依据影响企业选址的各种因素，创业者可自己或借助中介机构收集市场信息，并对收集的多方面市场信息进行定性与定量的科学分析，在此基础上进行科学选址。

（2）在考察与评估备选地址的基础上选址。创业者要对多个备选地址进行实地考察，并采用科学的定量分析的方法对备选地址进行考察与评估。经过对备选地址的实地考察与定量分析，按照企业"必需的"和"希望的"选址条件，对备选地址进行详细的比较分析后，选择出最佳地址。

（3）在咨询与听取多方建议的基础上选址。创业者经过咨询有经验的企业家或相关人士，把企业选址的备选方案与最佳地址呈现出来，听取他们的意见与建议，获得有益的帮助；并综合分析各种信息、意见与建议，制订详细的备选地址优势与劣势对比表，按照企业所进入的行业特点与企业的市场定位等特征，综合运用选址的评估方法，最终做出正确的选址决策。

三、申办企业的流程

一般情况下，申办企业的流程如下：预先核准企业名称→工商注册登记→刻制印章→办理组织机构代码证→开立银行账户→办理税务登记→办理社会保险，如图 7-1 所示。

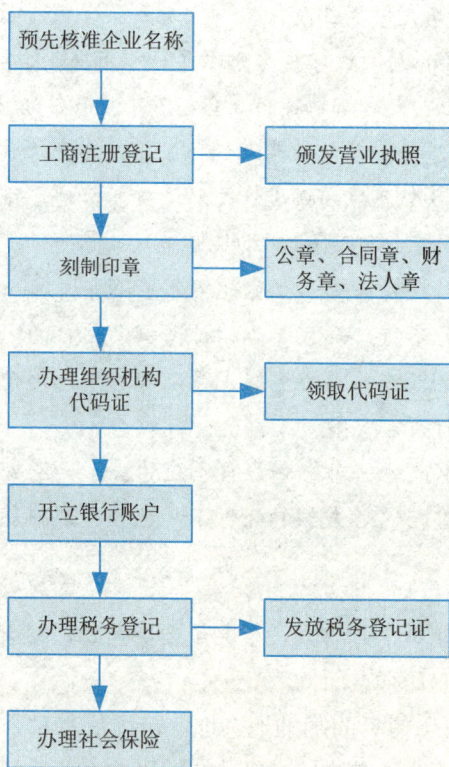

图 7-1　申办企业的流程

1. 预先核准企业名称

我国在公司登记工作中实行公司名称预先核准制。申请公司名称预先核准时，应由创业企业的代表或其委托代表人向登记主管部门提出名称预先核准申请，并提交如下文件：

（1）有限责任公司的全体股东或者股份有限公司的全体发起人签署的《公司名称预先核准申请书》。

（2）股东或发起人的法人资格证明或者自然人的身份证明。

注册公司的一般流程

（3）公司登记机关要求提交的其他文件。

2. 工商注册登记

（1）填写登记申请书。申请人应当按照国家工商行政管理总局制定的申请书格式文本提交申请，并按照企业登记法律、行政法规和国家工商行政管理总局规章的规定提交有关材料。涉及企业登记前置许可经营项目的，申请人应当提交法定形式的许可证件或者

批准文件。

（2）颁发营业执照。营业执照是指工商行政管理机关发给工商企业、个体工商户的准许从事某项生产经营活动的凭证。没有营业执照的工商企业或个体工商户一律不许开业，不得刻制公章、签订合同、注册商标、刊登广告，不予开立银行账户。企业的营业执照类型有《个体独资企业营业执照》《合伙企业营业执照》《企业法人营业执照》等。

3. 刻制印章

我国法律法规规定任何机关、组织、社会团体、企事业单位、公司及其他法人等刻制公章，必须经主管部门同意，凭有关证明文件向当地公安机关申请，经公安机关审查同意后，到指定的刻制单位刻制印章。完成刻制后，还需在公安机关及相应的主管部门进行印鉴备案。

4. 办理组织机构代码证

组织机构代码证是社会经济活动中的通行证。组织机构代码是为中华人民共和国境内依法注册、依法登记的机关、企业事业单位、社会团体和民办非企业单位等机构颁发的，在全国范围内唯一的、始终不变的代码标识，其作用相当于单位的身份证号。

各类组织机构，包括国家机关、企业事业单位、社会团体、民办非企业单位和其他依法设立的组织机构应当自批准成立或核准登记之日起 30 日内，持有关批准文件或者登记证书，到批准成立或者核准登记的机关所在地的质量技术监督部门申请代码登记，领取代码证。

5. 开立银行账户

银行账户是各单位为办理结算和申请贷款在银行开立的户头，也是单位委托银行办理信贷与转账结算及现金支付业务的工具，它具有监督和反映国民经济各部门、各单位活动的作用。根据《银行账户管理办法》，银行账户分为基本存款账户、一般存款账户、临时存款账户和专用存款账户，各类账户均有不同的设置和开户条件。

开立银行账户的程序包括以下内容：

（1）向中国人民银行办理银行开户许可手续，取得开户许可证。

（2）企业选定开户银行，向该银行领取开户申请书，如实填写并由主管部门审核盖章后，附上银行开户许可证、营业执照正本和企业代码证正本及复印件交开户银行审核。

（3）银行同意开户后，送交预留印鉴，包括企业财务专用章、法人代表章。

按结算要求，企业只能开设一个基本账户。根据业务需要，企业可以向开户银行购领有关结算凭证，如现金缴款单、支票等，所需款项可用现金支付，也可由银行转账。

6. 办理税务登记

依法纳税是每个创业者必须承担的社会责任。企业、企业在外地设立的分支机构和从事生产、经营的场所，个体工商户和从事生产、经营的事业单位自领取营业执照之日起 30 日内，持有关证件，向税务机构申报办理税务登记。税务机关应当自收到申报之日起 30 日内审核并发给税务登记证件。

申报办理税务登记的一般流程如下：第一，由纳税人主动提出申请登记报告，并提供营业执照，有关合同、章程、协议书，银行账号证明，居民身份证、护照或其他合法身份证件，以及税务机关要求提供的其他有关证件、资料。第二，如实填写税务登记表。第三，税务机关审核后发给税务登记证件。

7. 办理社会保险

根据《社会保障费征缴暂行条例》，创业企业注册后还必须办理社会保险。根据《社会保险登记管理暂行办法》，对从事生产经营的单位自领取工商营业执照之日起 30 日内、非生产经营性单位自批准成立之日起 30 日内，到所在地社会保险经办机构申请办理社会保险登记。

创业案例及分析

雪贝尔：开一间火一间

雪贝尔蛋糕店开一间火一间是业内有目共睹的。同样是蛋糕店，为什么雪贝尔就可以越开越火？

雪贝尔公司的原选址员、现雪贝尔深圳公司经理倪修兵介绍说："我刚刚到雪贝尔公司的工作就是选址，在广州培训了一个月后，我就被派到了人生地不熟的深圳，专门负责公司新开蛋糕店的选址。当时我选的店面是开一间火一间，所以我今天才坐到了经理的位置。"那么，倪修兵选址有什么诀窍？

倪修兵认为，开店的人都特别讲究一个人气，有人气才有生意。但是，选择店址的时候，是不是找准人多的地方就好呢？其实也不尽然。很多人都存在一个误区，那就是把人流量当成了判断一个地段好坏的唯一标准。诚然，人流量是决定生意成败的一个重要因素，但是了解客流的消费目标，才是更为重要的工作。在开店以前要研究的不是人有多少，而是这些人中，你的"潜在顾客"或者说"有效客流量"有多少。雪贝尔每建立一个新连锁店，都要做大量的最佳店址选择，其中一项最重要的工作就是测算分析人流量，他们派员工拿着秒表到目标场所测算流量。这些测算人员除了要汇报日人流数量以外，还要详细汇报以下数据：附近有多少路公共汽车经过；过往人中，多少是走路来的，多少是坐公共汽车来的，多少是打的或开车来的，这样来仔细分析该地区人群的消费水平和消费习惯。

据了解，倪修兵可以很快成为选址专家，还在于他很有悟性，他发现肯德基与雪贝尔同属于一种业态，于是就取巧地看肯德基开在哪里，雪贝尔的新店址就选在肯德基方圆百米内，这样一来新店生意果然火爆！

来源：金羊网-民营经济报

【案例分析】

对创业者而言，无论创业企业以哪种组织形式运作，经营地址的选择都显得非常重要。雪贝尔蛋糕店在选址方面的经验可对企业起到借鉴和指导作用。

探索活动

企业选址调研

活动目的：

使学生能根据外部环境合理选择企业的经营场所。

活动内容：

以小组为单位，根据所选择的不同经营内容，进行选址调研，并制定选址方案。调研内容包括：

（1）企业目标客户在哪些地方？

（2）所选地址的日客流量是多少？

（3）所选地址的房租是什么价位？

（4）所选地址有多少家同行业者？他们的实力如何？

（5）所选地区是否具有长远的发展前景？

（6）所选地区的经济是否发达？

（7）所选地区的消费者的收入、文化品位和消费心理呈现什么特点？

（8）所选地区的交通是否便利？

实施步骤：

第一步：由教师对学生进行分组，每4～6人为一组，选出一个小组负责人。

第二步：小组编写调研方案，确定调研内容、调研方法、调研人员及分工等事项。

第三步：实施调研。

第四步：编写选址方案。

第五步：将选址方案制作成PPT，由小组负责人上台展示。

第六步：教师进行点评。

活动检测：

活动结束后，教师可根据表7-2进行评分。

表 7-2　探索活动评价表

评分标准	满分	实际得分	备注
按要求实施了调研	25		
选址报告结构完整、分析合理	25		
掌握了企业选址的技巧	25		
PPT 制作精美、讲解清晰流畅	25		
总分	100		

能力训练

1．王苏想开一家服装店。她在选择店面地点时，犹豫不决。当时，城南地段已有许多服装店，竞争非常激烈；而城北地区则没有什么服装店，无竞争对手。王苏不知该如何抉择。后来，他到一个公园里看到很多人在园内两个钓鱼池钓鱼，其中小钓鱼池处围满了人，而大钓鱼池冷冷清清的只有两三个人。经打探，原来是小鱼池鱼多，不断有人打上鱼来；而大鱼池鱼少，很少有人打上鱼来。王苏豁然开朗，很快就决定了创业地址。

思考：如果你是王苏，你会在哪开办服装店？为什么？

2．模拟填写创办企业所需要的审核表。

（1）填写"××公司名称预先核准申请书"。

（2）填写"验资报告"。

（3）填写"公司章程"。

提示：学生可上网下载需要填写的各种表格。

拓展延伸

1．讨论不同组织形式的优势和劣势，思考自己会选择哪种组织形式进行创业。

2．登陆中国企业登记网（http://www.saic-gov.cn/），了解企业登记的流程，需要注意的问题和提交的资料。

3．名称对企业来说非常重要，通俗易懂、朗朗上口的名称很容易被客户记住。请同学们运用头脑风暴法给你的企业取一个名字。

第二节　制度建设是保障 ▶▶

教学目标

知识目标

➤ 了解企业制度的概念及作用。

➤ 掌握企业制度建设的要点。

➤ 掌握企业制度建设的内容。

能力目标

➤ 能够建立企业人事和行政管理制度。

➤ 能够建立营销管理制度。

➤ 能够建立企业质量管理制度。

教学工具

➤ 包括：多媒体电脑、PPT教学课件、手机（学生自带，用于扫描二维码看视频或图片等教学资源）、草稿纸（用于能力训练和拓展延伸）。

教学方法

➤ 包括：行动导向法、知识讲授法、情景式探索活动法。

问题导入

制度建设是企业规范化、科学化运作的基础，也是企业有效管理的基础。制度不好会使企业人心涣散、人浮于事，因此，企业应把制度建设作为一项重要的工作来抓，不断完善制度体系建设，强化监督检查，提高制度执行力。在进行下面的学习之前，请同学们思考以下问题：

（1）企业为什么要进行制度建设？

（2）创业者应从哪些方面建立企业制度？

知识链接

一、企业制度的概念及作用

企业制度是企业员工在生产经营活动中共同遵守的规定和准则的总称，是企业赖以生存的体制基础，是员工的行为规范。任何一个成功的企业背后都有规范的、创新的管理制度做支持，规范性地管理企业的日常活动，保证各项工作高效有序地进行。

二、企业制度建设的要点

1. 制度建设应切合实际

制定制度要从企业的实际出发，结合现有制度和企业未来的发展需要来制定；切不可照搬或盲目引进其他公司的工作制度。如果某一项制度不够成熟，可以先试行一段时间，在实践中不断总结经验并加以完善。

2. 要求员工积极参与

企业的制度建设需要员工积极参与。职工不仅是企业的一员，也是各项制度的切身利益相关者。企业领导层应坚持以人为本、集思广益，充分考虑职工的意见和建议，在建立和谐劳动关系的同时促进企业效率的提高。

3. 完善考核机制和责任机制

制度建立后，落实的过程仅仅靠自觉遵守是不够的，必须有一套完整的监督检查和考核体系。奖罚不明会降低制度的权威性，不利于制度的落实。因此，制度应该在"违反了怎么办"方面下功夫，用合理规范的考核机制和责任机制约束人的行为。

4. 企业领导人要高度重视制度的建设

企业领导人应经常组织召开管理工作总结和提升研讨会，及时对管理制度进行修订，使其为企业发展更好地保驾护航。

制定管理制度时要特别注意，企业制度不在多而在精，要使制度深入每个人的心里，为所有员工遵守，真正做到公平、公正、公开、透明。同时，"信誉是金，承诺是负债"，企业制度中对员工的承诺一定要兑现。员工们有效率、快乐地工作是企业发展的关键。

三、企业制度建设的内容

1. 组织机构建设

组织机构建设包括建立组织结构、规定职务或职位、明确权责关系，使组织中的成员互相协作配合、共同劳动，有效实现组织目标。

企业组织管理主要体现在企业的组织结构设计（见图 7-2）及各项管理制度上。没有规矩，不成方圆。一个企业无论大小，都必须有相应的制度来管理。当然，开始时制度可以简单一些、少一些，随着企业的不断发展，可不断制定新的制度并改进以前的制度。

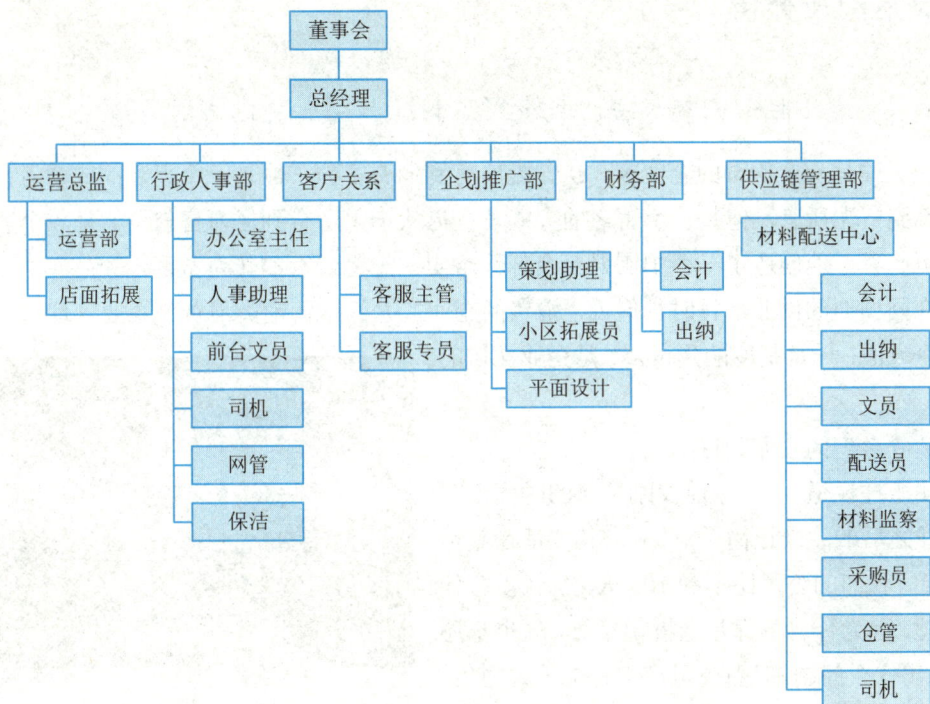

图 7-2　企业组织结构图

2．人事和行政管理制度

人事管理制度（考勤制度、员工招聘与录用制度、员工培训制度、绩效考核制度、员工奖罚制度、出差人员管理制度）、行政管理制度（办公用品领用规定、车辆使用规定、文件收发规定等）。

3．营销管理制度

营销管理制度包括销售计划书、年度销售计划管理办法、营销定价管理办法、降价销售管理办法、营销渠道管理制度、营销促销管理制度、市场销售人员管理制度等。

4．财务管理制度

财务管理制度包括会计出纳管理制度、现金收支管理办法、资金预算制度、资金运筹管理办法、资金控制制度、应收账款票据管理办法、呆坏账处理办法等。

5．企划管理制度

企划管理制度包括公关企划管理制度、品牌企划管理制度、广告企划管理制度等。

6．企业质量管理制度

企业质量管理制度包括质量管理检查制度、质量检验标准制度、产品验证标准、不合格产品监审制度等。

创业案例及分析

史玉柱：回望过去，我懂得了制度和企业文化建设的精髓

史玉柱是一个传奇的企业家，从一无所有到亿万富翁，他是一个著名的成功者；从亿万富翁到一无所有，他是一个著名的失败者；再从一无所有到亿万富翁，他是一个著名的东山再起者。他创造了一个中国乃至全球经济史上绝无仅有的传奇故事。

在回顾他的创业历程时，他说，消费品企业，尤其是营销类消费品企业管理重点还是在两个方面：一是制度的建设，二是企业文化的建设。

建立合理的企业制度

史玉柱说道，21 年前我刚下海的时候，产品研发之后的生产很简单，很多人其实都在做销售。当时我们的公司还不到 100 人，也就没有什么管理，因为什么事都是老板说了算，这也都还好，没出什么问题。但当公司员工有上千人之后，管理就出了问题，制度没有跟上。例如，我们当时还销售了诸如电脑之类的产品，开始出现一些呆坏账。面对这个现象，我第一次感觉到管理与制度的重要性，于是就开始进行制度建设，也确实制定了一系列制度。这些制度都很细，印成手册达一尺厚，表面上看都很完善，但现在回过头来看，这些制度都形同虚设，并不可取。举一个例子，比如一个分公司的经理晚上要请工商局局长吃饭，那他就必须先发传真到总部，等得到总部许可之后才能请客。如此一来，这些制度就流于形式了，表面上看很合理，但到最后，当 1997 年初巨人倒下的时候，我们造成的呆坏账非常多，最少有 4 到 5 个亿。如果没有这些呆坏账，我们摔一跤的时间可能会延后几年。

所以经过这样的极左与极右后，在开始做脑白金之前，我就开始思考一个问题，脑白金的制度应该怎样建设？于是我选择了一条既不极左也不极右的路线，这套制度主要从几个角度去制定：一个员工来你这里做事，他想追求什么？他的追求可能很多，但是最主要的还是两点：第一点是他能不能得到他满意的经济回报，从而改善他的生活，这是很正当、很合理的要求；第二点是他的个人价值能否实现。基于这两点，我重新设计了一套制度，这套制度的第一点就是要充分体现多劳多得，少劳少得，不劳不得。如果这个设计得合理，它的威力相当大。例如，在邓小平搞联产承包责任制之前，中国多数地区连温饱都存在问题，但在实行联产承包之后，也没听说买多少拖拉机，开多少荒地，中国的温饱问题很快就解决了，粮食也有了节余。那个时候我在统计局里负责统计，了解到了制度的力量，其实它就是将人的主观能动性发挥出来，同样我们企业也是这样。我前面所制定的规章制度

其实是在压制人的主观能动性，后来进行制度改进之后，我明显地感觉到企业员工的主观能动性得到了提高，不用我太操心了。这是第一点。

第二点就是这套制度要体现出充分授权。其实，权力很烫手，能不在自己手里就不要在自己手里，只要能将权力、责任、利益充分合理配套，将它分散下去是最好的选择。在充分授权的情况下，公司的每个员工都会觉得还有发挥的舞台，不需要事事都向上级汇报，可以在自己的权力范围内做出决策。如果取得了成功，他就会有成就感；如果失败了，他会吸取教训，这对锻炼他自己也有帮助。

第三点就是充分体现出简单。刚做脑白金的时候，公司的制度是我写的，只有一页半纸，后来公司不断扩大，制度也不断丰富，变成 20、30 页的纸。但我发现，20、30 页的制度不如一页半的制度好用，越简单越好，让每一个员工看得懂，理解得透，那是最好的。另外，对于最基层的一些操作也是越简单、越明了，越好。比如脑白金在终端的摆放方式，我们当初就有一个原则：脑白金在商店的摆放不得少于三盒，高度不得低于 1.5 米，不得高于 1.8 米。就这样，越明了、越简单，往往越有效。太深奥、太难理解的东西，它的效果不一定好。

企业制度的实施离不开企业文化的建设

关于企业文化建设，即使你的制度再完善，如果没有企业文化的配套与补充，企业管理也将是徒劳。因为任何一个制度都可以钻空子，所以只有将文化建设作为补充，这样整个企业管理才是健全的，整个公司的气氛也才是健康的。

如何建设企业文化呢？我觉得，对于营销类企业而言，关键就是针对自己的企业可能存在的制度上无法解决的问题，专门去制定一些文化、一些口号。这并不在于要有多高的调，适用就好。在启动脑白金之初，我制订了几条，现在我们还在用，为什么还在用？这说明它到目前为止仍然有效。比如我们企业文化中的第一条就是只认功劳不认苦劳，因为苦劳对一个企业没有任何贡献，它不会带来任何利润，虽然中国的传统文化认同"没有功劳也有苦劳"。如果将这句话明确地提出来，只认功劳不认苦劳，并将之灌输下去，一旦得到认可，企业的效率会有很大的提高。比如我们企业文化中还有一条，就是"做不到不要说，说了一定要做到"。我们中国人不少有这样的陋习，喜欢拍胸脯，喜欢说大话，尤其是下级对上级说大话，也有上级对下级说大话，在这样的气氛下，企业上下级之间就没有信任。而如果一旦将"做不到不要说，说了一定要做到"作为口号来提，那么每次下级跟上级拍胸脯的时候，报告下个月即将完成的销售任务的时候，他会慎重。我们情愿他少报一点，但是你报了多少就一定要完成。一旦这个氛围建立，它与制度配合后的战斗力往往也很强。

我们企业文化的最后一条相对虚一点，就是艰苦奋斗。我们企业不排除有家庭富裕的员工，从小养尊处优，这是他自己家里的事，但是一旦进入公司就一定要艰苦奋斗。如果将富裕生活中的那套东西带到公司中来，公司也会受到影响。我过去带的两个团队，负责保健品业务和网络游戏业务，这十几年来有很多人赚了钱，成了百万富翁、千万富翁，但有的人过不了这个从没有钱到有钱的槛，在公司里突然不能艰苦奋斗了。既然这种情况有可能发生，那么我们就应该在文化方面提前做一些工作。总而言之，对于如何管理营销类企业，我的观点是，一定要制定一套非常科学、有效的管理制度，服务于企业文化，这两点做好，这个事就成了一大半。

来源：环球企业家

【案例分析】

在企业经营过程中，企业制度和企业文化是非常重要的两个方面，它们相辅相成，缺一不可。合理的企业制度和良好的企业文化能规范企业经营，调动员工的工作积极性，提高员工的凝聚力和执行力，提升公司整体的运营效率。

探索活动

企业认知探索

活动目的：

使学生了解制度建设对企业的重要意义。

活动内容：

请同学们参观当地的一家企业，了解该企业的组织结构、职能及运作，了解企业的管理制度。通过活动使学生对企业的内部组织机构、职能、生产经营特点、营销及全过程管理有一个感性的认识。

具体实施步骤如下：

第一步：教师对学生进行分组，4～6人一组，选出一个小组负责人。

第二步：小组自行选择当地的一家企业进行现场参观。

第三步：观察各个岗位人员的工作情况，并进行记录；了解该企业的各项工作制度。

第四步：参观完后，以小组为单位写一份报告。分析企业的运营状况是否良好，企业的制度建设是否完善，有无需要改进的地方；若有请提出改进建议。

活动检测：

活动结束后，教师可根据表7-3进行评分。

表7-3　探索活动评价表

评分标准	满分	实际得分	备注
正确评价企业的运营状况	20		

评分标准	满分	实际得分	备注
正确评价企业的制度建设	20		
能指出企业存在的问题	20		
能针对问题提出有效的建议	20		
报告结构完整，分析合理	20		
总分	100		

能力训练

1. 编写企业的人事管理制度：

（1）考勤制度；

（2）员工招聘与录用制度；

（3）绩效考核制度；

（4）员工奖罚制度。

2. 编写企业的营销管理制度：

（1）营销定价和降价销售管理办法；

（2）营销渠道管理制度；

（3）营销促销管理制度；

（4）市场销售人员管理制度。

评分标准：制度结构完整、设计合理（40 分），语句通顺、表述规范（20 分），制度制定得合理、具有可操作性（40 分）。

拓展延伸

"好的制度能使坏人变好，坏的制度能让好人变坏。"你如何理解这句话。请同学们上网搜集一些相关的创业案例，谈谈制度建设在企业运行中的重要作用。

第三节　财务管理很重要

教学目标

知识目标

➤ 掌握节税的方法。

➢ 掌握报税的方法。

➢ 掌握企业财务管理体系的建立。

能力目标

➢ 能够进行合法节税和报税。

➢ 能建立有效的财务管理体系。

教 学 工 具

➢ 包括：多媒体电脑、PPT 教学课件、手机（学生自带，用于扫描二维码看视频或图片等教学资源）、草稿纸。

教 学 方 法

➢ 包括：行动导向法、知识讲授法、探索活动法。

问题导入

创业者无论从事何种业务或创业项目，都面临着财务管理问题。由于企业的经济资源是有限的、稀少的资源，迫使企业必须找出一条付出代价最小、收益最大的一条路，而财务管理则能较好地解决这一问题。在进行下面的学习之前，请同学们思考以下问题：

（1）企业可通过什么方式来减少企业的支出？

（2）企业应该如何建立公司的财务管理体系，以控制公司在运营过程中的风险？

知识链接

一、节税

节税是指纳税人在不违背税法立法精神的前提下，通过充分利用税法中固有的起征点、减免税等一系列优惠政策，以税收负担最低的方式来处理财务、经营、交易事项。合理节税避税能够为企业节省许多不必要的支出，作为创业者更是要懂得企业合理节税避税的方法，这样才能够为企业减少不必要的支出，切实增加企业的经济利益。

1. 企业设立阶段节税的重点

在企业设立阶段，主要考虑的因素有四点：

（1）关注国家的税收优惠政策。国家为鼓励创业和实现税收调节功能，会设置税收优惠条款。创业者如果能充分利用税收优惠条款，就可以享受节税效益。

（2）注册地及设立地的选择。青年学生在企业设立之时，应根据各地区不同的税收优惠政策，选择最优的企业设立地点。

（3）组织形式及规模的选择。对于个人独资、合伙制与公司制这三种不同的企业形式，创业者应考虑与之相适应的税负状况及企业经营战略，选择对企业最为有利的组织形式。由于个人独资和合伙制企业，投资人承担无限责任；而公司制企业，投资人负有限责任，因此，在实际操作过程中，创业者多会选择公司制企业形式。

名词解释

无限责任是指当企业的全部财产不足以清偿到期债务时，出资人应以个人的全部财产用于清偿，实际上就是将企业的责任与出资人的责任连为一体。

有限责任是指出资人以其出资额为限对公司承担责任。简单来说，就是如果有一天公司经营不善，要破产了，资不抵债。出资人仅以自己投入企业的资本承担责任，多余部分债务自然免除。

（4）增值税两类纳税人的选择。增值税纳税人分为一般纳税人和小规模纳税人，两种纳税人身份不同，所涉及的收入、税率等一系列具体问题也不同。一般纳税人的增值税基本适用税率为 17%，少数几类货物适用 13% 的低税率，一般纳税人允许进项税额抵扣；而小规模纳税人适用 3% 的征收率，且不得抵扣进项税额。在一般纳税人与小规模纳税人的选择上，企业应综合考虑自身经营的特点，选择相应的纳税人身份。

2. 企业筹资阶段节税的重点

青年学生创业初期，难以满足金融机构的贷款条件，发行股票债券又有相当严格的限制条件，以传统融资方式来筹集资金对企业来说并不适用。因此，青年学生在创业过程中，筹资阶段税收筹划的重点应转向非金融机构借款、商业信用、租赁、短期借款等方式上。

3. 企业经营阶段节税的重点

企业经营过程中会涉及很多种税，对企业影响比较大的主要有增值税、企业所得税和个人所得税。因此，青年学生创业经营阶段税收筹划的重点应放在这几个最为重要的税种上，选择合适的方式进行税收策划。

二、报税

纳税申报是指纳税人、扣缴义务人按照税法规定的期限和内容向税务机关提交有关纳税事项书面报告的法律行为。

1. 纳税申报的对象

纳税申报的对象为纳税人、扣缴义务人。应当正常履行纳税义务的纳税人在纳税期内即使没有应缴税款或者享受减免税待遇的，也都应当按照规定办理纳税申报，对于取得临时应税收入或临时发生应税行为的纳税人，也应当在发生纳税义务后到税务机关办理纳税申报和缴纳税款。

2. 纳税申报的内容

纳税申报的内容主要包括各税种的纳税申报表和代扣代缴、代收代缴报告表和随纳税申报表附报的财务报表及有关纳税资料。

3. 纳税申报的方式

纳税申报的方式主要有直接申报、邮寄申报、数据电文、简易申报四种。

❖ **直接申报**：直接申报是指纳税人自行到税务机关办理纳税申报。这是一种传统的申报方式。

❖ **邮寄申报**：邮寄申报是指经税务机关批准的纳税人使用统一规定的纳税申报特快专递专用信封，通过邮政部门办理交寄手续，并以邮政部门收据作为申报凭证的一种申报方式。

❖ **数据电文**：数据电文是指以税务机关确定的电话语音、电子数据交换和网络传输等电子方式进行纳税申报。例如，目前纳税人的网上申报就是数据电文申报方式的一种形式。纳税人采取电子方式办理纳税申报的，应当按照税务机关规定的期限和要求保存有关资料，并定期书面报送主管税务机关。纳税人、扣缴义务人采取数据电文方式办理纳税申报的，其申报日期以税务机关计算机网络系统收到该数据电文的时间为准。

❖ **简易申报**：简易申报是指实行定期定额缴纳税款的纳税人在法律、行政法规规定的期限内或税务机关依据法规的规定确定的期限内缴纳税款的，税务机关可以视同申报。

4. 延期申报管理

纳税人、扣缴义务人不能按期办理纳税申报或者报送代扣代缴、代收代缴税款报告表的，经税务机关核准，可以延期申报，但要在纳税期内按照实际缴纳的税额或者税务机关核定的税额预缴税款，并在核准的延期内办理税款结算。

三、建立财务管理体系

1. 设置完善的财务会计岗位

创业企业按照不相容职位相分离的原则，合理设置财务会计及相关工作岗位，明确职责权限，形成相互制衡的机制。不相容职位包括：授权批准、业务经办、会计记录、财产保管、稽核检查等职位。例如，有权批准采购的人员不能直接从事采购业务，从事采购业务的人员不得从事入库业务。

2. 制定授权批准控制制度

创业企业应明确规定涉及财务会计及相关工作的授权批准范围、权限、程序、责任等内容，单位内部的各级管理层必须在授权范围内行使职权和承担责任，经办人员也必须在授权范围内办理业务。例如，采购人员必须在授权批准的金额内办理采购业务，超过此金额必须得到主管的审批。

3. 建立企业的会计制度

创业企业应依据《会计法》和国家统一的会计制度，制定适合本单位的会计制度，明确会计工作流程，建立岗位责任制。充分发挥会计的监督职能。会计系统控制制度包括企业的核算规程、会计工作规程、会计人员岗位责任制、财务会计部门职责、会计档案管理制度等。良好的会计系统控制制度是企业财务控制得以顺利进行的有力保障。

4. 做好现金流量预算控制

企业财务管理首先应该关注现金流量，通过现金流量预算管理来做好现金流量控制。现金流量预算的编制采用"以收定支，与成本费用匹配"的原则，按收付实现制来反映现金流入流出。经过企业上下反复汇总、平衡，最终形成年度现金流量预算。

5. 做好应收账款控制

在市场竞争日趋激烈的今天，创业企业不得不部分甚至全部以信用形式进行业务交易。应收账款控制主要从以下几个方面来进行。

（1）财务核算准确，债权债务关系明确。创业企业必须有完整的应收账款核算体系，并且原始单据必须真实完整。

（2）评价客户资信程度，制定相应信用政策。创业企业必须根据客户的资信程度来给客户定一个信用标准，通常从信用品质、偿还能力、资本、抵押品、经济状况五个方面来评价客户的资信程度。创业企业可以选择资信程度好的客户，拒绝那些资信程度差的客户。

（3）加强应收账款的账龄分析。对于长期未给付货款的企业，要催促他们及时回款。

6. 做好成本控制

创业企业从原材料的采购到产品的最终售出，都要采取有效的成本控制方法，同时通过改善生产产品的工艺来降低成本。更进一步，创业企业应对比"产出"和"投入"，研究成本增减与收益增减的关系，以确定最有利于提高效益的成本控制方案。

7. 做好财务风险控制

对于初创期或成长期的企业来说，需要大量的运营资本来应付快速增长的应付账款和存货，举债经营成为企业发展的途径之一。有效利用债务可以提高企业的收益，但企业举债经营会对企业自有资金的盈利能力造成影响，由于负债要支付利息，债务人对企业的资产有优先权利，万一企业经营不善，则企业资不抵债、破产倒闭的风险就会加大。因此，新企业必须正确客观地评估财务风险，采取稳步发展的财务策略。

创业案例及分析

成本控制：沃尔玛

现在全球都在研究沃尔玛是如何成为世界 500 强第一位的，有人认为沃尔玛的竞争力是天天低价，有人认为是物流配送，有人认为是增值服务。

那么，沃尔玛是如何实现天天低价的？应该是由于沃尔玛有主导竞争力的成本控制能力。

1. 天天低价源于成本控制

零售企业的竞争力应该包括三个层次：竞争的资源、竞争的能力和竞争的优势。提升零售企业竞争力也要从这三个层次入手，这三个层次中的每一个层次都是不可缺少的。

一是表现层，即竞争优势，它是企业竞争能力的外在表现。其要素都是顾客可以直接感知的，如产品质量、服务实现诺言、价格诚实、沟通守信、分销便利和环境舒适等。

二是中间层，即竞争能力，它是竞争优势形成的内在原因。包括业态创新能力、店铺扩张能力、营销管理能力、成本控制能力和财务运作能力等方面。

三是核心层，即竞争资源，它是竞争能力形成的关键因素。包括企业的人员、设备和企业所拥有的业务流程、制度和文化。

沃尔玛成功的原因是什么？就此问题，一些国外专家研究得出的结果是，沃尔玛的竞争优势就在于价格的优势，天天低价，不过，天天低价是价钱属性，不是产品、不是服务、不是环境，而只是价格。

在沃尔玛有 5 项竞争能力，最为核心的是成本控制能力，其他的业态创新能力、快速扩张能力、财务运作能力和营销管理能力都是围绕着成本控制能力来运行的，这 5 个能力最终都在不同的方面节省了沃尔玛的整个运营成本，都是为运营成本和竞争优势服务的。

在业态创新上，创新都是围绕着低成本运营的这些业态进行组合的。比如说营销管理，在营销管理当中，通过天天低价这个稳定的促销手段，大大降低了促销的费用，同时增加了每个员工的销售额，即单位成本下降了。

2. 成本控制源于竞争资源

沃尔玛的成本控制能力最终来源于什么？应该来源于竞争资源，也就是说企业资源是围绕着控制成本运行的。

同时，沃尔玛的低成本的业务流程是非常重要的。一方面，沃尔玛的配送中心和信息系统是保证成本控制的关键。另一方面就是沃尔玛自身的制度和企业文化。

有人问过沃尔玛全球总裁李斯阁，沃尔玛成功的因素是什么？李斯阁给出这样一个回答：成功的因素在于配送中心、信息系统和企业文化。

沃尔玛的业务流程都是围绕低成本运作形成的，比如说低成本采购、批量采购、集中订货，这使它的成本大大下降了。

采购价格降低以后，又加上自己的低成本配送系统，就可以低成本对店铺进行配送，沃尔玛便可以天天低价格销售。天天低价格销售使它的销售量大大增加，这使得其采购量增加，而采购量的增加又降低了采购成本，从而使得整个业务流程得以低成本运行。

沃尔玛在全球建立了 62 个配送中心，为 8 500 多家店铺进行配送，配送半径最远为 500 千米。

沃尔玛大约 80 个店铺需要建立 1 个配送中心，10 万平方米的店铺面积一般有 1 万平方米左右的配送中心，配送中心共有 6 个，有服装的配送中心、进口商品的配送中心及退货的配送中心等。

在中国，沃尔玛的物质设备就是信息系统。沃尔玛已为此累计投入了 7 亿美元。通过持续不断地进行信息系统建设，沃尔玛总部可以在 1 个小时之内对全球店铺的库存和销售情况进行盘点，从而使得公司管理层可以及时了解各店铺、各种产品的销售情况。同时，供货商也可以通过此系统了解自己的产品卖得如何，从而使得商场和厂家的库存大大降低、利润大大增加。

3．制度及文化的核心也是控制成本

沃尔玛拥有自己独特的组织制度和文化，不过，这些制度和文化本质上也是为控制成本服务的。

沃尔玛提倡忠于顾客，忠于顾客的内涵就是提供有价值的商品给顾客，外延就是实行天天低价，为顾客节省每一分钱。这已经不仅仅是制度，而且成了沃尔玛的文化。

沃尔玛在企业和员工间建立了伙伴关系。每一位员工都是沃尔玛的合伙人，每个员工在退休、离开沃尔玛的时候都会分享一部分利润分成。另外，每位员工也可以比较低的价格购买沃尔玛的股份。

来源：财会月刊

【案例分析】

　　沃尔玛重视企业的成本控制，并在不同的方面节省了沃尔玛的整个运营成本，使沃尔玛"天天低价"营销战略能一直坚持下去，并吸引众多的消费者在沃尔玛消费。这是沃尔玛能成为世界 500 强第一位的一个重要原因。企业在创办初期，一定要建立规范的财务管理体系，重视成本控制，这样才能确保企业的产品价格在市场上有竞争力，从而使企业获得更多的利润。

探索活动

公司账务管理体系分析

活动目的：

使学生能根据所学知识分析企业存在的财务问题。

活动内容：

走访几家新开办的公司，从账务管理的角度来分析他们的岗位设立是否合理，会计制度是否健全，是否有规范的现金流量预算控制、应收账款控制、成本控制和财务风险控制等。写出 1 000 字左右的分析报告。

要说明以下情况：

（1）公司名称、开办地点、公司性质、所属行业、主要业务、公司开业时间、人员构成情况。

（2）公司开办以来的缴税情况。

（3）公司的现金流预算控制情况。

（4）公司的应收账款控制情况。

（5）公司的成本控制和风险控制情况。

（6）你认为公司账务还可以从哪些方面进行改进。

活动提示：

（1）学生可以选择自己住所附近的饭店、商店，通过自己的观察或与经营者交谈了解基本情况。

（2）学生也可以通过各种途径收集资料，包括查阅有关文献、咨询专家，也可以到网上搜索一些资料。

（3）对于涉及企业商业秘密的数据不用写得太过具体。

活动检测：

活动结束后，教师可根据表 7-4 进行评分。

表 7-4　探索活动评价表

评分标准	满分	实际得分	备注
按要求实施访问	20		
按要求撰写分析报告	20		
报告分析准确、合理	20		
积极参与活动实施	20		
其他	20		
总分	100		

能力训练

搜集国家或地方政府对创业活动的扶持政策，并从中筛选出你可能会用到的政策。

评分标准：找到的优惠政策越多，得分越高。

创业优惠政策 1

拓展延伸

分析企业资金管理常会出现的一些问题，根据拟创办企业的自身情况，制定企业现金管理和使用的制度，制定公司成本控制的有效措施。

创业优惠政策 2

要求：

（1）了解企业所属行业的资金运作特点。

（2）通过网络等途径搜集相关行业企业的资金运作情况。

（3）讨论同行企业的资金运作特点，总结有哪些经验可以借鉴。

第四节　创立品牌找客户

教 学 目 标

知识目标

➢ 熟悉品牌定位、元素设计和营销策略。

➢ 掌握寻找目标客户的方法。

能力目标

➢ 能够创建属于自己的品牌。

➢ 会通过市场细分，寻找目标客户。

➢ 能够根据企业产品设计营销策略。

教 学 工 具

➢ 包括：多媒体电脑、PPT 教学课件、手机（学生自带，用于扫描二维码看视频或图片等教学资源）、草稿纸（用于能力训练）。

➤ 包括：行动导向法、课堂互动法、情景式探索活动法。

问题导入

随着市场经济的迅猛发展和竞争加剧，同质化产品越来越多。在琳琅满目的商品面前，客户更钟情于品牌产品。因为企业在建立品牌之初就赋予了产品更多的内涵——高档、质优、时尚等，描绘的均是客户理想或是期待中的产品印象。因此，创业者在创办企业时，应把品牌建设作为长期目标来坚持。请同学们思考以下问题：

（1）什么是品牌？

（2）你所熟悉的品牌有哪些？这些品牌的产品有什么特色？

（3）创业者如何创建属于自己的品牌？

知识链接

一、企业品牌建设

品牌是一种名称、术语、标记、符号或设计，或者是它们的组合运用。其目的是借以辨认某个销售者的产品或服务，并使之同竞争者的产品或服务区别开来。品牌建设包含品牌定位、元素设计和营销策略三个方面的内容。

1. 品牌定位

品牌定位是品牌建设的基础，是品牌经营成功的前提。品牌定位是指为某个特定品牌确定一个适当的市场位置，使商品在客户的心中占领一个特殊的位置，当某种需要突然产生时，能立刻想到该品牌。例如，在炎热的夏天突然口渴时，人们会立刻想到"可口可乐"红白相间的清凉爽口。

（1）品牌定位的关键是"抓住客户的心"

客户有不同类型、不同消费层次、不同消费习惯和偏好，

麦当劳的品牌定位

企业的品牌定位要从主客观条件和因素出发，寻找适合竞争目标要求的目标客户。要根据市场细分中的特定细分市场，满足特定客户的特定需要，找准市场空隙，细化品牌定位。

客户的需求也是不断变化的，企业还可以根据时代的进步和新产品发展的趋势，引导目标客户产生新的需求，形成新的品牌定位。品牌定位一定要摸准顾客的心，唤起他们内心的需要，这是品牌定位的关键。如何做到这一点呢？必须带给客户以实际的利益，满足他们某种切实的需要。

（2）品牌定位的核心是"差异化"

"带给客户实际的利益"并不意味着你的品牌就能受到青睐，因为市场上还有许许多多企业在生产同样的产品，也能给顾客带来同样的利益。企业品牌要脱颖而出，还必须尽力塑造差异，只有与众不同的特点才容易吸引人的注意力。

这种差异可以表现在许多方面，如质量、价格、技术、包装、售后服务等，甚至还可以是脱离产品本身的某种想象出来的概念。如万宝路所体现出来的自由、奔放、豪爽、原野、力量的男子汉形象，与香烟本身没有任何关系，而是人为渲染出来的一种抽象概念。

一个品牌要让客户接受，完全不必把它塑造成全能形象，只要有一方面胜出就已具有优势，国外许多知名品牌往往也只靠某一方面的优势而成为名牌。例如，在汽车市场上，沃尔沃强调它的"安全与耐用"，菲亚特诉说"精力充沛"，奔驰宣称"高贵、王者、显赫、至尊"，宝马则津津乐道它的"驾驶乐趣"。这些品牌都拥有了自己的一方沃土，不断成长。因此，想要尽可能满足客户的所有愿望是愚蠢的，每一个品牌必须充分挖掘客户感兴趣的某一点，一旦客户产生这一方面的需求，就会立即想到它。

2. 品牌元素设计

企业和产品在推向市场时，有必要对其所有品牌元素进行整体设计，以符合其定位的要求。品牌元素包括品牌名称、标识与图标、广告语、网址等。美国品牌权威凯文·莱恩·凯勒认为品牌元素的选择标准有六个：可记忆性、有含义性、可爱性、可转换性、可适应性和可保护性。

❖ **品牌名称**：是代表品牌的最核心元素，这是让目标客户形成认知的关键点。一个好的品牌名称可以为企业节约大量的传播费用，并能传达品牌的核心价值。例如，"可口可乐""苹果手机"就具有极强的品牌价值。

❖ **品牌标识与图标**：品牌的标识和图标关系着企业和产品的视觉效果，是重要的传播元素，对于消费品和服务企业来说尤其如此。例如，麦当劳的 M 型黄色大拱门非常醒目；苹果公司的图标则设计为一个艺术化了的被咬掉一口的苹果，直接和品牌名称联系起来，又表达了创新和智慧的内涵。

❖ **广告语**：品牌的广告语是用于营销传播的重要元素，广告语要将产品的最大特点或用途表达出来，并且说起来非常顺口，甚至可以在社会上成为流行的时尚语言。例如，英特尔"给电脑一颗奔腾的芯"，雕牌洗衣粉"不买贵的，只选对的"，雀巢咖啡"味道好极了"等。

❖ **网址**：网址对于互联网公司来说至关重要，其本身也是品牌名称。通常网络公司有一个中文名字和 URL 网址，两者结合得非常紧密，多数情况下名称的拼音就作为 URL 网址。例如，淘宝网的名称与网址完全吻合，易读、易记。

3. 品牌营销策略

创建一个品牌，还需要关注与品牌有关的营销策略，主要包括产品策略、价格策略、渠道策略和促销策略等四个方面。

（1）产品策略

企业应把有限的人力、物力、财力有效地分配在核心产品开发的项目上，使新产品开发取得最佳效果。企业在开发产品时，应考虑以下几个方面：

① 产品性质和用途独创。在进行新产品开发前，应充分考察同类产品和相应的替代产品的技术含量和性能用途，确保所开发产品的先进性和独创性，并且容易被市场所接受。

② 产品质量可靠。建立品牌的前提是产品要有质量上的保证，这样才能得到客户的认可，获得客户的持久信任。

③ 产品包装突出品牌特点。产品包装被称为"营销的最后五秒钟"。企业设计产品包装时，需要以颜色、形状和材料等要素突出自己的品牌特点，形成视觉上的差异，并引导客户产生积极的品牌联想。

④ 产品具有前瞻性。随着人们生活水平的提高，客户的需求呈现多样化趋势。所以新产品开发必须有适当的前瞻性，并且确保产品的生命周期与客户需求变动的时间相协调，这样才能适应市场，实现市场目标。

此外，还要考虑企业产品和技术创新的能力、技术力量的储备和产品开发团队的建设情况等。

（2）价格策略

价格在企业的营销过程中是一个很敏感而又最难以控制的因素。较低的定价会让客户对产品的质量产生怀疑，较高的定价又不能打破客户已经养成的购买惯性。因此，企业需要合理定价，才能减少产品在营销过程中的阻碍，增加品牌构建的成功率。

扫一扫

格力空调的价格策略

课堂互动

有些企业为了扩大销量，快速占领市场份额，采用较低的价格销售产品。你认为这种价格策略是否有利于品牌的建设？为什么？请同学们扫一扫右上方的二维码，了解格力空调的价格策略。你认同这种价格策略吗？

（3）渠道策略

渠道策略是企业营销和品牌构建的重要组成部分，它对降低成本和提高品牌竞争力具有重要意义。

① 渠道战略决策。企业要考虑渠道是自建还是借用现成渠道。绝大多数企业都会考虑借用营销中介机构和零售机构的现成渠道。对几乎所有快速消费品和部分耐用消费品行业，企业都是借用外部渠道而不是自建渠道。对于借助外部渠道资源的快速消费品企业，其自有销售人员主要开展渠道服务和促销工作；耐用消费品通常也借用外部渠道资源，但企业会有服务于渠道的销售队伍和外聘的终端促销人员队伍支持，品牌发展到一定程度可能会自建销售公司和品牌专卖店。

名词解释

快速消费品是指使用寿命较短、消费速度较快的消费品，主要包括日化用品、食品饮料、烟酒等；耐用消费品是指使用周期较长、一次性投资较大的消费品，包括（但不限于）家用电器、家具、汽车等。

② 渠道系统设计。企业要设计一套适合自身情况的渠道方案，应该树立品牌先行的思想。所谓品牌先行，就是先做打造品牌的渠道，再做提升销量的渠道。由于企业的产品对于目标客户来说多是不熟悉的，这时需要能够为客户提供介绍、展示、试用等渠道服务，这类渠道就是可以打造品牌的渠道。例如，专卖店就是做品牌的一种终端渠道，五星级酒店、高端会所等高档消费场所也是品牌型渠道。作为弱小的企业，在渠道资源的选择上需要另辟蹊径开拓新的渠道，避开强势竞争对手的锋芒，建立属于自己的独特渠道系统。

③ 营销渠道管理。企业需要对营销渠道进行长期的管理和维护，持续改进渠道绩效。首先，在对渠道成员的选择上，需要对渠道成员的资源能力、合作意愿和行业口碑等方面进行综合评价，选择资源能力符合要求、合作意愿强烈和口碑不错的渠道为合作伙伴。其次，对渠道成员进行培训，包括产品知识和营销技巧的培训，这种培训能直接提高渠道成员的销售能力和意愿。再次，激励渠道成员，要制定一套激励措施，定期给予渠道成员一定的激励，如年终返点、销售竞赛活动等。最后，对渠道成员的绩效进行评估，包括销售指标完成情况、合作水平、特别贡献等方面的评估，对业绩优异的渠道成员进行奖励和经验推广，对于业绩不理想的渠道成员，则寻找原因加以改进甚至予以更换。

（4）促销策略

促销手段也是企业营销和品牌构建的重要因素。制定合理有效的促销策略有助于加速品牌的构建。促销策略主要包括广告促销、营业推广和人员销售等。

① 广告促销。广告是通过一定媒体的运作介绍商品特性，从而激发客户对商品的兴趣，促进产品销售而产生的一种行为和手段。

比较常见的广告形式有电视等立体广告和报纸等平面广告等。电视广告表达性好，是展现并演示产品的最有效方式，但生产费用很高。报纸广告也是一种很好的促销方式，但仅局限于某一地域范围内或当地市场。此外，广告形式还有宣传册和传单、时事通讯、黄页等。

广告形式的选择首先要考虑广告成本，其次要考虑广告形式的特点。企业要根据实际能力控制广告成本。选择合适的广告媒体，做好策划与宣传，以达到预期效果。

② 营业推广。营业推广是企业在一定的时机或者特定地点，采用特定手段对客户进行产品促销，促使产品销售额迅速增长的促销方式。其手段主要有免费赠送试用、发放折扣券、有奖销售等方式。

③ 人员销售。人员销售是企业销售人员直接同目标市场或客户建立联系、传递信息、促进商品和服务销售的活动。为形成有效的销售活动，销售人员必须对目标市场和客户信息进行调研，搜集客户的有关资料，以便在面对面的销售中更有针对性。

二、寻找目标客户

建立企业品牌的首要工作是找到最看重你的产品或服务的目标客户。在企业确定目标客户时，最怕的一句话就是"老少皆宜"，产品或服务谁都合适。也许你的企业在经过长期发展壮大后，能使每个人都成为你的客户。但是，在企业创建初期，是绝对不可能的。因此，企业必须将市场细分，将目标客户精确到某一类型的客户。例如，可口可乐将其目标客户定位为年轻人；iPhone 将目标客户定位为追求时尚的年轻人、白领和商务人士。

1. 细分市场

市场细分的主要依据主要有：地理标准、人口标准、心理标准和行为标准，根据这些标准进行的市场细分分别有地理细分、人口细分、心理细分和行为细分。

（1）地理细分：将市场分为不同的地理单位，地理标准可以选择国家、省、地区、县、市或居民区等。由于不同地区的客户有着不同的生活习惯、生活方式、风俗习惯等偏好，因而需求也是不同的。例如，北方比较干燥，而南方比较潮湿，因此，加湿器的目标客户主要是北方的居民。

（2）人口细分：根据客户的年龄、性别、家庭规模、家庭生命周期、收入、职业、受教育程度等因素将市场分为若干群体。例如，青年人花钱大方，追求时尚和新潮刺激；而中老年人的要求则相对保守稳健，更追求实用、功效，讲究物美价廉。因此，若企业推广保健品，其目标客户宜为老年人。

（3）心理细分：根据客户所处的社会阶层、生活方式及个性特征对市场加以细分，在同一地理细分市场中的人可能显示出迥然不同的心理特征。例如，美国一家制药公司就以此将客户分为现实主义者、相信权威者、持怀疑态度者、多愁善感者等四种类型。

（4）行为细分：根据客户对品牌的了解、使用情况及其反应对市场进行细分。这方面的细分因素主要有以下几项。

❖ **时机**：顾客购买品牌或使用品牌的时机，如结婚、升学等。

❖ **购买频率**：是经常购买还是偶尔购买。

❖ **购买利益：**价格便宜、方便实用、新潮时尚、炫耀等。

❖ **使用者状况：**曾使用过、未曾使用过、初次使用、潜在使用者。

❖ **品牌了解：**不了解、听说过、有兴趣、希望买、准备买等。

❖ **态度：**热情、肯定、漠不关心、否定、敌视。

2. 确定目标市场

在市场细分的基础上对细分出来的市场进行评估以确定品牌应定位的目标市场。评估时应考虑三个方面的因素：细分市场的规模、细分市场的内部结构吸引力和企业的资源条件。

（1）对小企业而言，市场规模越大需要投入的资源越多，而且对大企业的吸引力也越大，竞争也就越激烈，因此，选择不被大企业看重的较小细分市场反而是上策。

（2）细分市场内部结构吸引力取决于该细分市场潜在的竞争力，竞争者越多，竞争越激烈，该细分市场的吸引力就越小。

（3）虽然某些细分市场具有较大的吸引力，有理想的需求规模，但如果和企业的长期发展不一致，企业也应放弃进入。而且，即使和企业目标相符，但企业的技术资源、财力、人力资源有限，不能保证该细分市场的成功，则企业也应果断舍弃。

因此，对细分市场的评估应从上述三个方面综合考虑，全面权衡，这样评估出来的目标市场才有意义。

创业案例及分析

手绘生意：从T恤到儿童绘画培训

在 2011 年创富大赛上获得"特色产业项目奖"的何某是一个典型的青年创业者。艺术设计专业出身的他，早在上学时就利用自身专业所学，创办了属于自己的手绘工作室，从手绘情侣T恤、手绘鞋等简单产品起步，逐渐将一个"试试看"的青年学生社会实践项目变成了自己的第一次创业。

"抖机灵"的青年学生创业

2007 年，何某偶然看到街上一个打扮新潮的女孩脚上穿着一双手绘鞋，顿时产生了浓厚的兴趣。"我是学艺术设计的，做手绘没有太大难度，既然有人喜欢，应该有市场。"凭着这种直觉性的判断，何某成立了自己的手绘工作室，从最简单通行的手绘情侣T恤开始进行创作。

起初，他并不知道如何为自己的手绘T恤做推广，就把画好的T恤穿在自己身上，在学校里来回地走，以吸引周围同学的注意。慢慢打开校园市场后，他发现周围越来越多的同学喜欢在网上购物，又萌生了开淘宝网店，把生意做到学校以外去的想法。

但此时的何某毕竟还是个在校学生，他找来师弟师妹，无论是创作手绘产品、运营网店还是包装发货都从零开始。第一个月，"祥子手绘"淘宝店的销售额就达到了 3 000 元，第二个月增至 5 000 元。

2008 年，毕业在即的何某申请了中山市青年创业基金，以"祥子手绘"的项目加入创业大军的行列。在成功申请到第一批创业基金 5 万元，并用这笔钱在中山市大信商业街租下一个 6 平方米大小的店铺之后，何某终于将淘宝店上的生意延伸到了线下实体店内。

定位，从说"不"开始

完成了从"学生"到"创业者"身份转变的何某，开始思考如何将"祥子手绘"永续经营下去。

他告诉记者，过去参与青年学生社会实践项目，更多地是为了积累社会经验，所以并不会就产品的品类选择、如何凸现创意手绘价值考虑太多。但现在，既然要将"祥子手绘"作为一个品牌来经营，就必须让它与市面上其他的手绘产品形成差异，突出特色。为了给"祥子手绘"重新进行品牌定位，何某决定关闭淘宝店，专注于线下实体店经营。

乍听之下，这个决定似乎有些让人难以理解：为什么要放弃开得好好的淘宝店？何某的解释是，虽然在决定关闭淘宝店之前，这块业务每月能为公司带来数万元的销售收入，但他也明显感觉到在那个鱼龙混杂的平台上，自己的产品很难与其他主打低价的手绘产品形成差异化竞争，并获得客户的认可。与其同样走低价策略，不如先收缩回来，打造自己的产品竞争力。

为此，何某压缩了手绘 T 恤、手绘鞋等在市面上随处可见的产品的比例，转而结合中山的古镇文化和特色产业，如古镇灯具、家具等，研发新的手绘产品和手绘墙服务，首先在手绘图案的设计来源上，与其他以卡通漫画或个性人像为主题的手绘作品区分开来。

另外，他瞄准儿童市场，将 DIY 手绘与绘画培训结合起来，成立创意 DIY 主题乐园，继续培育手绘艺术的潜在市场。目前，何某的手绘培训机构已有 200 余名学生，开发了与绘画相关的各种动手动脑、开发创意思维的家庭娱乐项目。

何某坦言，尽管从毕业成立公司起算，自己至今已创业四年，但有关如何开发出独具特色的手绘产品，他仍在不断摸索之中。同时，由于一毕业就加入创业大军，缺乏在大公司里的工作经历。"刚成立公司那会儿，我甚至连一个公司里到底该设置哪些部门都不是很清楚。"何某半开玩笑地说道。现在，用他自己的话来说："我从不会看着别人的成长轨迹订立自己的目标，我对自己的要求很简单，就是每年都能看到自己与上一年相比的成长。"

【案例分析】

无论在哪个领域里，要真正建立起一个品牌都需要经历长时间的积累。"祥子手绘"选择关闭淘宝店铺，而坚持不懈地走线下实体店经营的道路，主要是为了突出其核心竞争优势，避免低价竞争。而且，在手绘图案的设计来源上，他也不断创新，致力于开发独具特色的手绘产品，这些使他的创业之路越走越顺畅。

探索活动

建立公司品牌的探索

活动目的：

使学生了解品牌建设的核心，并能为拟办企业创建品牌。

活动内容：

假设你要创办一个企业，你将如何创建自己的品牌，请将你的想法填写到表 7-5 中。

表 7-5　建立公司品牌的策略

目标客户	核心产品	产品特色	价格策略	营销策略	促销策略	其他

活动检测：

活动结束后，教师可根据表 7-6 进行评分。

表 7-6　探索活动评价表

评分标准	满分	实际得分	备注
目标客户判断正确	20		
所选取的产品有特色（差异化）	20		
制定合理的价格策略	20		
制定合理的营销策略	20		
制定合理的促销策略	10		
其他	10		
总分	100		

能力训练

1. 寻找目标客户。试着对某一企业或产品的目标客户进行分析，制定客户开发的计划。学生可 3～5 人为一组进行讨论，然后提出实施方案。

评分标准：能准确分析客户（30 分），能根据客户的特点开发客户（30 分），方案具有可实施性（40 分）。

2. 不知从何时开始，女孩们买衣服的习惯悄悄地发生了变化：首先，网购的品种和数量越来越多了；其次，购物的方式也变了。通常女生在网上看到一件品牌服装，但是对面料、是否合身还拿不准时，往往就来到现实中的品牌店。她们根据自己在网上看到的服装，按图索骥地找到服装，然后试衣，挑选，最后回到网上购买。因此，当她们网购的服装寄来时，女孩已经知道这件衣服肯定是自己满意的了。

问题：

（1）你认为互联网时代的购物与传统商业模式的购物有哪些不同？

（2）分析女孩们为什么喜欢这样网购？说明了女孩们的什么心理？

（3）给未来品牌服装设计一个新的营销模式，并说明道理。

拓展延伸

微信扫码观看《中国品牌故事：格力电器》

推荐理由：

格力电器成立于 1991 年，创业初期只有一条简陋的、年产量不过 2 万台窗式空调的生产线。1994—1996 年，公司开始以抓质量为中心，提出了"出精品、创名牌、上规模、创世界一流水平"的质量方针，建立和完善质量管理体系，推行"零缺陷工程"，使格力电器在质量上实现了质的飞跃。2005 年，格力

中国品牌故事：格力电器

电器实现销售收入 196 亿元，实现利润总额 7.4 亿元，出口创汇 5.5 亿美元。2014 年，格力电器营业总收入达到 1 400.05 亿元，实现净利润 141.55 亿元。2015 年，格力电器挺进福布斯全球 500 强，排名第 385 位。

观看完后，请思考以下问题：

（1）格力电器的品牌定位是什么？

（2）格力电器是如何打造自身品牌效应的？

（3）你认为格力电器未来的发展方向是什么？

第五节　合法生存是要务

教学目标

知识目标

➢ 了解企业经营过程中应遵循的法律法规，包括知识产权法、劳动法、合同法、反不正当竞争法、产品质量法。

能力目标

➢ 能建立合法经营的意识，让企业生存下来。

教学工具

➢ 包括：多媒体电脑、PPT 教学课件、手机（学生自带，用于扫描二维码看视频或图片等教学资源）、草稿纸（用于能力训练和拓展延伸）。

教学方法

➢ 包括：行动导向法、知识讲授法、情景式探索活动法。

问题导入

创业者在创建和经营企业的过程中，必须了解和遵守有关法律法规，以确保自身和他人的利益不受到非法侵害。在学习之前，请同学们思考以下问题：

（1）约束企业的法律和法规有哪些？

（2）企业在经营过程中应如何遵守这些法律法规？

知识链接

企业创建时，创业者必须熟悉和掌握与企业相关的法律知识，如知识产权法、劳动法、合同法、反不正当竞争法、产品质量法等。法律法规不仅对企业具有约束作用，而且会给企业的运营与发展以法律保护。

一、知识产权法

知识产权是指人们对自己创造性的智力劳动成果所享有的民事权利，如著作权、专利权、商标专用权等。知识产权法是调整知识产权的获取、利用和保护所涉及的社会关系的法律规范的总称。

1. 著作权与著作权法

著作权也称版权，是指作者对其创作的文学、艺术和科学作品依法享有的权利。著作权包括发表权、署名权、修改权、保护作品完整权、复制权、发行权、出租权、展览权、表演权、放映权、广播权、信息网络传播权、摄制权、改编权、翻译权、汇编权及应当由著作权人享有的其他权利共17项。对著作权的保护是对作者原始工作的保护。

著作权法是指国家制定或认可的，调整由文学、艺术和科学作品产生的社会关系的法律规范的总和。著作权人行使著作权，

著作权

不得违反宪法和法律，不得损害公共利益。国家对作品的出版、传播依法进行监督管理。

2. 专利权与专利法

专利权

专利权是权利人对其获得专利的发明创造（发明、实用新型或外观设计），在法定期限内所享有的独占权或专有权。

专利法是调整因发明创造的产生而引起的发明人与使用发明的人之间、发明人与其所属单位之间、发明人与发明人之间，在支配和使用该发明创造的问题上所产生的各种社会关系的行为规范，其实质是依照法律确认和保护发明创造的产权。

我国专利的类型有发明专利、实用新型专利和外观设计专利。申请发明或者实用新型专利的，应当提交请求书、说明书及其摘要和权利要求书等文件；申请外观设计专利的，应当提交请求书、该外观设计的图片或者照片及对该外观设计的简要说明等文件。发明专利权的期限为20年，实用新型专利权和外观设计专利权的期限为10年，均自申请日起计算。

3. 商标专用权与商标法

商标是用以区别商品和服务不同来源的商业性标志，由文字、图形、字母、数字、三维标志、颜色组合、声音或者上述要素的组合构成。商标专用权是指商标主管机关依法授予商标所有人对其注册商标受国家法律保护的专有权。商标注册人拥有依法支配其注册商标并禁止他人侵害的权利，包括商标注册人对其注册商标的排他使用权、收益权、处分权、续展权和禁止他人侵害的权利。

商标权

商标法是调整企业在商标注册与使用中出现各种问题的行为规范。商标法规定，自然人、法人或者其他组织在生产经营活动中，对其商品或者服务需要取得商标专用权的，应当向商标局申请商标注册。法律、行政法规规定必须使用注册商标的商品，必须申请商标注册，未

经核准注册的，不得在市场销售。注册商标的有效期为 10 年，自核准注册之日起计算。注册商标有效期满，需要继续使用的，商标注册人应当在期满前 12 个月内按照规定办理续展手续；在此期间未能办理的，可以给予 6 个月的宽展期。每次续展注册的有效期为 10 年，自该商标上一届有效期满次日起计算。期满未办理续展手续的，注销其注册商标。

小知识

不得作为商标使用与注册的标志

下列标志不得作为商标使用：

（1）同中华人民共和国的国家名称、国旗、国徽、国歌、军旗、军徽、军歌、勋章等相同或者近似的，以及同中央国家机关的名称、标志、所在地特定地点的名称或者标志性建筑物的名称、图形相同的；

（2）同外国的国家名称、国旗、国徽、军旗等相同或者近似的，但经该国政府同意的除外；

（3）同政府间国际组织的名称、旗帜、徽记等相同或者近似的，但经该组织同意或者不易误导公众的除外；

（4）与表明实施控制、予以保证的官方标志、检验印记相同或者近似的，但经授权的除外；

（5）同"红十字""红新月"的名称、标志相同或者近似的；

（6）带有民族歧视性的；

（7）带有欺骗性，容易使公众对商品的质量等特点或者产地产生误认的；

（8）有害于社会主义道德风尚或者有其他不良影响的。

县级以上行政区划的地名或者公众知晓的外国地名，不得作为商标。但是，地名具有其他含义或者作为集体商标、证明商标组成部分的除外；已经注册的使用地名的商标继续有效。

下列标志不得作为商标注册：

（1）仅有本商品的通用名称、图形、型号的；

（2）仅直接表示商品的质量、主要原料、功能、用途、重量、数量及其他特点的；

（3）其他缺乏显著特征的。

以三维标志申请注册商标的，仅由商品自身的性质产生的形状、为获得技术效果而需有的商品形状或者使商品具有实质性价值的形状，不得注册。

二、劳动法

劳动法是为了完善劳动合同制度，明确劳动合同双方当事人的权利和义务，保护劳动者的合法权益，构建与发展和谐稳定的劳动关系而制定的法律。

2013 年 7 月 1 日起施行的最新劳动法对劳动合同的订立、劳动合同的履行和变更、劳动合同的解除和终止等内容做了规定。用人单位招用劳动者时，应当如实告知劳动者工作内容、工作条件、工作地点、职业危害、安全生产状况、劳动报酬，以及劳动者要求了解的其他情况；用人单位有权了解劳动者与劳动合同直接相关的基本情况，劳动者应当如实说明。建立劳动关系，应当订立书面劳动合同。劳动合同文本由用人单位和劳动者各执一份。

劳动合同应当具备以下条款：

（1）用人单位的名称、住所和法定代表人或者主要负责人；

（2）劳动者的姓名、住址和居民身份证或者其他有效身份证件号码；

（3）劳动合同期限；

（4）工作内容和工作地点；

（5）工作时间和休息休假；

（6）劳动报酬；

（7）社会保险；

（8）劳动保护、劳动条件和职业危害防护；

（9）法律、法规规定应当纳入劳动合同的其他事项。

劳动合同除以上必备条款外，用人单位与劳动者还可以约定试用期、培训、保守秘密、补充保险和福利待遇等其他事项。

小知识

劳动合同的解除

一、劳动者可以解除劳动合同的情形

用人单位有下列情形之一的，劳动者可以解除劳动合同：

（1）未按照劳动合同约定提供劳动保护或者劳动条件的；

（2）未及时足额支付劳动报酬的；

（3）未依法为劳动者缴纳社会保险费的；

（4）用人单位的规章制度违反法律、法规的规定，损害劳动者权益的；

（5）以欺诈、胁迫的手段或者乘人之危，使劳动者在违背真实意思的情况下订立或者变更劳动合同而致使劳动合同无效的；

（6）法律、行政法规规定劳动者可以解除劳动合同的其他情形。

用人单位以暴力、威胁或者非法限制人身自由的手段强迫劳动者劳动的，或者用人单位违章指挥、强令冒险作业危及劳动者人身安全的，劳动者可以立即解除劳动合同，不需事先告知用人单位。

二、用人单位可以解除劳动合同的情形

劳动者有下列情形之一的，用人单位可以解除劳动合同：

（1）在试用期间被证明不符合录用条件的；

（2）严重违反用人单位的规章制度的；

（3）严重失职，营私舞弊，给用人单位造成重大损害的；

（4）劳动者同时与其他用人单位建立劳动关系，对完成本单位的工作任务造成严重影响，或者经用人单位提出，拒不改正的；

（5）因本法第二十六条第一款第一项规定的情形致使劳动合同无效的；

（6）被依法追究刑事责任的。

三、合同法

合同法是国家制定的调整平等主体之间合同关系的法律规范的总和。其立法目的是为了保护合同当事人的合法权益。创业者学习合同法，有利于防止企业盲目签约，防止与无签约资格、无履约能力或不讲信用的当事人签约；有利于确保合同内容的合法性与条款的完整性；有利于企业获得合同纠纷的主动权。

我国合同法对合同订立的主体资格与程序，合同效力的确认，合同履行规则与保全措施，合同的变更、转让与终止，合同违约责任与缔约过错责任，合同争议解决的途径等做了规定。企业应建立与完善合同管理机构与制度。创业者应组织管理人员学习合同法，对企业合同进行登记和归档，对合同的签订与履约进行监督与检查。

四、反不正当竞争法

不正当竞争是指经营者违反《反不正当竞争法》的规定，损害其他经营者的合法权益，扰乱社会经济秩序的行为。反不正当竞争法是禁止以违反诚实信用原则或其他公认的商业道德的手段从事市场竞争行为、维护公平竞争秩序的一类法律规范的总称。

我国《反不正当竞争法》规定了以下 11 种不正当竞争行为的具体表现形式：

（1）假冒名称。假冒他人的注册商标；擅自使用知名商品特有的名称、包装、装潢，或者使用与知名商品近似的名称、包装、装潢，造成和他人的知名商品相混淆，使购买者误认为是该知名商品；擅自使用他人的企业名称或者姓名，使人误认为是他人的商品；在商品上伪造或者冒用认证标志、名优标志等质量标志，伪造产地，对商品质量做引人误解的虚假表示。

（2）独占排挤。公用企业或者其他依法具有独占地位的经营者限定他人购买其指定的经营者的商品，以排挤其他经营者的公平竞争。

（3）滥用行政。政府及其所属部门滥用行政权力，限定他人购买其指定的经营者的商品，限制其他经营者正当的经营活动。

（4）暗中贿赂。经营者采用财物或者其他手段进行贿赂以销售或者购买商品。

（5）虚假宣传。经营者利用广告或者其他方法，对商品的质量、制作成分、性能、用途、生产者、有效期限、产地等做引人误解的虚假宣传。

（6）侵犯秘密。通过不正当手段，违法获取、披露、使用或者允许他人使用其所掌握的商业秘密。

（7）低价倾销。以排挤竞争对手为目的，以低于成本的价格销售商品。

（8）强行搭售。销售商品时违背购买者的意愿搭售商品或者附加其他不合理的条件。

（9）有奖销售（特定）。采用谎称有奖或者故意让内定人员中奖的欺骗方式进行有奖销售；利用有奖销售的手段推销质次价高的商品；抽奖式的有奖销售，最高奖的金额超过 5 000 元。

（10）损害名誉。捏造、散布虚伪事实，损害竞争对手的商业信誉、商品声誉。

（11）串通投标。投标者串通投标，抬高标价或者压低标价。投标者和招标者相互勾结，以排挤竞争对手的公平竞争。

五、产品质量法

产品质量法是调整在生产、流通及监督管理过程中，因产品质量而发生的各种经济关系的法律规范的总称。其立法目的是为了加强对产品质量的监督管理，提高产品质量水平，明确产品质量责任，保护消费者的合法权益，维护社会经济秩序。

根据产品质量法的规定，生产者应当承担以下责任和义务：① 应当对其生产的产品质量负责；② 产品或者其包装上的标识必须真实，裸装的食品和其他根据产品的特点难以附加标识的裸装产品，可以不附加产品标识；③ 易碎、易燃、易爆、有毒、有腐蚀性、有放射性等危险物品，以及储运中不能倒置和其他有特殊要求的产品，其包装质量必须符合相应要求，依照国家有关规定做出警示标志或者中文警示说明，标明储运注意事项；④ 不得生产国家明令淘汰的产品；⑤ 不得伪造产地，不得伪造或者冒用他人的厂名、厂址；⑥ 不得伪造或者冒用认证标志、名优标志等质量标志；⑦ 生产产品时不得掺杂、掺假，不得以假充真、以次充好，不得以不合格产品冒充合格产品。

销售者应当承担以下责任和义务：① 执行进货检查验收制度，验明产品合格证明和其他标识；② 采取措施，保持销售产品的质量；③ 不得销售国家明令淘汰并停止销售的产品和失效、变质的产品；④ 不得伪造产地，不得伪造或者冒用他人的厂名、厂址；⑤ 不得伪造或者冒用认证标志、名优标志等质量标志；⑥ 销售产品不得掺杂、掺假，不得以假充真、以次充好，不得以不合格产品冒充合格产品。

因产品存在缺陷造成人身、缺陷产品以外的其他财产损害的，生产者应当承担赔偿责任。由于销售者的过错使产品存在缺陷，造成人身、他人财产损害的，销售者应当承担赔偿责任。销售者不能指明缺陷产品的生产者也不能指明缺陷产品的供货者的，销售者应当承担赔偿责任。

创业案例及分析

青年学生创业前多学法

"没想到我们第一次创业就这样草草结束了，真的是很受打击。"长沙网友小谢等三名初出校门的青年学生向红网《百姓呼声》栏目发帖，讲述自己初次创业的坎坷经历。

小谢在帖中称，他和另外两个合伙人均毕业于湖南某职业学院，因觉得当前工作不好找，遂决定自己创业。经过一段时间的考察，他们看中了长沙芙蓉区解放西路 317 号门面，周围酒吧和 KTV 比较多，他们便合计在此开一家烟酒行。4 月，小谢和房东签订了两年的租房合同，租金每月 1 500 元。合同签订后，小谢抓紧时间装修店铺，终于赶在 4 月底开业。"装修那段时间真的很辛苦，没日没夜地干活，但是我们充满了激情。"

不料，烟酒店刚开业不到半个月，街道办事处就张贴拆迁公告，告知商户和居民此处即将拆迁。这份拆迁公告让小谢他们陷入了巨大的恐慌当中，"我们装修费花了 3 万多，这些钱可都是我们父母的血汗钱"。同时，他们也质疑房东为何"拆迁一个月前把房子租给他们"。对此，房东解释"自己也不知道要拆迁"。

小谢他们所担心的门面装修费、房租费、经营损失费，究竟应该由谁来承担？湖南人和人律师事务所阳青律师对此分析，根据《合同法》的相关规定，小谢可要求房东返回房租，至于门面装修费、经营损失费，应该由拆迁方来补偿。

来源：红网

【案例分析】

青年创业者缺乏社会阅历是制约他们创业的最大"短板"。青年学生社会经验不足，考虑问题不周全，所以在创业前应多学习合同法、公司法等有关法律法规，创业前最好向专业人士咨询，做好充分的调研准备，以免刚起航就触礁。

探索活动

谈谈合法经营的重要性

活动目的：
使学生懂得合法经营的重要性，培养学生的合法经营意识。

活动内容：
请同学们上网搜集一些创业案例，谈一谈企业合法经营的重要性。具体操作步骤如下：

第一步：教师将学生分组，3～5人为一组，选出一个小组负责人。

第二步：每组上网搜集3～5个创业案例，包括合法经营和违法经营的案例。

第三步：小组成员结合案例，讨论合法经营的重要性，并写一份500字的分析报告。

第四步：将分析报告制作成PPT，然后由小组负责人上台进行演说。

第五步：教师进行点评。

活动检测：

活动结束后，教师可根据表7-7进行评分。

表7-7 探索活动评价表

评分标准	满分	实际得分	备注
积极参与讨论	25		
案例典型、有说服力	25		
分析报告合理	25		
PPT制作精美，演说者表达清晰	25		
总分	100		

能力训练

法律知识训练

一、选择题

1. 若单位未与员工签订劳动合同，则员工工作1个月到1年内，公司必须支付给员工规定工资的（　　）倍。

　　A. 1倍　　　　B. 2倍　　　　C. 3倍　　　　D. 4倍

2. 不属于劳动法规定的员工保险是（　　）。

　　A. 基本养老保险　　　　　　B. 基本医疗保险

　　C. 失业保险　　　　　　　　D. 意外伤害保险

3. 有限责任公司的注册资本最低要求为（　　）。

　　A. 3万元　　　B. 2万元　　　C. 无最低要求　　　D. 10万元

二、分析题

徐某中专毕业，但是一直有创业雄心。2010年，一次偶然的机会，他发现网上有套幼儿识字软件不错，徐某有了自己创业的点子——徐某结合网上的这套幼儿识字软件，经过编程和修改，很快做出自己的"作品"。在网络上销售，没想到出乎意料的红火。

2013年下半年，徐某的一位客户朱老师联系徐某，建议编一套软件的配套教材。徐某觉得非常有道理，便邀这位老师帮他编教材，很快5册教材就编好了。徐某没有申请出版号，直接找了一个印刷公司将书印制出来，并和原来的软件组成大礼盒一起销售，售价为

600 多元。

这套大礼盒很畅销，两年不到就有了 30 多万元营业额。正当徐某初尝创业喜悦时，2015 年 12 月底，文化行政执法部门联合公安机关对徐某的办公场所进行了突击检查，查获了大量还未销售的光盘和配套书籍。当地检察院以非法经营罪对徐某提起公诉。

思考：徐某为什么会创业失败？面对这种情况，他该怎么办？

拓展延伸

请同学们上网查找《专利法》《商标法》《著作权法》《反不正当竞争法》《合同法》《产品质量法》《劳动法》等法律，然后阅读这些法律的内容，掌握相关的法律知识。

创业实践

确定一个创业项目，模拟企业注册及制度建立等事项。具体操作如下：

（1）选择实验组，4～6 人为一组，以小组为单位完成练习。

（2）模拟注册企业。填写注册企业所需要的各种表格。

（3）完成公司制度的建设，包括组织机构设置、人事和行政管理制度、营销管理制度、财务管理制度和企划管理制度等。

（4）进行公司管理，包括品牌设计、产品开发、营销推广等。

（5）撰写实践总结，内容包括实践心得及体会。

知识小结

本模块主要介绍了开办企业的相关知识，包括组织形式的选择、营业地址的选择、申办企业的流程、制度建设、财务管理、品牌创建和合法生存等内容。

成立企业只能选择法律规定的组织形式，不能随心所欲地创造企业形态。企业组织形式包括个人独资企业、合伙企业和公司企业三种，创业者应比较各种组织形式的优势与劣势，选择合适的组织形式。

企业地址的选择是创业者需要面对的一个难题。一般来说，创业者选择经营地址时，需考虑政治因素、经济因素、技术因素、社会文化因素、自然因素、人口因素等，其中经济因素和技术因素对选址决策起着基础作用。

企业的申办流程包括：预先核准企业名称→工商注册登记→刻制印章→办理组织机构代码证→开立银行账户→办理税务登记→办理社会保险。

制度建设是企业规范化、科学化运作的基础，也是企业有效管理的基础。制度不好会使企业人心涣散、人浮于事。因此，企业应把制度建设作为一项重要的工作来抓。

企业的财务管理在创业中也非常重要。它能维系企业的正常运营，节省企业的经济资源，使企业实现可持续发展。因此，创业者要重视企业财务管理，建立完善的财务管理体系。

品牌赋予了产品很多特性，在产品同质化时代，客户更偏爱品牌产品。因此，企业要想持久发展，应建立属于自己的品牌。创建品牌的关键是进行品牌定位，实行差异化经营。

创业者在创建和经营企业的过程中，必须了解和遵守有关法律法规，以确保自身和他人的利益不受到非法侵害。这些法律包括知识产权法、劳动法、合同法、反不正当竞争法和产品质量法等。

驶入创业快车道

创业者完成企业注册、制度建设、品牌策划、营销策划等一系列工作后，接着面临的问题是明确企业的社会责任、创建企业文化、实施创新经营，以使企业驶入创业快车道。

请同学们想一下，企业在经营过程中应承担哪些社会责任？很多企业特别重视文化建设，你知道什么是企业文化吗？它有什么作用？企业走上正轨以后，能否一帆风顺，久盛不衰呢？

华为公司的成功之道

华为公司于 1987 年创办于深圳，主要代理香港公司生产的用户交换机（PBX）。经过几十年的发展，华为目前已成长为年销售规模超 3 900 亿元人民币的世界 500 强公司。其产品主要涉及通信网络中的交换网络、传输网络、无线及有线固定接入网络和数据通信网络及无线终端产品，为世界各地通信运营商及专业网络拥有者提供硬件设备、软件、服务和解决方案。华为的成功可以说主要得益于以下三个法宝：

法宝一：重视管理，不断创新

华为最早在中国企业界扬名不是因为它的产品、技术、销售规模或资金实力，而是因为《华为基本法》，以及《华为的冬天》《华为的红旗到底能扛多久》《让听得见炮声的人来决策》等一篇篇饱含华为人的管理思考与洞见的文章。它们恰似一面面反光镜，从中折射出了华为公司对管理的良苦用心和巨大热忱。

网上流传的一段华为首席管理科学家黄卫伟先生的感慨，可视作华为以管理见长的很好注脚："2011 年，中国人民大学商学院 EMBA 的一个移动课堂来到了英国兰卡斯特大学管理学院，在与对方教授的交流中，学员们自豪地谈到了华为。对此，对方教授有一个评价，华为不过是走在西方公司走过的路上。此话可谓一语中的。我把这个话讲给任总听，任总听了以后，他说这个教授非常有洞察力，有机会请他到华为考察，当面和他交流，讲得很对。的确，华为之所以能够在国际市场取得今天的成绩，就是因为华为十几年来真正认认真真、恭恭敬敬地向西方公司学习管理，真正走上了西方公司走过的路。"

总裁任正非对管理变革的异乎寻常的强调，更是凸显出了华为人对管理的情有独钟："在互联网时代，技术进步比较容易，而管理进步比较难，难就难在管理的变革，触及的都是人的利益。因此企业间的竞争说穿了是管理竞争。如果对方是持续不断的管理进步，而我们不改进的话，就必定衰亡了。我们要想在竞争中保持活力，就要在管理上改进，首先要去除不必要的重复劳动；在监控有效的情况下，缩短流程，减少审批环节；要严格地确定流程责任制，充分调动中下层必须承担责任，在职权范围内正确及时决策。"

法宝二：重视人的管理

但看《华为基本法》里一条条郑重的宣言："第二条 认真负责和管理有效的员工是华为最大的财富。尊重知识、尊重个性、集体奋斗和不迁就有功的员工，是我们事业可持续成长的内在要求。""第九条 我们强调人力资本不断增值的目标优先于财务资本增值的目标。""第五十九条 我们认为遵循公开原则是保障人力资源管理的公正和公平的必要条件。公司重要政策与制度的制定，均要充分征求意见与协商。"

但看任正非自己对华为成功之道的总结："华为的成功在什么地方，就是经营人的成功。中国没有太多可以依存的自然资源，但是中国有人力资源优势，应该利用人力资源的优势走出自己的创新路，我们向世界贡献的应该是我们的知识与智慧。"

需要指出的是，重视人的管理不等于没有意外和偏差，尤其是像华为这种数以万计、十万计的大企业。快步发展中的华为出现一些管理上的意外和偏差不要紧，要紧的是不能文过饰非、诿过于人、无动于衷，就此而言，华为应该是值得尊敬的。

法宝三：重视以文化引领人的管理

任正非认为："资源是会枯竭的，唯有文化才会生生不息。一切工业产品都是人类智慧创造的。华为没有可以依存的自然资源，唯有在人的头脑中挖掘出大油田、大森林、大煤矿……"

什么样的文化或价值观才能在人的头脑中挖掘出大油田、大森林、大煤矿呢？"以客户为中心，以奋斗者为本，长期艰苦奋斗，坚持自我批判。"以客户为中心，客户才会付钱；以（心中装着客户的）奋斗者为本，以客户为中心的口号才会落地；长期艰苦奋斗，客户才能长期满意后长期付钱；坚持自我批判，自我否定，长期艰苦奋斗的员工才能长期有效地以客户为中心，才能源源不断地为华为带回大油田、大森林、大煤矿。

华为不但主张这样的核心价值观，而且确立相应的价值评价、价值分配体系。诚如任正非所言："一个企业的经营机制实质上是一个利益驱动机制，企业的价值评价系统要合理。价值分配系统合理的必要条件，是价值评价公平性，而价值评价系统要合理，是以企业的价值观、企业的文化为基础。价值评价的原则要向奋斗者和贡献者倾斜。"

华为的企业文化是可论证、可度量、可触摸、可令员工信服、可令员工践行、可令员工受益匪浅的文化。

重视管理、重视人的管理、重视以文化引领人的管理，华为这层层向心推进的三大法宝，其终极目标只有一个：

以文化引领人去创造价值，为客户、为企业、为自己。

我为人人，人人为我。

这正是市场竞争的大道至理。

这正是一切创业、创新者必须牢记在心、必须奉行的大道至理。

来源：前瞻网

第一节 社会责任勇担当

教学目标

知识目标

➢ 掌握社会责任的内涵。

能力目标

➢ 明白企业家的社会责任，能够勇于承担这些责任。

教学工具

➢ 包括：多媒体电脑、PPT教学课件、手机（学生自带，用于扫描二维码看视频或图片等教学资源）、草稿纸（用于能力训练）。

教学方法

➢ 包括：行动导向法、情景式探索活动法、知识讲授法。

问题导入

也许有些创业者认为，创业的目的就是最大限度地获取经济利润，其他的都不用考虑，也不用承担社会责任。其实不然，如果企业只顾自己的利益，不顾发展环境、职工健康、消费者利益就很难发展下去。所以企业为了获得长久发展，除了关注自身发展外，还要关注其对社会的影响。请同学们思考以下问题：

（1）企业应承担的社会责任包括哪些方面？

（2）企业应如何承担社会责任？

知识链接

企业的社会责任是指企业在经营发展过程中应当履行的社会职责和义务。我国著名经济学家任玉岭建议，企业应从以下七个方面来承担社会责任。

一、明礼诚信

企业应具有确保产品货真价实的责任。由于种种原因造成的诚信缺失正在破坏着社会主义市场经济的正常运营，由于企业的不守信，假冒商品随时可见，因此而给消费者造成的福利损失每年在 2 500 亿元～2 700 亿元，占 GDP 比重的 3%～3.5%。很多企业因商品造假的干扰和打假难度过大，导致企业难以为继，岌岌可危。为了维护市场的秩序，保障人民群众的利益，企业必须承担起明礼诚信、确保产品货真价实的社会责任。

二、科学发展

企业的任务是发展和营利，而且担负着增加税收和国家发展的使命。企业必须承担起发展的责任，搞好经济发展，要以发展为中心，以发展为前提，不断扩大企业规模，扩大纳税份额，完成纳税任务，为国家发展做出大贡献。但是这个发展观必须是科学的，任何企业都不能只顾眼前，而不顾长远发展。

三、可持续发展

中国是一个人均资源特别紧缺的国家，企业的发展一定要与节约资源相适应。企业不能顾此失彼，不顾全局。作为企业家，一定要站在全局立场上，坚持可持续发展，高度关注节约资源。并要下决心改变经济增长方式，发展循环经济、调整产业结构。尤其要响应中央号召，实施"走出去"的战略，用好两种资源和两个市场，以保证经济的运行安全。

四、保护环境

随着全球和我国的经济发展，环境日益恶化，特别是大气、水、海洋的污染日益严重，野生动植物的生存面临危机，森林与矿产过度开采，给人类的生存和发展带来了很大威胁，环境问题成了经济发展的瓶颈。为了人类的生存和经济持续发展，企业一定要担当起保护环境、维护自然和谐的重任。

名人名言

亨利·福特说："除了赚钱以外没有其他价值的事业，是空洞的事业。"

五、发展慈善事业

虽然我们的经济取得了巨大发展，但是作为一个有 13 亿人口的大国还存在很多困难。特别是农村的困难就更为繁重，更有一些穷人需要扶贫济困。这些责任固然需要政府去努力，但也需要企业为国分忧，参与社会的扶贫济困。为了社会的发展，也为了企业自身的发展，我们的广大企业更应该重视扶贫济困，更好承担起扶贫济困的责任。

六、保护职工健康

人力资源是社会的宝贵财富，也是企业发展的支撑力量。保障企业职工的生命、健康、确保职工的工作与收入待遇，不仅关系到企业的持续健康发展，而且也关系到社会的发展与稳定。作为企业要遵纪守法，爱护企业的员工，搞好劳动保护，不断提高工人工资水平，保证工资按时发放。此外，还要多与员工沟通，多为员工着想。

七、发展科技

当前，就总的情况来看，我国企业的经济效益是较低的，资源投入产出率也十分低下。为解决效益低下问题，必须要重视科技创新。通过科技创新，降低煤、电、油的消耗，进一步提高企业效益。改革开放以来，我国为了尽快改变技术落后状况，实行了"拿来主义"，使经济发展走了捷径。但时至今日，我们的引进风越刮越大，越刮越严重，很多工厂几乎都成了外国生产线的博览会，而对引进技术的消化吸收却没有引起注意。因此，企业要高度重视引进技术的消化吸收和科技研发，加大资金与人员的投入，努力做到创新发展。

课堂互动

请同学们思考一下，企业除了要承担上述几种社会责任外，还应该承担什么社会责任？可结合身边的实例进行说明。

创业案例及分析

张治浩：不管做什么都要有社会责任感

张治浩是河南某学校工程管理与房地产学院 2008 级学生，从小在浙江温州长大，自初中毕业以来，从事过 20 个职业，跑遍中国 20 多个省、40 多个城市。现为郑州中兴图文设计有限公司总经理兼执行董事、南京佳洁雅洁具店老板、越南佳洁雅洁具直营店第一股东、浙江洞头旅游开发有限公司股东。

张治浩之前在全国很多城市都打过工，做的最长的就是餐饮业，在那里他学到了很多东西，大一的时候就开了两家餐厅。他曾经梦想在海南岛开一家大酒店，但后来还是选择留在郑州，觉得这里朋友多、同学多，可以互相帮助。

张治浩是一个崇尚自由的人，不喜欢朝九晚五的工作，想自己做点事。由于他学的是房地产专业，为了发挥专业优势，他打算从事房地产行业，但由于资金不足、能力不够，最终选择了从事一些为房地产服务的行业，成立了房地产广告印刷公司。刚开始最棘手的问题是业务不熟，对这个行业一窍不通，啥事都是自己琢磨，一点一点学。张治浩说："我以前都是当股东，没有自己操盘过公司，而现在要独立管理公司，觉得管理跟不上，没有一个系统。"

说到他最难忘的事就是一天见了 8 位公司老总，回来后整理了三天三夜的谈话心得，感觉自己一下子长大了好多。最高兴的事就是见到了中央领导人吴仪。最失败的事是交错了一个朋友，被骗得一塌糊涂。最伤心的事是觉得自己很孤独，别人不理解他。最大的困难是不懂自己所从事的行业，什么都得自学，学费交了很多。但他从没有想过放弃，内心不服输，觉得自己有责任。他一直想把自己锻炼成一个太阳，温暖自己、温暖他人。

张治浩认为不管做什么都要有社会责任感。他对自己的公司做出如下规划：公司以稳健发展为风格，脚踏实地，步步为营。多学习，多培训，多考察，争取在未来十年里成为一个河南知名的广告印刷公司。同时公司以人为本，逐步建立带动大学生创业机制和教育扶贫机制，帮助更多的有创业思想并且肯吃苦耐劳的优秀大学生创业，扶助品学兼优的贫困生顺利完成学业，尽公司最大的能力为社会做出贡献。

张治浩感慨，打工可以帮助个人成长，创业是对一个人的升华，同时创业肩负的社会责任更多。大学生就业难是因为他们没有在大学里好好锻炼自己，没有一技之长，你会的都是别人不需要的，别人需要的你都不会。真正把大学读好、读活的优秀人才是很容易就业的，而且单位都很好。多出去跑跑，天南地北多看看多学学，要有信念，肯吃苦。同时不管做什么都要有社会责任感，对自己负责，对社会负责。

来源：中国青年网

【案例分析】

一个有着强烈社会责任感、正义感的创业者，他的眼界不单是自己的企业，而是将自己、企业与他人、社会紧密地联系在一起。员工的发展与企业的发展互为支撑，企业的发展与社会的发展相互依托。

探索活动

走访企业

活动目的：
使学生知道企业所承担的不仅仅是自身发展，也承担了一定的社会责任。

活动内容：
走访当地一家知名企业，了解以下几个方面的内容：
（1）企业具有什么样的使命？
（2）企业文化是什么？
（3）企业是否关注职工健康？

（4）企业产品是否存在以次充好现象？

（5）企业在发展过程中，有无破坏周围环境？

（6）企业是否注重科技创新？

（7）企业是否关注慈善事业？

走访完后，每位同学写一份报告。

活动检测：

活动结束后，教师可根据表 8-1 进行评分。

表 8-1　探索活动评价表

评分标准	满分	实际得分	备注
积极参与活动实施	25		
能按照要求进行走访	25		
报告结构完整，分析合理	25		
深刻理解企业家所承担的社会责任	25		
总分	100		

能力训练

假设你要开办一家公司，请先回答以下问题：

（1）公司的使命是什么？

（2）公司的经营理念是什么？

（3）公司文化如何创建？

（4）如何促进职工的健康发展？如何留住人才？

（5）你会发展慈善事业吗？

请同学们 3~5 人为一组，就上述问题展开讨论，由 1 人汇报讨论结果。

拓展延伸

跟随某个企业，参与他们策划的爱心活动，使学生对社会责任有更深切的体会，从而培养学生的社会责任意识。

第二节 文化创建应抓紧 ▶▶

教学目标

知识目标

➤ 了解企业文化的概念。

➤ 掌握建立企业文化的方法。

能力目标

➤ 能够给模拟创办的企业创建企业文化。

教学工具

➤ 包括：多媒体电脑、PPT 教学课件、手机（学生自带，用于扫描二维码看视频或图片等教学资源）、草稿纸（用于能力训练和拓展延伸）。

教学方法

➤ 包括：行动导向法、知识讲授法、情景式探索活动法。

问题导入

社会上的企业数不胜数，每个企业在其经营过程中，都会形成符合自身发展的工作方法、手段，从而构成企业文化的内容，指导企业的经营和管理。请同学们思考以下问题：

（1）什么是企业文化？

（2）为什么要创建企业文化？

（3）创业者如何创建企业文化？

知识链接

一、企业文化的概念

企业文化是全体员工在长期的生产经营活动中形成并共同遵循的最高目标、价值标准、基本信念和行为规范。

扫一扫

环亚集团企业核心价值观

二、建立企业文化的方法

现代企业越来越重视人在企业发展中的重要作用，所以，打造独具特色的企业文化，对增强企业的向心力和凝聚力具有十分重要的意义。

1. 重视企业战略文化

企业要实现可持续发展，必须有一个长远的发展目标和发展规划。企业今后朝什么方向发展、如何发展等问题都应让全体员工尽快了解。发展战略只有得到全体员工的认同，才能发挥出应有的导向作用，才能成为全体员工的行动纲领。在企业文化建设中，要充分利用网络等载体，采取灵活多样的形式，搞好企业发展战略的宣传和落实。通过积极开展企业战略文化建设，进一步理清工作思路，明确企业的发展方向，激发员工的工作热情。

2. 建设企业人本文化

人才是企业发展的宝贵资源。在新形势下，企业需要一大批不同层次、不同专业的人才。企业必须把人才队伍建设作为企业文化建设的一部分，通过在企业内部营造尊重人、塑造人的文化氛围，增强员工的归属感，激发员工的积极性和创造性。随着科技的不断发展，更新员工知识结构的课题也摆在了企业的面前。企业应努力营造良好的学习氛围，搭建人才成长的平台，使全体员工增强主人翁意识，与企业同呼吸、共成长。要对员工进行目标教育，使他们把个人目标同企业发展目标紧密结合在一起，自觉参与到企业的各项工作中。

> **名人名言**
>
> 任正非说：『世界上一切资源都可能枯竭，只有一种资源可以生生不息，那就是文化。』

3. 规范企业制度文化

企业文化与企业制度之间是相互支撑、相互辅助的关系，制度文化是企业文化的重要组成部分。在制度文化建设中，要突出创新、严于落实，建立科学的企业决策机制和人力资源开发机制，制定完善的企业运行规则和经营管理制度，构建精干高效的组织架构，使各项工作衔接紧密，保证企业目标顺利实现。员工参与民主管理的程度越高，越有利于调动他们的积极性。企业建立开放的沟通制度，可以及时了解员工的思想动态。同时，要强化监督，规范管理行为，营造和谐的文化氛围，促进企业管理水平的提高。

4. 打造企业团队文化

企业发展目标的实现，离不开员工之间的相互协作。只有通过培养团队精神，企业才能不断创造新业绩，在激烈的市场竞争中立于不败之地。企业文化建设的重要任务，就是在企业内部营造有利于企业发展的良好氛围，使领导与领导、领导与员工、员工与员工之间精诚合作，促进企业目标顺利实现。同时，要恰当处理企业外部各方面的关系，尽可能地减少摩擦和矛盾，争取方方面面的理解和支持。

创业案例及分析

1 号店的企业文化建设

1 号店，是一个电子商务型网站，于 2008 年 7 月 11 日正式上线，开创了中国电子商务行业"网上超市"的先河。其低成本、快速度、高效率的流通，让顾客充分享受到了全新的生活方式和实惠方便的购物体验。然而，1 号店为什么能快速发展，并与京东、天猫等网站齐头并进呢？这与其诚信及以顾客为上的企业文化密切相关。

1 号店的创始人于刚说，在招第一个员工之前，我们做了一件非常重要的事情——建立企业文化，因为一个企业没有文化是不可能基业长青的。所以，我们花了两个星期时间写了两页纸的企业文化精髓，显然这太长了，之后又缩减到半页纸，但还觉得太长，后来便浓缩到八个字：诚信、顾客、执行、创新。

那又该怎样将这种文化根植在每个人身上？电子商务是一个虚拟的东西，跟顾客直接打交道的最后只有配送员和客服。顾客如何才能信任我们？这需要一点一滴去做，而不能一天到晚只是讲。早期，客服培训都是我和峻岭亲自进行，给他们讲：你们一定要站在顾客的那一边，甚至要站在公司的对立面为顾客着想。

我们曾卖过一种叫石库门的老酒，当时这种酒在不同的销售渠道其酒瓶盖上有不同的标识。有一个顾客买了就说，你们卖的是假货，因为酒瓶盖符号和在别的地方买到的不一样。经过一番解释后，顾客仍坚持要退货，客服就让顾客把货寄回来处理。我们就和客服讲，既然没有赢得顾客的信任就不应该再给顾客制造任何障碍。我们就派配送员去取回了货物，马上全款退回。

我再举一个配送的例子。我们常常要求配送要超出顾客的期望值，这句话说很容易，做到却很难。因为给配送员讲大道理是没有用的，他们只看别人是怎么做的。我们就在每周例会时进行故事分享，让他们讲自己做的超出顾客期望值的事情，如我们一个配送员发现顾客的门没锁，他就给顾客打电话，一直在那儿看守了一个多小时等顾客回到家锁了门后才离开，这个故事很感人。以后，每个人就会把这个故事当成自己的准则，再思考要做什么事情才能超出顾客的期望值。

也就是说，我们在不断形成新的标准，做新的事情以超出顾客期望值，这样就逐渐建立起了一个真正有创业激情的团队。

此外，我们所有会议室的命名都反映了我们企业文化的某一个因素或精髓，因为企业文化是一个潜移默化的东西，而不是说一次就够的。

来源：创业家

【案例分析】

创业是马拉松，不是百米冲刺，从一开始就要从长远着想，建立企业愿景，创建企业文化。因为企业文化是一个企业的软实力，能够为企业的发展带来极大的价值。任何一个持久发展的企业，一定有非常优秀的企业文化。本案中，1 号店的创始人也非常重视企业文化的建设，并建立了"诚信、顾客、执行、创新"的企业文化，为企业的长远发展奠定了坚实的基础。

探索活动

探索华为的企业文化

活动目的：

使学生了解企业文化对企业发展的重要作用。

活动内容：

上网查找华为企业的相关资料，分析华为企业文化的核心价值是什么？华为企业文化对其企业具有哪些作用？你认同华为的企业文化吗？

请同学们 3～5 人为一组，就上述问题展开讨论，写出讨论报告，在全班交流。

活动检测：

活动结束后，教师可根据表 8-2 进行评分。

表 8-2　探索活动评价表

评分标准	满分	实际得分	备注
知晓华为企业文化的核心价值	25		
理解文化对企业发展的作用	25		
能积极参与讨论	25		
观点鲜明，论据充分	25		
总分	100		

能力训练

1. 有位教授说："制度让人不得不这么做，而企业文化让人自觉这么做。"结合所学知识，谈谈你是怎样理解这句话的。

评分标准：能明白企业文化的概念和功能（30 分），能够说出制度和文化的区别（30分），能积极表达自己的观点、论据充分（40 分）。

2．通过学习交流，学生对企业文化有了大概的了解。对之前建立的模拟企业应该具有怎样的特色文化也有了进一步的认识。请同学们思考一下：（1）你的企业是否已形成优良的企业文化？它们体现在哪？（2）你公司的企业文化的执行力如何？

评分标准：能说出模拟企业的企业文化（30 分），能将企业文化融入制度建设、人员管理和团队建设中（30 分），企业文化具有执行力（40 分）。

拓展延伸

与企业文化比较，分析你所在班的班级文化的基本内涵，并谈谈班级文化的功能。

第三节　创新是个好法宝　➡

教 学 目 标

知识目标

➤ 熟悉创新对企业的重要性。
➤ 掌握创新经营的内容。

能力目标

➤ 能树立创新意识。
➤ 能针对企业经营中出现的问题，提出创新措施。

教 学 工 具

➤ 包括：多媒体电脑、PPT 教学课件、手机（学生自带，用于扫描二维码看视频或图片等教学资源）、草稿纸（用于能力训练和拓展延伸）。

教 学 方 法

➤ 包括：行动导向法、知识讲授法、情景式探索活动法。

问题导入

新产品刚进入市场时，由于较好地满足了消费者的需求，销量非常可观。但是，消费者的需求是不断变化的，如果企业不及时调整产品的营销策略，就可能会走下坡路。所以说，企业在经营过程中要根据市场条件的变化而改变，以获得持续不断的发展。请同学们思考以下问题：

（1）企业创新经营包含哪些方面的内容？

（2）企业该如何进行创新经营？

知识链接

一、创新对企业的重要性

创新是企业生存与发展的根本。创新则兴，不创新则亡。美国著名经济学家、管理大师熊彼特说：创新是企业家对生产要素的重新组合。创新可促进企业组织形式的改善和管理效率的提高，从而使企业不断提高效率，不断适应经济发展的要求。

二、创新经营的内容

对于一个企业而言，创新可以包括很多方面：思维创新、产品（服务）创新、技术创新、组织与制度创新、营销创新和文化创新等。

1. 思维创新

这是一切创新的前提，任何人都不要封闭自己的思维。若思维成定式，就会严重阻碍创新。有些企业提出，"不换脑筋就换人"，就是这个道理。有的公司不断招募新的人才，重要原因之一就是期望其带来新观念、新思维，不断创新。国外近年来还出现了"思维空间站"，其目的就是进行思维创新训练。

创客中国：从0到1

2. 产品（服务）创新

对于生产企业来说，创新主要是指产品创新。对于服务行业而言，创新主要是指服务创新。例如，手机在短短的几年时间已实现从模拟机→数字机→可视数字机→上网手机的转变。手机的更新换代，生动地告诉我们产品的创新是多么迅速而难以把握。

3. 技术创新

就一个企业而言，技术创新不仅指商业性地自主创新的技术，还可以是创新地应用合法取得的、他方开发的新技术，或已进入公有领域的技术，从而创造市场优势。人们把军事上的核技术转移到核电站建造上等皆是创新，类似事例不胜枚举。

4. 组织与制度创新

组织与制度创新主要有三种：

（1）以组织结构为重点的变革和创新，如重新划分或合并部门，流程改造，改变岗位及岗位职责，调整管理制度等。

农产品营销走向"微"时代

（2）以人为重点的变革和创新，即改变员工的观念、态度、知识和行为等。

（3）以任务和技术为重点，重新组合分配任务，更新设备，创新技术，达到组织创新的目的。

5. 营销创新

营销创新是指营销策略、渠道、方法、广告促销策划等方面的创新。

6. 文化创新

文化创新的关键是对企业旧的经营哲学、管理理念等进行创新，让企业文化建设迈上一个新台阶。要创造可以容忍不同思维的环境。如果创新只许成功不许失败，那么企业也很难保持旺盛的创造力和生命力。作为市场竞争主体，企业应具备与现代市场经济相适应的能力，企业文化建设也应反映市场经济的要求。市场竞争形成了新的竞争理念和模式，在企业文化建设过程中，必须充分理解这种理念和模式，以确保企业持续、健康发展。

三、如何进行创新经营

首先，树立全方位创新理念，建立创新激励机制。前面介绍的六种创新，缺一不可，是企业发展壮大的强大动力。

其次，企业具备鼓励创新的开放系统，倡导和提升个人工作技能。营造集思广益的氛围，中高层以上管理人员鼓励并善于采纳下属意见，员工普遍习惯于采纳同事的意见，并建立合理化建议奖励制度。

再次，公司在资源配置上要倾斜。要加大产品创新和技术创新的投入。此外，也要加大建立创新激励机制的投入，比如为训练员工创造力所花的费用。

最后，员工要加强创新方面的训练，提升创新技能。因为创新能力并不是天生的，它在很大程度上取决于后天的学习和训练。

创业案例及分析

滴滴快的：共享经济背后的智慧出行梦

2015 年的中国 O2O 市场哀鸿遍野，在资本寒冬的影响下无数曾经的对手握手言和，上演了"打则惊天动地，合则恩爱到底"的诗篇。滴滴和快的如此，58 同城和赶集网如此，美团和大众点评如此，携程和去哪儿网也是如此。

第一对走向合并的正是滴滴快的。经历了腾讯和阿里等资本主导的 2014 年约租车市场烧钱大战，2015 年年初，滴滴打车和快的打车两家出人意料地走向了合并，为一年持续烧钱 20 亿元的惨烈竞争画上了句号。

滴滴快的合并或许只是未来互联网世界中的沧海一粟，但滴滴快的合并带来的示范意义却是独具价值的。这为无数在烧钱苦海中苦苦挣扎的 O2O 企业指明了方向，也揭示了中国互联网大格局中何为"永恒的朋友与永恒的利益"。

合并后不到一年时间内，滴滴快的在快车、专车、公务用车等领域持续发力。虽然面临着"共享经济始祖"Uber 的威胁，但滴滴快的在与国际巨头的竞争中依旧不落下风。

覆盖全国 600 多个城市，用户接近 3 亿人。手握 3 亿人的出行大数据，和美国 Lyft 等国际公司建立合作关系，这样一个出行市场的"巨无霸"正在逐步构建网络出行的大平台，曾经的营销驱动型公司正在朝技术驱动型公司转变，一个全球最大的移动出行"超级大脑"逐渐形成。从单一的打车市场到覆盖全面的出行市场，滴滴快的用合作创新的理念向世界昭示了"中国式出行"的梦想。

来源：腾讯网

【案例分析】

滴滴、快的为抢占市场份额，疯狂进行"烧钱"大战，这使得两家企业在成立初期一直处于亏损状态。之后，滴滴和快的调整了营销策略，两家走向了合并。合并后的滴滴快的不断开拓新的用车领域，逐渐发展成为涵盖出租车、专车、快车、顺风车、代驾及大巴等多项业务在内的一站式出行平台。

探索活动

探索诺基亚失败的原因

活动目的：

使学生了解创新经营是企业制胜的法宝。

背景资料：

诺基亚最初是建立于芬兰一个小村庄中的造纸厂。20 世纪 60 年代，它开始扩展到电子产品领域，并于 1979 年研发出世界上第一种蜂窝网络。不久后，诺基亚推出了 Mobira Senator，这是世界上第一部车载电话。

从 20 世纪 90 年代末到 2000 年左右，诺基亚一度占据全球手机市场份额的 40%，成为全球移动电话领域的领导者。诺基亚的利润非常高，股东们为此欣喜若狂。毫无疑问，诺基亚认为其将成为移动手机中的"王者"。

2007 年，苹果公司发布第一代 iPhone 手机后，更多公司开始专注于手机互联网，人们开始理解数据才是通信行业的未来。而诺基亚没有能够面对变化的市场做出正确的判断。直到 2013 年，当诺基亚硬件部门被微软收购时，诺基亚创造的辉煌最后被终结。

活动内容：

请同学们结合所学知识分析诺基亚失败的原因，写一份分析报告。

活动检测：

教师可根据表 8-3 进行评分。

表 8-3　探索活动评价表

评分标准	满分	实际得分	备注
准确分析诺基亚失败的原因	25		
理解创新对企业的重要作用	25		
报告结构完整、分析合理	25		
其他	25		
总分	100		

能力训练

1．当你在工作中遇到以下问题时，你将如何解决：

（1）如果你是一位电脑销售经理，你的员工错将一台价值两万元的电脑以一万二的价格卖给了顾客，你怎样写信给顾客才能追回这台电脑呢？

（2）假如你在一家手机工厂的售后服务部门工作。工厂由于失误而导致电池的实际使用寿命只有原本设计的一半，你打算怎么办呢？

2．请大家选择某公司的一个产品，了解该公司的主要竞争对手，并做一个《竞争对手情况分析》，填写表 8-4，然后分析竞争对手的优劣势，从而对该公司的经营方式和经营策略提出改进建议。

表 8-4　竞争对手情况分析表

	竞争对手（一）	竞争对手（二）	竞争对手（三）
公司规模			
产品、服务种类			
产品价格			
销售对象			
销售范围			
销售额			
利润			
销售渠道			
经营特色			
优势			
劣势			

拓展延伸

试分析你自己拥有哪些资源，哪些资源还有巨大的潜力有待开发。请分析周围的环境，想出一个赚钱的创意。

创业实践

企业文化是企业发展的软实力，能凝聚员工，激发员工工作的积极性；企业在经营过程中，会不断出现新的问题，因此，需要创业者及时提出解决办法。

（1）请为你创办的企业建立企业文化。

（2）你创办的企业在经营过程中是否遇到问题，请针对问题提出有效的解决办法。

（3）实践结束后，写一份实践总结。

知识小结

本模块主要介绍了企业的社会责任、企业文化建设和创新经营。

企业的社会责任是指企业在经营发展过程中应当履行的社会职责和义务。一般来说，企业应从以下七个方面来承担社会责任：明礼诚信、科学发展、可持续发展、保护环境、发展慈善事业、保护职工健康及发展科技。

企业文化是全体员工在长期的生产经营活动中形成并共同遵循的最高目标、价值标准、基本信念和行为规范。企业文化是影响企业经营效益的重要因素，因此，企业应重视企业文化的建设。企业文化包括战略文化、人本文化、制度文化和团队文化。

创新是企业生存与发展的根本。创新可促进企业组织形式的改善和管理效率的提高，从而使企业不断提高效率，不断适应经济发展的要求。对于一个企业而言，创新可以包括很多方面：思维创新、产品（服务）创新、技术创新、组织与制度创新、营销创新和文化创新等。

参考文献

[1] 冯丽霞，王若洪. 创新与创业能力培养 [M]. 北京：清华大学出版社，2013.

[2] 李纲，张胜前. 大学生创业指导 [M]. 北京：国防工业出版社，2010.

[3] 李家华. 创业基础 [M]. 北京：北京师范大学出版社，2013.

[4] 李鹏祥. 大学生自主创业指导 [M]. 北京：北京大学出版社，2011.

[5] 李秋斌. 大学生创业指导 [M]. 北京：北京大学出版社，2013.

[6] 李时椿，常建坤. 创新与创业管理：过程·实践·技能 [M]. 南京：南京大学出版社，2011.

[7] 李肖鸣，朱建新. 大学生创业基础 [M]. 北京：清华大学出版社，2013.

[8] 李贞. 职业生涯规划与创业指导 [M]. 镇江：江苏大学出版社，2013.

[9] 刘辉，李强，王秀艳. 大学生创新创业教程 [M]. 上海：上海交通大学出版社，2016.

[10] 吴晓义. 创业基础：理论、案例与实训 [M]. 北京：中国人民大学出版社，2014.

[11] 吴运迪. 大学生创业指导 [M]. 北京：清华大学出版社，2012.

[12] 杨建平，蒙秀琼. 大学生就业与创业指导 [M]. 北京：航空工业出版社，2015.

[13] 杨敏. 创新与创业指导 [M]. 杭州：浙江大学出版社，2011.

[14] 杨印山，刘敬霖. 大学生创业基本素质与能力培养 [M]. 沈阳：辽宁民族出版社，2011.

[15] 袁凤英，王秀红，董敏. 创新创业能力训练 [M]. 北京：中国书籍出版社，2014.

[16] 张德山. 大学生创业教育 [M]. 镇江：江苏大学出版社，2015.

[17] 张德山. 大学生创业教育案例分析 [M]. 镇江：江苏大学出版社，2015.

[18] 章小莲. 大学生就业与创业指导 [M]. 北京：航空工业出版社，2015.

[19] 张玉利. 创业管理 [M]. 北京：机械工业出版社，2011.